rowohlt

Vincent Klink

Ein Bauch spaziert durch Paris

Rowohlt

Gedicht «Sprachgitter» S. 231 f. aus Paul Celan, Sprachgitter
© 1959, S. Fischer Verlag, Frankfurt am Main
Abdruck mit freundlicher Genehmigung des S. Fischer Verlags,
Frankfurt am Main

Gedicht «Auf hoher See» S. 232 aus Paul Celan, Mohn und Gedächtnis
© 1952, Deutsche Verlags-Anstalt, Stuttgart
Abdruck mit freundlicher Genehmigung der Deutschen Verlags-
Anstalt, München, in der Verlagsgruppe Random House GmbH

3. Auflage November 2015
Copyright © 2015 by Rowohlt Verlag GmbH,
Reinbek bei Hamburg
Lektorat Hilde Recher-Broder
Einbandgestaltung ANZINGER/WÜSCHNER/RASP, München
Umschlagillustration © Nicholas John Frith
Satz DTL Documenta (PostScript) InDesign
Gesamtherstellung CPI books GmbH, Leck, Germany
ISBN 978 3 498 03564 8

Inhalt

Zuallererst dies, liebe Leser   *9*

Paris ist nicht nur «Mon Amour»   *13*

Pariser Parks I – Square du Temple   *34*

Pariser Zwiebelsuppe   *40*

À la recherche de la tarte perdue   *55*

Die ersten Restaurants   *62*

Die erste Stunde der *Grande Cuisine*   *73*

Die Weltmeister   *81*

Napoleon III. und die Sichtachsen   *95*

«Hotel Ritz» an der Place Vendôme   *102*

Hotelbars   *115*

Paris und seine feinen Herren   *126*

Der wilde Maler Soutine
    und meine Sehnsuchtsstadt Paris   *136*

Die Dichter und ihre Kaffeehäuser   *152*

Pariser Parks II – Jardin Musée Rodin   *167*

Die Gebrüder Goncourt   *175*

Der Besuch auf dem Friedhof   *179*

Guy Martin und das «Grand Véfour»   *189*

Die Weihnacht wird zum Tag   *195*

Die Pariser Passagen   *200*

Die Gesichter einer Stadt   *206*

Die Frauen und die Bücher   *213*

Pariser Parks III – Square Jean XXIII
   und Square René Viviani   *221*

Pfullingen – Paris   *228*

Maigret und sein Kalbsragout   *244*

Fa-Raon et Kléopatre   *253*

Galliera Museum bei der Place d'Iéna   *260*

Ach Stuttgart, du Wunderbare!   *266*

Anhang

Tipps   *270*

Schauen und Kaufen   *270*

Gastronomie   *275*

Gelesenes und Anempfohlenes   *284*

Über den Autor   *287*

Bildnachweis   *288*

*Paris, die schöne Zauberstadt, die dem Jüngling
so holdselig lächelt, den Mann so gewaltig begeistert
und den Greis so sanft tröstet.*

Heinrich Heine

Auf der Pont de Bir-Hakeim

Zuallererst dies, liebe Leser

$\mathcal{W}$er träumt nicht von den Zeiten, als in Paris noch Baskenmützen auf klapprigen Fahrrädern übers Kopfsteinpflaster wackelten? Die Franzosen sind längst nicht mehr so lässig wie ehedem, und die Gitane hängt ihnen nur noch selten im Mundwinkel. Doch eines ist geblieben: das Baguette. Das französische Weißbrot ist für mich ein Sinnbild der Freiheit und der verfeinerten Lebensart – eben ganz anders als der steinschwere Schwarzbrotlaib, auf dem die deutsche Kultur hockt. Leider ist die Welt überwiegend aus Schwarzbrot geschnitzt, und auch die Gesichter der Menschlein sind daraus modelliert. Man braucht die Kraft der Gedanken und zwischendurch immer wieder einen Pastis, um sich das Dasein zu verschönern, und wer tüchtig übt, sucht und trinkt, wird finden.

Ein schwäbischer Pessimist sagte mir neulich: «Das Gute geht, der Scheiß bleibt!» Bestätigung dafür kann der Flaneur zu Hause wie auch in Paris an jeder Ecke finden. Die kleinen, handwerklich versierten Bäcker, die das knusprige Baguette herstellen, werden immer weniger. Trotzdem ist hier die Leichtigkeit des Seins überall zu spüren, gibt es die Schönheit von Paris noch zuhauf. Lassen wir also lieber den monumentalen Erhabenheiten der Boulevards, der Sichtachsen und der Bauwerke den Vortritt: Dem schnellen Be-

9

trachter oder auch dem Reisenden, der zum ersten Mal ins Magnetfeld dieser Stadt gerät, wird all dies Hochstimmung verschaffen. Schaut man jedoch länger hin, fällt einem auch viel globalisierte Uniformität auf. Gerade der unverbesserliche Nostalgiker muss daher auf die Details und auf die Nebenwege blicken, um sich den Charme der französischen Lebensart vors äußere und innere Auge führen zu lassen. Ich kann also meinem schwäbischen Landsmann nur bedingt zustimmen: Das Gute geht, aber Besseres lässt sich immer noch finden, zumindest was das Essen betrifft.

So werden in der Touristenzone um den Louvre und die Île de la Cité die Sehnsüchte der Frankophilen schlampig als Klischee in Szene gesetzt, doch im Verborgenen gibt es noch das Originale. Von einem Einmaltouristen lässt es sich nur mit sehr viel Glück finden. Je weiter man sich aber von den Menschenmassen entfernt, desto höher ist die Chance, eine wirklich hausgemachte Paté zwischen die Zähne zu kriegen.

Unzählige Male habe ich Paris besucht und mit den Jahren die französische Küche fest verinnerlicht. Die *Grande Cuisine* dieser Stadt empfand ich schon immer als ein Wunder, auch heute noch. In Deutschland kann man bestimmt genauso gut essen, es fehlt bei uns an gar nichts – außer am Laisser-faire, der stilvollen Hochachtung vor dem Handwerklichen und vor allem auch an der französischen Unbekümmertheit. In Deutschland empfinde ich die Spitzengastronomie oft als Examen, für den Koch ebenso wie für den Gast. Von solcher Befangenheit ist in Paris nichts zu spüren, dort bieten die Restaurants ein Flair, das nicht zu kopieren ist. Aber: In der Spitzengastronomie werden auch dort die echten Kenner rar. Touristen aus aller Welt, seien sie noch so exotisch, können die Atmosphäre eines genüsslichen Summens über den Tischen längst nicht so erzeugen wie die Fresssäcke, denen es in früheren Zeiten die Knöpfe vom Gilet sprengte.

Die *Grande Cuisine de France* hat Federn, um nicht zu sagen: Kalorien gelassen, die klassischen Restaurants sind weniger geworden. Gutes französisches Essen gibt es immer noch, nur schmeckt es heute anders und sieht auch anders aus. Der kulinarische Umbruch in Paris ist in vollem Gange. Es wäre auch schlimm, würde die Stadt sich nicht weiterentwickeln, obwohl – *Attention!* – der Normalfranzos' um einiges konservativer ist als der tiefste deutsche Hinterwäldler. Die Bistros, Ladestationen des seligen Miteinanders der jeweiligen *quartiers*, haben sich verändert. Jeden Monat eröffnen junge, gut ausgebildete Köche ihre kleinen Etablissements, die sich nun Neo-Bistros nennen. Im Grunde ist das eine wunderbare Entwicklung, die von der französischen Malerei bereits vor hundert Jahren eingeläutet wurde: die Kunst des Weglassens. Wozu braucht ein Genießer einen Teppichboden, in dem er zu versinken droht, ehe er den Tisch erreicht hat? Das Tischtuch weicht nun einer polierten Holzplatte, und die Stühle sind hart und klein wie eh und je. Die Bedienung hat meist den Beruf nicht gelernt, ist jung, manchmal frech und meist von entwaffnender Freundlichkeit. Junge, wilde Kochkünstler sind am Werk, und man kann froh darüber sein.

Die Drehtüre, in der neu eröffnete Bistros herumwirbeln, um auf der anderen Seite bereits den Laden wieder dichtzumachen, rotiert allerdings rasant, und deshalb erspare ich es mir auch, diese gastronomische Entwicklung in diesem Buch zu besingen. Es ist bedauerlich, aber es war zu allen Zeiten so, dass man im Voraus nicht wissen kann, was dereinst wirklich Bestand haben wird.

Paris ist nicht nur
«Mon Amour»

«Zwei Buchstaben zu Paris dazufügen, und es ist:
le paradis, das Paradies.»
Jules Renard

Stuttgart, 19. August 2012: Es ist Sonntag früh, fünf nach acht – halt, sechs nach acht zeigt die Uhr. Einsam hocke ich am Bahnsteig des Stuttgarter Hauptbahnhofs und brüte vor mich hin. In einer Stunde, wenn der TGV keine Verspätung hat, müsste der Schnelltransport nach Paris beginnen. Eine meiner unzähligen Neurosen dürfte meine Überpünktlichkeit sein. Reisen, das ist mir ziemlich ungewohnt, sodass ich schon die Nacht zuvor wegen kommender Unwägbarkeiten vor Unruhe nicht die Augen zukriege. Unter den dreckigen Drahtglasdächern wabert schon um diese Zeit eine unglaubliche Hitze, die mich jedoch nicht stört. Eine Taube fällt besinnungslos auf den Bahnsteig. In mir kommt Mitleid hoch, zugleich wundere ich mich, dass meine Kondition robuster ist als die der dafür so gerühmten Bahnhofstauben.

Langeweile macht Hunger, und der ist bei mir völlig temperaturunabhängig. Die Vesperbrote werden schon mal ausgepackt. Meine Köchinnen haben sie abends zuvor superb mit Schinken, Salat und Käse zusammengebaut. Proviant dabeizuhaben, noch dazu selbst gebastelten, das hört sich sehr altmodisch an. Aber auf meinen ohnehin seltenen Reisen überlasse ich die Wegzehrung auf keinen Fall den ambulanten Verpflegungsverbrechern, schon gar nicht der Servicehölle der Bahn. Das, was sich im Zug so schön «Bistro» nennt, empfinde ich als eine Art Fegefeuer – um dort anzudocken, müsste die Not schon sehr groß sein.

Seit Jahren schwillt der Chor der Werbemarktschreier an, wir lebten in der wunderbaren Welt einer Dienstleistungsgesellschaft. Lug und Trug – Dienstleistung gab es, als niemand davon sprach. Ich erinnere mich: Mit dem Entstehen der Europäischen Union kam die staatliche französische Eisenbahngesellschaft SNCF 1986 auf die Idee, Europa-Parlamentariern und sonstigem gut zahlenden Volk das Pendeln zwischen Straßburg und Paris zu versüßen. «Nouvelle Première» nannte sich der Zug. Ich ließ es mir damals nicht nehmen, ihn auszuprobieren. Feine Herren in Schiffskapitänsuniform entwanden mir schon auf dem Bahnsteig den Koffer, und ich befürchtete zuerst einmal das Schlimmste: War das die neue Masche einer unverfrorenen Koffer-Entwendungsmafia? Sahen vielleicht irgendwelche Rosstäuscher in mir das leicht zu überwältigende Landei? Stattdessen geleitete man mich wie einen Potentaten an meinen Sitzplatz. Eine Speisekarte wurde gereicht, damit ich das Menü für später ordern konnte. Aus den Lautsprechern klang Keith Jarretts «Spain».

Als ich mich zur Toilette aufmachte, tat sich der übernächste Waggon als Salonwagen auf. An einer Bar kam ich vorbei, silberne Champagnerkübel standen herum. Mein Kiefer klappte herunter: Da saß doch tatsächlich ein echter Jazzer am Klavier! Man vergaß, dass man im Zug fuhr, stattdessen wähnte man sich in einem Drei-Sterne-Restaurant. Die SNCF nannte diese Unternehmung in Werbeannoncen den «Gipfel des savoir-vivre auf Schienen». Klar, billig war die Chose nicht, und so wurde der feudale Parlamentariertransport wegen des Neids der immobilen Beamtenschaft alsbald wieder abgeschafft.

Das ist jetzt über fünfundzwanzig Jahre her, und seitdem besingt man gebetsmühlenhaft den sogenannten «Service». Eingelullt durch verlogene Versprechungen merkt der deutsche Michel gar nicht, dass es wirkliche Dienstleistung, wie zum Beispiel einen Gepäckträger, mittlerweile immer weniger gibt. Stattdessen verwirren uns Automaten. Do-it-yourself-Ratschläge werden reichlich geboten, insbesondere der, wie man sich selbst vor den Karren seiner Wünsche zu spannen hat. Darin sind sich Demokratien und Diktaturen einig: Richtig gut darf es eigentlich niemandem gehen. Andererseits: Man kann ja froh sein, überhaupt heil durch den Tag zu kommen. Kürzlich erklärte mir ein Gast aus dem Libanon, wie wunderbar es hier in Deutschland sei: «Hier kann ich mich in ein Straßencafé setzen, ohne dass auf mich geschossen wird!» Seitdem halte ich mich mit dem Gejammere über die schlimmen Zustände in Deutschland etwas zurück. Reisen ins Ausland sind schon deshalb zu empfehlen, weil man oft bei der Rückkehr wieder froh ist, daheim zu sein. Paris bildet jedoch hoffentlich die Ausnahme. Als ich einem Schulkameraden einmal sagte, ich würde mit meiner Frau nach Paris fahren, konnte der es gar nicht fassen: «Nach Paris und dann die Frau mitnehmen? Das ist ja, als würde man Holz in den Wald tragen!» Jaja, Paris, die Stadt der Liebe – wer daran glaubt, ist reichlich hinterm Mond.

Aus meinen weitschweifenden Gedanken werde ich durch den Anblick der toten Taube gerissen. Könnte das ein Menetekel sein? Egal, ich sitze hier mit meinem Schinken-Käse-Brot und wundere mich über meinen Appetit. Vor mir, auch ohne Brille zu erkennen, jubelt ein Model auf einer Plakatwand irgendetwas Wundervolles über Ültje-Erdnusskerne. Das löst in mir augenblicklich nicht etwa Sehnsucht nach Knabberzeug, sondern nach einem kühlen Hefeweizen aus. Doch dafür ist es entschieden zu früh. Nach Minuten des Dahindämmerns werde ich jäh aus meiner Träumerei gekickt, als sich ein «echter Deutscher» in die Bahnhofsidylle schiebt. Der Mann in seiner halblangen Mimikrykampfhose wirft einen Schatten auf mich, in dem ich noch alle meine Verwandten unterbringen könnte. Früher nannte man einen rasierten Schädel mit den Ausmaßen eines Medizinballs schlichtweg «Mostkopf», heute muss man der politischen Korrektheit wegen das Maul halten und auch noch nett die Hand heben. Der archaische Flaneur, womöglich ein Hobbykoch, hat nämlich artig gegrüßt und mich offensichtlich als Kollegen erkannt.

Ich kriege die Augen von dem Mann nicht los: Die Waden der wandelnden Kampfmaschine sind rundum mit Totenköpfen ziseliert. Ich möchte mich nicht als Tattoo-Experte ausgeben, aber diese Art von Tintenstichelei nennt sich, glaube ich, «Gothic Tattoo». Puh, wie aggressiv es aus den Kampfstiefeln grüßt, und die strammen Waden erinnern an vertikal aufgestellte Zeppeline. Und da fällt es mir wieder ein, das Wörtchen «Toleranz». In Paris würde sich nach dem Typen überhaupt keiner umdrehen, aber wir Deutschen, besonders wir Schwaben, sind andauernd von Optimierungswünschen an die Adresse anderer Leute getrieben, dabei hätte man doch an sich selbst genügend zu reparieren. Bevor jedoch mein Sinnieren ins Unergründliche absackt, sehe ich erst ganz winzig, dann immer größer werdend, den blau gestreiften TGV leise wie eine Riesenschlange herangleiten.

Pünktlich hält der französische Superzug, der «Train Grande Vitesse», und ich steige in den kühl klimatisierten Wagen ein. Der Zug fährt hurtig an, doch das war's dann auch schon – von «Grande Vitesse» ist nicht mehr viel zu spüren, denn das Geschoss kriecht nur noch dahin auf deutschen Gleisen, die bereits im «Tausendjährigen Reich» verlegt wurden. Dann aber, nach dem Halt in Straßburg, zieht die Kiste ab, und der anschwellende Fahrtlärm mildert das Kindergeschrei, das mich umgibt.

Verdammt, Ohrenstöpsel vergessen – ich hätte doch an meinem freien Tag wirklich ein Anrecht auf eine erholsame Fahrt! Aber Aufreger hilft nicht, die Mütter sind schlimmer dran als ich, die müssen das schließlich täglich ertragen. Ich muss an den Dalai Lama denken. Wie würde sich der famose Buddhist in dieser Situation wohl verhalten? Er würde natürlich sein berühmtes Lächeln einschalten, und so verordne auch ich mir hartnäckigen Altruismus. Und siehe da, es funktioniert: Man gewöhnt sich an alles, auch an Kinder, und die sich womöglich sogar an mich – sie hören jedenfalls auf zu brüllen.

Drei Sitze weiter vorn hebelt der Freizeitledernacken mit obszön appetitlichem Zischen eine Bierdose auf. Ich denke: Wirklich dumm, dass ich Bier vergessen habe, ob ich wohl eine Büchse gegen ein Sandwich tauschen soll? Es fehlt mir aber der Mut, so einen selbstsicheren Mann anzusprechen, und wenig später sacke ich weg und träume von Paris.

«Der heißeste Tag des Jahres», hat der Schaffner gesagt, aber erfreulicherweise ist davon nichts zu spüren. Es gibt nämlich Züge, da funktioniert sogar im Sommer die Klimaanlage. Als ich aufwache, zieht eine gewisse Vorort-Bahnhofstristesse an mir vorüber, Paris kommt näher. Der Zug wird immer langsamer und hält schließlich mit einem kleinen Ruck im herrlichen Gründerzeit-Bahnhof Gare de l'Est. Ich schnappe mir mein Rucksäcklein, und schon bin ich draußen. Heißer Dampf trifft mich wie ein Keulenschlag, aber ich sage mir: Wenn das Wochenende und mein Kurzurlaub vorbei sind, wird es am Dienstag in der Küche auch nicht viel anders sein. Als Nachkriegskind bin ich mit vielerlei fragwürdigen Tröstungen bei Laune gehalten worden: Hatte ich mir auf Rollsplitt die Knie aufgeschlagen, sagte Mama: «Hab dich nicht so, dem Onkel Robert hat der ‹Russ› ein Bein abgeschossen.» Also bete ich mir auch hier vor: Der Schutzpatron der Köche, der heilige Laurentius, hatte es schwerer; weil er an seinem Glauben festhielt, rösteten ihn die Römer gleich komplett auf Buchenholz. Seitdem führt er auf Heiligenbildchen immer einen Grillrost mit sich.

Die Bahnhofshalle erhebt sich wie eine Kathedrale. Der Gare de l'Est unterscheidet sich von den deutschen Abfertigungs- und Ramschhallen geradezu durch Eleganz. Nicht jeder Quadratmeter ist für Frittenbuden kommerziell ausgemostet. Rechts komme ich an einem Bistro vorbei, das ein Mobiliar präsentiert, als würde es sich um zwei Michelin-Sterne bemühen. Nirgendwo sehe ich Schmutz, ich glaube, die schwäbischen Dampfstrahler der Firma Kärcher haben Frankreich mehr verändert als die Französische Revolution. Wie sagte doch Sarkozy 2010 anlässlich der Banlieue-Krawalle: Wir kärchern diese Typen weg. Die Franzosen kaufen uns eben alles ab, und wir in Stuttgart müssen uns mit Secondhand-Schrubbern begnügen.

Soll ich mich vielleicht gleich ins seitlich gelegene «Café Flo» verpflanzen? Dort gäbe es Aircondition, obwohl ich auch hier, in dieser lichten hohen Halle, trotz der Hitze einigermaßen atmen kann. Die Schönheit dieses Bahnhofs hat etwas Befreiendes. Trotzdem frage ich zaghaft in mich hinein: Musste diese Reise wirklich heute sein, ausgerechnet am heißesten Tag des Jahres, nur weil das einmal so geplant war? Bin ich vielleicht ein Spießer, ein Zwangscharakter, der seine Vorsätze rigoros gegen besseres Wissen durchsetzt? Bin ich also ein echter deutscher Stutzer, der treu bis in den Tod Befehle befolgt, Regeln, die er sich wie einen schweren Stein unters Herz gepflanzt hat? Vielleicht wäre es schlauer gewesen, die Welt, und in diesem Fall Paris, mit Büchern von zu Hause aus zu erkunden?

Fünfzehn balkenbiegende Regale mit Frankreichliteratur stünden dort parat, gut die Hälfte davon beschäftigt sich ausschließlich mit Paris, seinen Bewohnern, Geistesgrößen und Exzentrikern. Ich denke an Literatur-Heroinnen wie Gertrude Stein und Simone de Beauvoir oder die Bildhauerin Camille Claudel. Was habe ich nicht alles in mein Hirn gepackt, angefangen mit schreibenden Aperitiftrinkern wie den Brüdern Goncourt über den Koffein-Junkie Balzac bis hin zu dem Philosophen Sartre oder zu guter Letzt dem stets von zartem Teeduft umwehten Marcel Proust. Apropos Proust, in einem Punkt sind wir uns sehr ähnlich: Auch er trank mit Leidenschaft kühles Bier.

Das verkneife ich mir aber jetzt, denn es hätte sturzbachähnliche Schweißausbrüche zur Folge. Also stehe ich da und weiß eigentlich gar nicht, wohin, warum und wieso, es gibt einfach zu viele Möglichkeiten. Zu Hause habe ich mir natürlich einen Plan zurechtgelegt – das Marais soll diesmal erwandert werden. Dennoch fühle ich mich wie damals als Kind, als mir der Onkel Julius zwanzig Mark geschenkt hat und ich vor lauter Überfluss gar nicht wusste, welchen meiner vielen Wünsche ich mir zuerst erfüllen sollte. In Paris gibt es bekanntlich von allem sehr viel, sowohl Geschmacklosigkeiten wie auch hochfeinen Stil. Mit derlei Gedanken verziehe ich mich dann doch ins «Café Flo», um einen Campari Soda mit viel Eis zu nehmen. Schon der erste Schluck bringt meinen Hirnkasten in Schwung und weckt endlich meinen Unternehmungsgeist. Ich gerate wieder in die Spur.

Also gut, raus ins Getümmel und erst einmal ins Hotel, um das Gepäck loszuwerden. Da ich keine Metrokarten mehr habe, beschließe ich der Bequemlichkeit halber ein Taxi zu nehmen. Vor mir wartet eine Schlange von mindestens dreißig Leuten. Ich stelle mich hintan ins gleißende Sonnenlicht und beginne langsam zu schmoren. In meinen Schuhen wird es unbequem. Der sich fast verflüssigende Teer scheint die Brandsohle erobert zu haben, und um meine Halbglatze mache ich mir auch etwas Sorgen. Es geht nur ausgesprochen zäh voran. Nach einer gefühlten Stunde rastet eine Frau aus, hat sich womöglich einen Sonnenstich gefangen, oder ist es ihr Naturell? Sie fängt an, auf Französisch zu keifen und gerät immer mehr in Fahrt. Als eine Ordnungskraft sie zur Räson bringen möchte, steigert sie sich in sirenenartiges Geheul, was das für eine Scheißstadt sei, randvoll mit unfähiger Verwaltung, eine Zumutung: «Und Sie, Sie verdammter Flic, Sie Trottel, warum rufen Sie nicht mehr Autos hierher, Sie Bouffon, Sie Monsieur Incompétent!»

Ich mache mich lieber vom Acker, nicht wegen der resoluten Pariserin, sondern weil ich keine Lust habe, länger in dieser Hitze herumzustehen. Ich glaube übrigens, die Frauen in Paris sind allesamt nicht schüchtern. Soll mir recht sein, mir sind dominante Frauen ohnehin lieber als langweilige Zartwesen, die nur darauf achten, dass die aufgeklebten Wimpern nicht verrutschen. Also über den Platz und runter in den Schlund der Metrostation, wo mich ein Gedränge erwartet, als käme gleich eine Demonstration in Gang. Vor dem Automaten wieder eine Riesenschlange. An das Kartenhäuschen, das ein wackerer Beamter gegen eine Menschentraube verteidigt, komme ich nicht ran, es geht dort zu, wie vor dem Ticketschalter eines Fußballländerspiels.

Ich entschließe mich zu einem Marsch. Die Treppen wieder hoch und immer die Schattenseite ausnützend arbeite ich mich auf den Boulevard de Magenta zu. Bereits nach fünf Minuten bin ich nass geschwitzt. Mein Rucksack ist nun unversehens doppelt so schwer, und meine Frau kommt mir in den Sinn. Es gibt fast keinen Film, wo sie nicht irgendwann mal schreit: «Regiefehler! Guck mal, wie der Schauspieler die Koffer schwingt, da ist nur Luft drin!» Meine Frau ist eine scharfe Beobachterin. Ich wanke allerdings nicht durch ein Filmset, sondern kämpfe mit dem echten Leben.

Keuchend wird mir bewusst, dass ich meine Taktik ändern muss, denn wenn ich so weitermache, reicht meine Kraft womöglich nur noch zu Hasstiraden über Paris. Immer wieder verrenke ich mir den Hals und spähe wie ein Geier, ob nicht endlich ein Taxi mit grünem Licht auf dem Dach vorbeigefahren kommt. Aber nix da, unzählige Wagen sausen an mir vorbei, alle mit rotem Licht, als wollten sie mich verhöhnen. Schließlich erbarmt sich doch das Schicksal, ein freies Taxi kommt daher, und dehydriert, wie ich bin, kriege ich gerade noch den Arm hoch, um es anzuhalten. Ich steige hinten ein. Sich vorne reinzupflanzen, das macht man aus unerklärlichen Gründen nur in Stuttgart, möglicherweise, um eine gewisse Solidarität mit schlecht bezahlten Berufen zu heucheln. Kurzum: Niemals in Paris vorne einsteigen, der Platz ist meistens sowieso voll von Krempel bis hin zu Müll. Ich röchle dem Fahrer über die Kopfstütze die Adresse in der Rue des Gravilliers zu.

Das Hotel «Jules et Jim» ist mit seinem minimalistisch-eleganten Eingang kaum auszumachen, zweimal fahren wir daran vorbei. Doch dann ist auch diese Hürde genommen. Ich entlohne eilig den Chauffeur, denn hinter uns in der engen Gasse hupt es bereits aggressiv. Der Franzose ist auch nicht mehr so entspannt wie ehedem.

An der Rezeption begrüßt mich ein frohes, munteres

Wesen. Eine wirklich schöne Mademoiselle, grad so, wie man sich die Pariserin immer vorgestellt hat. Später werde ich erfahren, dass die junge Lady aus dem Libanon stammt. Nach dem Empfangsbereich tut sich ein großer Innenhof auf, und an einer Hauswand zieht sich ein vertikaler Garten hoch. Noch nicht lange her und ich hatte keine Ahnung, was man darunter zu verstehen hat. Es handelt sich gewissermaßen um einen Urwald, der durch bepflanzte, erdgefüllte Aufhängungen und mit einer Berieselungsanlage versehen die Wände emporwächst. Hier ist es ein Urwald von feuchten Farnen, Moosen und seltenem Geblüm. Dieser hängende Garten der Semiramis windet sich bestimmt zwanzig Meter hoch bis zur Dachrinne. Mein Zimmer ist vom Hof aus ebenerdig zu erreichen und heruntergekühlt wie ein Schockfroster. Ich schmeiße mich aufs Bett und erfreue mich an dem klaren, hellen Raum mit seinem edlen Holzboden. Keine Spur von Franzosenkitsch, von Nippes, Moquette, Blümchentapeten und sonstigen Staubfängern. Nun bin ich angekommen, und die Erfrischung tritt augenblicklich ein.

Ich lasse mich vielleicht fünfzehn Minuten ausdampfen, dann juckt es mich wieder in den Füßen. Herumliegen hätte ich zu Hause einfacher haben können, also raus aus dem Hotel und gleich vorne rechts die Rue du Temple hinunter. Der Gehsteig ist schmal, und ich arbeite mich in Richtung Seine. Die Seine ist immer der Angelpunkt meiner Orientierung. Nach dreihundert Metern stehe ich in einem prächtigen Portaldurchlass, der sich zum Jüdischen Museum hin öffnet. Den Besuch dieses Museums hatte ich mir fest vorgenommen und deshalb auch ein Hotel im vierten Arrondissement ausgesucht.

Hinter Glas sitzt ein Portier, der mich höflich darauf hinweist, dass mein Rucksäckchen durch ein Röntgengerät

Die Seine beim Jardin des Plantes und Pont d'Austerlitz

befördert werden muss. Das dauert, doch die kühle Luft empfinde ich als willkommene Erquickung. Ich habe Zeit, darüber nachzudenken, dass solche Sicherheitsschleusen einen an den Wahnsinn dieser Welt gemahnen, in der selbst ein solch friedlicher Ort in Gefahr ist. Freundlich wird mir mein Gepäckstück zurückgegeben, und ich steige die breite, schlossartige Treppe hinauf. Durch hohe Fenster blicke ich auf einen Innenhof, der die Ausmaße eines halben Fußballplatzes hat. Mitten im eng bebauten Quartier Marais ist das besonders beeindruckend. Das Gebäude ist einer jener großzügigen Stadtpaläste, die der Adel hier im achtzehnten Jahrhundert und teilweise schon lange davor hat erbauen lassen. Von außen sind sie kaum erkennbar; wird jedoch das hohe Portal geöffnet, durch das mindestens eine Vierspänner-Kutsche passen musste, tut sich eine ungeahnte Welt voller Wunder auf.

Wer mag wohl früher in diesem klassizistischen Monument gewohnt haben? Ich lese auf einer Tafel, dass die Stadt Paris der jüdischen Gemeinde dieses aus dem Jahr 1650 stammende Palais 1998 überlassen hat, um hier die Kulturleistung des französischen Judentums zu bewahren und zu zeigen. Hätte ich mir nur unten an der Pforte einen Audioguide geliehen! Ich weiß gerade einigermaßen, was eine Thora ist, habe ansonsten jedoch von den Sitten und Gebräuchen des Judentums peinlich wenig Ahnung. Die Schätze des Museums, die Erklärungen zu Ritualen und der Lebensweise dieses Volkes kann ich so nebenbei nicht einprägsam würdigen. Ich werde wiederkommen. Übrigens: Zu meiner Schulzeit war über die Juden gar nichts zu erfahren. Als ich meinen Vater einmal fragte, ob er in seiner Klasse auch jüdische Schulkameraden gehabt hätte, druckste er nur so herum: «Ja, ein oder zwei gab es, aber die hat man kaum bemerkt. Die waren dann auch irgendwann mal weggezogen!»

Aus dem Museum wieder ans Licht getreten, biege ich um die Ecke und gelange in die Rue des Rosiers im Herzen des Marais und des jüdischen Lebens. Man könnte auch sagen: deutschen Lebens. Ich finde es hocherfreulich, dass so viele Deutsche in diese Straße hineinschnuppern. Auch wenn unglaublich viele Touristen unterwegs sind und die alten Geschäfte immer mehr verschwinden, bekommt man eine gewisse Ahnung vom Judentum. Meine Augen bleiben an einer blauen Holzfassade hängen. Eine Türe, ein Schaufenster, in dem ein siebenarmiger Leuchter steht – eine Menora, die man auch im Staatswappen Israels findet. Daneben liegt unterschiedlichstes Gebäck in der Auslage, überwiegend in Form von runden Kringeln. Ich trete näher. Von diesen legendenumwobenen Bageln, die aus Manhattan und vor allem aus Brooklyn seit Jahrzehnten nicht mehr wegzudenken sind, habe ich bislang nur gehört, aber sie noch nie gegessen. Dieser Mangel muss augenblicklich behoben werden. Die Türe wird aufgedrückt, einige Kunden treten ins Freie, ich nehme die umgekehrte Richtung.

Die «Boulangerie Murciano» ist neu renoviert, und die Regale ringsum bieten vielerlei Gebäck, das aussieht, als müsse ich den Laden leer vespern. Ich bezahle meinen Bagel, stelle mich in eine Ecke und beiße hinein. Er schmeckt frisch, fast saftig – eine Offenbarung (bei einem späteren Versuch anderenorts krümelte mir allerdings ein keksartiges Etwas dermaßen unangenehm und altbacken im Mund herum, dass mir Erstickungsanfälle drohten). Der Umtrieb und vor allem die Exotik hier faszinieren mich. Daheim sieht man ja höchst selten gläubige Juden mit schwarzen Hüten und Schläfenlocken. Diese Menschen haben interessante Gesichter, und bei den Älteren ahnt man das Leid, das sich ihnen um Augen und Mund geschrieben hat.

Kurzzeitig ist die Ladentür mal nicht verstopft, und ich verdrücke mich wieder nach draußen. Einige Schritte auf die Rue Ferdinand Duval zugelaufen – eigentlich ein kleines Plätzchen –, und ich sehe wieder diese für mich so ungewöhnlichen Wesen in schwarzen Anzügen und mit Korkenzieherlocken. Möglichst nicht auffallen, diese jungen Juden wollen offensichtlich irgendetwas verkaufen! Mit leichter Panik sortiere ich die Möglichkeiten, an ihnen vorbeizukommen. Es handelt sich jedoch um äußerst gut trainierte Verkäufer. Und kann ein Opfer sichtbarer sein als ich? Dick und gutmütigen Blicks. Nicht behände genug für eine Flucht, gerate ich genau in ihr Fadenkreuz. Ich stelle mich so blöd wie möglich, was ich eigentlich gut beherrsche, aber eben nicht gut genug für diese Profis. Ich mache auf schwerhörig und halbblind, aber es ist zwecklos. Fröhlich lächelnd halten sie mich an meinem Jackett fest und strecken mir eine Kippa entgegen. Die soll ich ihnen abkaufen, erklären sie auf Englisch. Das flache Mützchen ist nicht viel größer als ein Bierdeckel, damit ließe sich tatsächlich der Kahlfraß auf meinem Kopf verbergen. Die jungen, eigentlich sehr netten Typen strahlen mich eifrig an und treten von einem Bein aufs andere wie junge Pferde, die jeden Moment losstürmen wollen. Sie scheinen an mir einen Narren gefressen zu haben, wackeln mit den schwarzen Hüten, sodass die langen Schläfenlocken fast vor meiner Nase baumeln.

Plötzlich geht mir auf, dass diese ambulanten Seelsorger mich für einen Juden halten könnten. Mitreißend, geradezu mit bebendem Schwung fragen sie mich, woher ich denn käme. Das trifft mich wie ein Schlag. Normalerweise freue ich mich, wenn man mich nicht aus hundert Metern Entfernung als Teutonen einschätzt. Jetzt aber? Was sage ich denen? Sicher haben sie allen Grund, zu Deutschen unfreundlich zu sein. Eine ebenso vibrierende wie atemlose Panik steigt in mir auf. Für Überlegungen ist keine Zeit und so rutscht mir ein befreiendes «Switzerland» über die Lippen. Dass ich kein Jude bin, traue ich mich nicht zu sagen. Ich krame in meinem Geldbeutel, erstochere fünfzehn Euro, übergebe sie und setze eine befreiend frohe Miene auf.

Das Mützchen behalte ich erst mal auf dem Kopf, bis ich außer Sichtweite bin. Ich schäme mich meiner Feigheit und laufe planlos durch die Gassen. Schließlich habe ich mir immer viel darauf eingebildet, die Gräuel der Väter nicht zu verdrängen, sondern bewusst mit ihnen zu leben. Und nun gebe ich mich hier als Schweizer aus!

Ich gelange zu einer sehr belebten Straße, und an einer Hausecke finde ich ein blaues Schild mit der Aufschrift

Rue des Rosiers im Marais

«Rue de Rivoli». Fünf Minuten laufe ich hier die Busspur entlang, dann halte ich den Verkehrslärm nicht mehr aus, schlage einen Haken in die Rue des Écouffs und komme an einer koscheren Metzgerei vorbei. Das Schaufenster sieht einladend aus, und mich überfällt prompt der Hunger. Es geht nun schon auf halb sechs zu, und wenn ich jetzt nicht einen Zahn zulege, werde ich wohl ein Gelübde brechen, das ich mir bereits vor Jahren auferlegt habe, nämlich niemals eine Fastendiät zu machen.

Also weiter, irgendwann wird ja eine Futterstelle kommen. Rechts grüßt mich ein Schaufenster aus Mattglas, auf dem «Schwartz's Fabrique» steht. In meinem Hinterstübchen fängt es zu rumoren an: Irgendwo müsste hier doch auch der «Schwartz's Imbiss» zu finden sein, an dem ich schon mal vorbeigedackelt bin. Als ich zum jüdischen Buchladen komme, finde ich mich wieder zurecht. Geradeaus sehe ich den grünen Falafel-Shop mit dem schlagwetternden Werbespruch *Toujours imité, jamais egalé*, was so viel heißt wie «Oft kopiert und nie erreicht!». Ich beschleunige meine Schritte und gerate ins Magnetfeld von «Schwartz's Deli». Breite, dunkel gestrichene Holzrahmen umgeben die Schaufenster, und was ich im Inneren erspähen kann, zieht mich magisch an. Ums Versehen bin ich drin. Eine junge Frau begrüßt mich und führt mich an meinen Platz. Jeder Gast hat hier sein eigenes kleines Tischchen mit rot karierter Decke. Die Tischchen sind eng aneinandergereiht, sodass quasi alle an einer langen Tafel sitzen. Rings um mich trinken und essen jede Menge junger Leute, vermutlich alles Juden, notabene schöne Frauen. Der einzig unkoschere Typ in dem Laden bin offensichtlich ich. Es ist schwer was los, pralles Leben, lautes Lachen, und der Lärmpegel ist beträchtlich. Unzählige Bistros habe ich in Paris schon besucht, richtig gut war es selten, und lustig war es nie.

Die gute Stimmung springt auf mich über. Nebenan unterhält sich ein Ehepaar, offensichtlich Amerikaner. Entgegen meinem Prinzip, niemals fremde Leute anzuquatschen, frage ich sie, woher sie kommen, und es entspinnt sich ein reges Gespräch. Dabei stellt sich heraus, dass das Paar schon einmal Stuttgart besucht hat, oder genauer gesagt: den Ortsteil Zuffenhausen. Sie gestehen mir, dass sie gern öfters mit einem alten Porsche durch ihr heimatliches Connecticut düsen, deshalb wollten sie endlich mal sehen, wo diese Wunderautos gebaut werden. So geht es hin und her, man redet über das Porsche-Museum, und ich ernte Gelächter und Zustimmung mit dem Bekenntnis, mein

Lieblingsporsche sei der «knee-high Gulf-Porschi in light blue colour», der kniehohe Gulf-Porsche.

Die junge Serviererin, die fast den ganzen Laden schmeißt, steht nun neben mir und klappert ungeduldig mit den Wimpern, als wolle sie sagen: «Dies hier ist keine Fastenklinik.» Sie nimmt die Karte vom Tisch und drückt sie mir resolut in die Hand. Jede Menge Hamburger werden ins Feld geführt, Abbildungen lassen erahnen, wie das jeweilige Gericht wohl aussehen wird. Hier geht's zur Sache: Avocado Burger, Schwartz's Burger, Rossini Burger – ob ich den wohl nehme? Oder lieber einen Superbeefburger mit einer dicken Scheibe Gänsestopfleber darauf? Die Kampftierschützerinnen von PETA sind schließlich außer Reichweite, außerdem esse ich ja nicht auswärts, um in den Himmel zu kommen. Trotzdem interessiert mich nicht die Gänseleber, sondern die «Matzah Ball Soup».

Es gibt für mich beim Essen in Gasthäusern eine elementare Regel. Sie stammt vom längst verstorbenen Adlerwirt, der am Gmünder Marktplatz sein Gasthaus betrieb. Auf die Frage, was man bestellen solle, kam stets die polternde Antwort: «Esse Se Hirnsupp, man soll immer des essa, was man net kennt und net hat!» Für mich bedeutet dieser handfeste Ernährungstipp, möglichst nicht nur zu essen, um satt zu werden, sondern auch, um einen beruflichen Erkenntnisgewinn zu erzielen.

So gilt es hier im «Schwartz's», einige neue Erfahrungen zu bunkern. Ich befinde mich in einer völlig fremden Welt, muss mich erst einmal umschauen. Klar, Hamburger sind für mich vertrautes Terrain, ich bin ja sozusagen ein Spezialist für «Doppelwhopper» der Schnellgrillerei «Burger King». Deshalb auch ein kleiner Tipp am Rande aus der Profikiste: Lagern, sozusagen auf Standby, viele abgepackte Hamburger hinter dem Verkaufstresen, läuft man

Gefahr, dass einem ein Burger aus der Antike-Abteilung zugeteilt wird. Also was tun? Ganz einfach: Bestellen Sie einen «Doppelwhopper» oder bei der Konkurrenz einen «Big Mac» ohne Zwiebel, der wird dann frisch gebraten und ebenso jungfräulich zusammengebaut.

Die Mehrzahl meiner Mitgäste trinkt Coca-Cola, aber ich entdecke auch jede Menge koscherer Milchshakes. War mir der amerikanische Dünnkaffee zum Sirloin-Steak schon immer reichlich suspekt, so wundere ich mich nun, dass der tolle Hamburger nicht aufschreit, als die nette Porsche-fahrerin neben mir einen Milchshake hinunterkippt. Das «Schwartz's» entwickelt sich in jeder Hinsicht als Reise in ferne Länder.

Ich recke den Hals und erspähe bei anderen Gästen immer wieder ein turmartiges Gebilde aus unzähligen Schichten, die verdächtig nach Schinken aussehen. Ich gucke in die Karte und stelle anhand der Fotos für Analphabeten fest, dass das Wunderwerk «Pastrami» heißt. Der weltläufige Leser wird mir mein Unwissen verzeihen, ich bin Spezialist für französische, italienische und deutsche Küche, darüber hinaus kann man mich gerne mit freundlicher Verachtung als Landei einordnen.

Eine andere Servicedame kommt, und ich folge der Regel des Gmünder Adlerwirts, die er auch so formulierte: «Vincent iss, was de net kennsch!» Trotz trübem Blick durch die Lesebrille erscheint mir die Serviertochter, wie der Schweizer so nett sagt, als unglaubliche Schönheit – mir entfällt ad hoc, was ich eigentlich bestellen wollte. Doch als die Dame mit den Fingernägeln wie beiläufig auf dem Tisch trommelt, was ein Gastronomieprofi unbedingt als Alarmzeichen einstufen muss, bricht es aus mir heraus: «Coke, Matzah Ball Soup und Pastrami de Veau.» Die Cola kommt blitzartig, und ich merke erst jetzt, was für einen Durst ich hatte.

Auch meinen Hunger hatte ich wegen der überwältigenden internationalen Atmosphäre fast vergessen. Er kehrt schlagartig zurück, als die Suppe vor mir dampft. Auf den anderen Tischen habe ich nirgends einen Suppenteller entdeckt, und ich muss in mich hineingrinsen, als ich bemerke, dass mich einige Leute hier wie einen Exoten mustern. Die haben sicher längst herausgefunden, dass ich ein Sauerkraut-Teutone bin, rumort es in mir. Wer isst schon in den Hitzehundstagen eine heiße Suppe? Aber was soll's, das «Schwartz's» ist durch Aircondition heruntergekühlt wie ein Fleischtransporter

Die Suppe reißt mich nicht vom Hocker, schmeckt aber gut und ist schnell verdrückt. Auf meinem Handy google ich nach dieser Kreation, und schon schiebt sich ein Rezept auf das Display. Ich lese, dass Hühnersuppe in den USA auch als «Jewish penicillin» gelobt wird, das angeblich gegen vielerlei Gebrechen helfen soll.

Hier nun das Rezept in optimierter Version:

Jüdische Hühnersuppe à la Vincent

1 Bio-Gockel
2 Bund Suppengrün (Karotten, Sellerie,
gelbe Rüben, Petersilienwurzel usw.)
2–3 Lorbeerblätter
2 Stängel glatte Petersilie
1 Zwiebel
Meersalz, grober schwarzer Pfeffer

Das Huhn gründlich innen und außen mit kaltem Wasser spülen und den Bürzel entfernen, er enthält nur traniges Fett. Anschließend ins kochende Wasser legen. Den Schaum, der anfangs an der Oberfläche entsteht, von Zeit zu Zeit abschöpfen, damit die Suppe nachher einigermaßen klar wird.
Das geputzte Suppengrün, die abgespülten Petersilienstängel,

*die Zwiebel mit Schale, Lorbeerblätter, Salz und Pfeffer
in den Topf geben und bei kleiner Hitze etwa 2 Stunden
köcheln lassen. Das Gemüse bereits nach 20 Minuten heraus-
nehmen und klein schneiden.*

*Sobald die Suppe fertig ist, kommt das Huhn aus dem Topf
und wird von Haut und Knochen befreit. Das Fleisch in mund-
gerechte Stücke schneiden und die restliche Suppe durch ein
Sieb in einen anderen Topf gießen.*

*Fleisch und kleingeschnittenes Gemüse wieder in die Suppe
geben und ggf. mit Salz und Pfeffer abschmecken. Vor dem
Servieren mit frisch geschnittenem Schnittlauch verfeinern.*

Matze-Knödel

4 Eier etwas schaumig schlagen
4 EL Hühnerfett (von der Suppe abschöpfen)
1 Tasse Matzemehl
Salz

*Man vermengt Eier, Matzemehl und Salz zu einem Knödelteig.
So viel Brühe dazugeben, dass man feste Knödel drehen kann.
Die Knödelchen, nicht größer als ein Tischtennisball, lässt man
in der fertigen Brühe 15 Minuten ziehen.*

Die Klößchen von «Schwartz's» haben es mir angetan, wahrscheinlich enthalten sie so viel abgeschöpftes Hühnerfett, dass eine deutsche Ernährungsberaterin den Löffel abgeben würde. Obendrein macht sie irgendein rätselhafter Geschmacksverstärker zum Wunderwerk. Der Lärmpegel im Lokal ist mittlerweile derartig angestiegen, dass die beiden Amis neben mir sich anschreien müssen, um sich verständlich zu machen. Aber das echte Leben stört mich nie.

Noch gar nicht richtig mit der Suppe fertig, wird schon der Pastrami-Teller vor mir hingestellt. Er quillt über von zwei Toastscheiben, zwischen denen sich sehr dünn geschnittener Schinken auftürmt. Zehn Zentimeter hoch dürfte das Gebilde leicht sein. Ein Schüsselchen Coleslaw (Weißkohl-Mayonnaisesalat) und ein Riesenhaufen Pommes frites sorgen dafür, dass mein Pastrami-Wolkenkratzer nicht umfällt. Pastrami sieht nicht nur aus wie Schinken, es ist auch welcher. Allerdings stammt er keinesfalls vom Schwein, sondern vom Rind oder Kalb. Einen eindeutigen Geschmack kann ich nicht erkennen, denn wie alle anderen um mich herum kippe ich Ketchup darüber. Man kann über das Ketchup-Zeugs lästern, wie man will, für mich hat es immer wieder die Faszination des Andersschmeckenden. Mit den Händen nehme ich die Pommes und tunke sie anschließend in die Mayo, und so geht es dahin. Mir dämmert, dass koschere Küche auch aus Junk-Food bestehen kann, und Junk-Food löst bei mir einen seltsamen Mechanismus aus: Ich verliere augenblicklich die Kontrolle und fresse und fresse. Es mag daran liegen, dass ich es nur sehr selten vorgesetzt bekomme.

Am Tresen bestaune ich noch die Leckerbissen, die gekühlt unter Glas ausgestellt sind: Pastrami nach einem berühmten Geheimrezept, koschere Würste und Spezialitäten, von denen ich keine Ahnung habe. Ich wanke ins Freie und spüre nun mit Macht den anstrengenden Tag. Ich muss gestehen: So vollgestopft überkommt mich häufig der totale Weltschmerz. Mir ist schlecht, ich bin hässlich, alle Leute gucken auf mich, keiner hat Mitleid, alle sind gegen mich, was bin ich doch für ein armes Schwein. Im Kriechgang überquere ich die Rue Vieille du Temple, um zur Rue des Archives zu gelangen. Es ist jetzt kurz nach acht Uhr, die Abendsonne bescheint mich von hinten, und ich werfe einen grotesk langen Schatten, am liebsten würde ich mich hineinlegen. Total im Eimer komme ich schließlich in meinem Hotel in der Rue des Gravilliers an und danke den Göttern. Die Nacht ist traumlos.

Die Parks von Paris I –
Square du Temple

Spaziert man durchs Marais, kommt man durch einige Straßen, welche das Wörtchen «Temple» im Straßenschild führen. Auch der Square du Temple findet sich hier. Die Namen erinnern daran, dass diese Gegend einst dem Templerorden gehörte. Der Orden war im Jahr 1118 anlässlich eines Kreuzzuges gegründet worden. In ihm vereinte sich das Rittertum mit dem Mönchtum; die Lebensführung der Mitglieder unterlag einem Kodex von zweiundsiebzig Regeln. Der Orden war allerdings nicht nur im Heiligen Land tätig, sondern unterhielt auch in Europa eine Vielzahl von Burgen und Besitztümern und verstand sich überdies hervorragend auf Finanzgeschäfte.

Der Templerbezirk in Paris lag ursprünglich außerhalb der Stadt und umfasste ein ungefähr 130 Hektar großes Areal südlich der Place de la République, zwischen Rue du Temple, Rue de Bretagne, Rue Béranger und Rue de Picardie. Er war von Mauern umgeben und mit Wachtürmen und einem Graben bewehrt; der einzige Zugang verlief über eine Zugbrücke an der heutigen Ecke Rue des Fontaines du Temple und Rue du Temple. Zuvor hatte die ganze Gegend östlich der Kathedrale Notre-Dame, in dem sich ein Seitenarm der Seine verlor, als unbewohnbares Sumpfgebiet gegolten. Die Templer kannten sich mit Landwirtschaft gut aus und hatten zudem das nötige Geld, das Gelände zu kaufen und urbar zu machen. Bald darauf erblühte hinter den dicken Mauern ein Garten.

Nach der endgültigen Vertreibung der Kreuzfahrer aus Palästina 1291 hatte der Großmeister der Templer hier seine Residenz. Die Macht der Templer ließ sie allerdings zunehmend in Konflikt mit den weltlichen Herrschern geraten. Nachdem sie des Öfteren das französische Königreich vor dem Bankrott gerettet hatten, war es der französische König Philipp IV., der nach einem Vorwand suchte, den Orden zu zerschlagen. Eigentlich ging es dem klammen Herrscher nur darum, dessen riesiges Vermögen zu kassieren.

Unter dem Vorwurf der Häresie und Blasphemie ließ Philipp IV. im Jahr 1307 Ordensmitglieder in ganz Frankreich verhaften; die im Temple Festgesetzten gestanden unter Folter die Anklagepunkte. Papst Clemens V., der in Avignon residierte, hatte zunächst gegen das Vorgehen des Königs protestiert, seinem Druck dann aber nichts entgegenzusetzen. Es kam zu einem Schauprozess, zum berühmten Templer-Prozess, der mit einem grauenhaften Justizmord endete. 54 Ritter wurden in «apostolischer Machtvollkommenheit» durch den Papst verurteilt und verbrannt oder anderswie gemeuchelt. Das war im Jahr 1310. Der letzte Großmeister der Templer, Jacques de Molay, kam 1314 auf den Scheiterhaufen und schrie noch aus dem Feuer Verwünschungen gegen den König. Das sollte seine Wirkung haben: Philipp IV., genannt der Schöne, segnete mit 46 Jahren, nur 8 Monate nach der Schandtat, das Zeitliche.

Obwohl nach offiziellen Quellen nahezu alle Ordensmitglieder in Frankreich verhaftet worden waren, wurden tatsächlich nur wenige Todesurteile vollstreckt. Es ist heute selbst vom Vatikan anerkannt, dass die Anklage gegen die

Square du Temple, das grüne Wohnzimmer des Marais

Templer jeder Grundlage entbehrte. Nachdem Philipp IV. sie in Frankreich ihres Vermögens beraubt hatte, wurde die Festung infamerweise an die Konkurrenten weitergegeben, zuerst an die Johanniter und danach, bis zur Säkularisation, an den Malteser-Orden.

Von der Festung ist fast nur ein kleiner, aber lieblicher Park übergeblieben, der vom berühmten Stadtplaner Haussmann auf acht Hektar konzipiert wurde. Er hatte sich am Bois de Boulogne, dem großen Stadtpark im Westen von Paris, orientiert. So durfte ein kleiner Wasserfall natürlich nicht fehlen. Am Teich ragt eine Trauerbuche in den Himmel, und zwar an der Stelle, wo der 1811 abgerissene Temple stand, ein wuchtiger Turm, in dem im 13. Jahrhundert der französische Staatsschatz lagerte und später Ludwig XVI.

auf die Guillotine wartete. Der etwas verwinkelte Park, durch den schmale Kieswege mäandern, wird im Ganzen von einem spitzenbewehrten Eisenzaun umfasst. Inmitten des Grüns und der Blumenrabatten erblicke ich einen Musikpavillon, aber es ist vollkommen still dort, die Musik findet nur in meinem Kopf statt. Man wird hier in einen schwerelosen Zustand versetzt.

Die hochdekorierte amerikanische Dichterin Marilyn Hacker, in der New Yorker Bronx beheimatet, hat diesem wunderbaren Ort ein Gedicht in ihrem Band «Squares and Courtyards» gewidmet. Da ihre Bücher leider nicht ins Deutsche übersetzt sind, hier «Square du Temple» im Originalton:

A breeze flies from their shoulder-blades
Loquacious and invisible, in banners.
The duck pond is refreshed by small cascades,
As silence cures an overdose of manners.

Auf der Suche nach einer bestimmten Skulptur folge ich einem schmalen Kiesweg. Die Skulptur ist künstlerisch nicht von Belang, aber mich zieht es fast magisch zu ihr. Schließlich gelange ich zu einem sitzenden, in hellen Kalk gehauenen Mann. Ich setze mich gleich dazu. Er thront ein klein wenig über mir, grad so, wie mein Großvater mir über die Schulter schaute, wenn ich meine Hausaufgaben machte. In dem Stein, auf dem ich mich niedergelassen habe, ist der Name «Béranger» eingemeißelt. Der Liedtexter und Lyriker stand Mitte des 19. Jahrhunderts mit Victor Hugo auf ebenbürtigem Rang. Heute kennt ihn fast niemand mehr. So ist das mit dem Ruhm.

Doch wieso interessiere ich mich überhaupt für den unbekannten Dichter? Die Liebe zur französischen Literatur

*Statue von Pierre-Jean de Béranger
im Square du Temple*

habe ich ganz beiläufig im Hause meines Großvaters ein-
geatmet. Und er hatte 1906 über genau jenen Pierre-Jean
de Béranger promoviert. Bei meinem Großvater duftete es
nach Havanna-Zigarren und Tausenden von alten Büchern,
und der Altphilologe echauffierte sich ständig über mein
literarisches Desinteresse. Ich kann gar nicht sagen, wie
mich das immer noch reut. Da hätte ich einen Mentor gehabt, der bereitwillig Auskunft gegeben hätte, und heute
muss ich dafür bezahlen. Aber ein bisschen etwas ist durch
Großvaters gebetsmühlenhafte Vorträge doch hängen geblieben.

Pariser Zwiebelsuppe

Die mir liebste Gemäldesammlung findet man im Musée d'Orsay, direkt am Ufer der Seine. Gegenüber etwas flussab ist die gewaltige Glaswölbung des Grand Palais zu erkennen. Diese ganze Herrlichkeit ist im Grunde nichts anderes als eine stilvolle Messehalle zur Weltausstellung im Jahr 1900. Damals wurden viele Kunstausstellungen dort gezeigt. Im Musée d'Orsay, einem ehemaligen Bahnhof, wird diese Tradition fortgesetzt. Ich weiß, der fortschrittliche Kunstfreund von heute hat die dort gezeigte Malerei schon längst hinter sich gelassen und ist bereits bei der Abstraktion angelangt. Alles schön und gut, aber meine große Leidenschaft gilt dem Figürlichen, beginnend Ende des neunzehnten Jahrhunderts, als die Künstler die Ateliers verließen und ihre Staffeleien mitten in die freie Natur stellten. Damals sorgte die «Schule von Barbizon» für beträchtliches Aufsehen. Dieser Ort, knapp eine Autostunde südlich der Hauptstadt, beherbergte Künstler wie Jean-Baptiste Camille Corot oder Jean-François Millet, die den scharfen Blick für die Realität vorantrieben. Fernab jeder Romantik malten sie gegen den übermächtigen Klassizismus an. Sie waren die Ersten, die im Freien nicht nur Skizzen fertigten, sondern buchstäblich ihr Atelier ins Freie verlegten. Einige Jahre später zogen sie weiter. Die großartige «Pleinairmalerei» von Émile Bernard, Paul Sérusier und Paul Gauguin aus der Künstlerkolonie von Pont-Aven war da noch längst nicht anerkannt. Mittlerweile ist sie auf Postkarten allgegenwärtig.

Im Musée d'Orsay sind all diese Weltmeister versammelt. An einem strahlenden Sonntag bin ich mit meiner Begeisterung für sie offensichtlich nicht allein. Am Eingang ein großer Andrang, und ich gerate in eine Art Fleischwolf, aus dem ich mich kaum befreien kann. Mühsam quetsche ich mich zwischen all den Menschen durch, die in Divisionsstärke gegen die Kassen drücken. Da man sich generell in Paris vor Museen oft stundenlang anstellen muss, kaufe ich mir immer einen Museumspass für achtzig Euro. Darin sind für zwei Tage Metrokarten enthalten, Busfahrten, Schiffsexkursionen, und vor allen Dingen spaziert man in die Museen so ungehindert hinein, als wäre man der Museumsdirektor höchst selbst.

Natürlich ist es hocherfreulich, dass sich so viele Leute für Malerei interessieren, und ich möchte gar nicht über den Massenandrang lästern, obwohl ich mich oft dabei ertappe, dass für mich die «verdammten Touristen» immer nur die anderen sind – ich selbst bin eigentlich etwas Besseres. So lasse ich mich in Demut an den Vorimpressionisten vorbeischieben und bleibe bei Gustave Courbet stehen, dessen Realismus, in Erdtönen auf die Leinwand gebracht, bereits in meinem Schul-Lesebuch zu bewundern war.

Viele Leute haben sich in den beiden abgedunkelten Räumen vor Vincent van Gogh verknäult, an die Gemälde kommt man fast nicht ran. Ich gehe lieber weiter und bleibe bei Paul Cézanne hängen. Meine Schwärmerei für ihn ist übrigens so groß, dass ich mir einmal einen antiken Aquarellkasten gekauft habe, der exakt die Farben enthielt, mit denen er auf seinen Bildern die Luft zum Stehen brachte.

Ich verharre vor seinem «Zwiebelbild», das zwischen 1896 und 1898 entstanden ist und mich in seinem matten, kreidigen Dunkel anstrahlt: Auf einem Holztisch liegen einige Zwiebeln verteilt, die mit ihren blassgrünen Trieben aussehen, als wären es Gesichter mit spitzen herausgestreckten Zungen. Ein Tischtuch, wie eine Stola herabhängend, begrenzt rechts den Bildhintergrund. Kein normales Stillleben, sondern wirklich «stilles Leben» atmet mir entgegen. Die vielen Leute um mich herum sind nun vergessen. Ein Messer liegt schräg zwischen dem Gemüse, trennt scheinbar das Bild und gibt ihm Tiefe. Eine Weinflasche hebt sich heraus, Trinkglas und Teller beleben die Szene.

Unvermittelt fällt mich der Appetit an wie ein wildes Tier. Sollte ich mir vielleicht in irgendeinem Bistro eine Zwiebelsuppe einverleiben, eine *Soupe à l'oignon* oder *Soupe d'oignons aux Halles*? Lieber nicht, wer damit schon Erfahrungen gesammelt hat, bekommt Blähungen, wenn er das Gericht nur auf der Speisekarte erblickt. Meist aufgewärmt und mit billigem Käse überbacken, ist sie ein einziger grauer Mampf, der heute allenfalls geeignet ist, Touristenmägen zu verstopfen. Entstanden sein dürfte die Zwiebelsuppe in «Les Halles», den berühmten Markthallen, die ich leider nicht mehr erleben konnte. 1971 wurde das zehn Hektar große Gebiet abgerissen, das sich an der Stelle befand, wo heute das «Centre Pompidou» wie eine Erdölraffinerie in den Himmel ragt.

Émile Zola hat die Hallen in seinem sozialkritischen Roman «Der Bauch von Paris» beschrieben. «Was sind die ehrbaren Leute doch für Schurken» – diesen Satz konnte ich mir merken. Zola, ein Freund Cézannes, stellt in seinem Buch die Markthallen in den Dienst einer Symbolik für satte und geruhsame Verdauung und setzt dem die harte Arbeiter-

Paul Cézanne, «Stillleben mit Zwiebeln»
(zwischen 1896 und 1898)

welt gegenüber, die gegen Armut und Hunger kämpft. Man könnte die *Soupe d'oignons aux Halles* durchaus als Arbeitergericht ansehen, welches die Beschäftigten des Marktes bei Kräften hielt. Ohne Fleisch zu enthalten, nährt sie gut, wärmt und ist billig herzustellen. Mit Käse und Röstbrotscheiben enthält sie alles, was der Mensch braucht, um harte Arbeit leisten zu können.

Läuft man heute durch die Gegend, in der sie erfunden wurde und die sich ungefähr vom Louvre bis zum Boulevard de Sébastopol erstreckt, so ist sowohl von der Üppigkeit wie vom Elend des damaligen Zentrums der Feinschmeckerei nicht mehr viel zu spüren. Einige Geschäfte, die unmittelbar mit dem Kochen zu tun haben, sind aber immer noch da, so etwa der weltberühmte Küchenladen Dehillerin in der Rue Coquillière 18. Dort habe ich vor vierzig Jahren meine ersten Kupferkasserollen gekauft, weil Paul Bocuse in solchen Töpfen kochte – und es heute noch tut – und ich unbedingt ein kleiner Bocuse werden wollte.

Aber nun muss ich meine definitive Zwiebelsuppenerleuchtung schildern.

Ein heißer Sommersonntag, ich habe meinen Sohn Leonard im Schlepptau. Es ist sein erster Parisbesuch, deshalb muss der Stundenplan aller asiatischen Reisebüros «Paris in one day» abgearbeitet werden. Es gibt Stimmen, die behaupten, ganz Paris sei ein einziges Museum, und auf den ersten Blick haben sie recht, allerdings nur, wenn man die inneren Arrondissements nie verlässt. Mit Lenny wird die Kathedrale Notre-Dame auf der Île la Cité besichtigt. Vor dem stolzen Bauwerk fühlen wir uns richtig klein. Mir geht es darum, meinem Paris-Anfänger zu zeigen, dass Stuttgart nicht der Nabel der Welt ist und dass es nicht viel Großartigeres gibt als diese Kirche.

Aber wurde mit ihrer Errichtung zur Ehre Gottes damals nicht maßlos übertrieben? Ich denke, wenn es um Gott geht, wird gerne übertrieben, ebenso wenn die Götzen unserer Zeit, der Mammon und die Macht, angebetet werden. Der Glaube an das Geld hat das Geistige ziemlich verdrängt, und wenn ich auf Bildern die himmelstürmende Brachialarchitektur der Vereinigten Arabischen Emirate sehe, kommt bei mir keinerlei Ehrfurcht auf, sondern das Gegenteil. Ganz anders bei Notre-Dame. Der Bau wurde 1163 begonnen und zog sich fast hundert Jahre hin. Jetzt steht also dieser Koloss von Kirche bereits tausend Jahre.

Wir schauen uns im Inneren die zwölf Meter breite Glasrosette an. Ich erkläre meinem Sohn schulmeisternd etwas über den Dichter Victor Hugo, der mit seinem historischen Roman «Der Glöckner von Notre-Dame» die

Schönheit dieser Kirche gewürdigt hat. Den Fünfzehnjährigen scheint das unendlich zu langweilen, und so machen wir uns lieber aus dem Staub und rattern mit der Metro zur Haltestelle «Bir-Hakeim». Pariser Metrostationen tragen häufig die Namen von Schlachten, die gewonnen wurden oder auch nicht. Bir-Hakeim ist eine trostlose Oase in der Sahara. 1942 hielt dort eine kleine Truppe französischer Soldaten dem deutschen Generalfeldmarschall Rommel immerhin vierzehn Tage stand. Es gibt außerdem die Metrostationen Austerlitz, Stalingrad, Verdun und Solferino, zu denen man vermutlich nichts zu sagen braucht. Immerhin sind auch weit über zwanzig Metrostationen nach Dichtern benannt.

Die Station «Bir-Hakeim» erhebt sich über der Seine und verläuft auf einer pittoresken Eisenkonstruktion mit barocker Anmutung. Dort ausgestiegen, sehen wir schon die Spitze des Eiffelturms und wackeln drauflos. Wer zum ersten Mal in Paris weilt, muss das einfach hinter sich bringen. Ich stehe nun zum wiederholten Male inmitten der vier gewaltigen Eisenpfeiler und fühle mich winziger als ein Liliputaner beim Anblick Gullivers. Auch meinen Sohn beeindrucken die gigantische Größe und die schwindelerregende Höhe gewaltig. Er will unbedingt hinauf.

Inzwischen ist es Mittag, vor uns tun sich kilometerlange Schlangen auf, und es bleibt nur zu hoffen, dass die Leute vom stundenlangen Anstehen keinen Hitzschlag bekommen. Doch ich kenne einen Trick, den ich schon einmal erfolgreich praktiziert habe: Wir gehen rechts eine breite Treppe aus edlem Holz hoch. Ein livrierter Diener empfängt uns und erkundigt sich, ob ich einen Tisch reserviert habe. Ich murmle: «J'ai réservé pour Klink un table pour deux personnes.» Der Herr nickt artig, geleitet uns in einen kurzen Eisentunnel und öffnet an dessen Ende die Aufzugstüre. Die Kabine ist luxuriös mit dunkelroten Stoffen bespannt. Hurtig geht es nach oben; immer wieder blitzt Licht durch Öffnungen, man sieht gekreuzte dicke Eisenstreben und unzählige kinderhanddicke Nieten. Zweieinhalb Millionen Nieten und vermutlich auch eine Unmenge Farbe halten den Koloss zusammen. Seit seiner Errichtung zwischen den Jahren 1887 und 1889 wurde er neunzehn Mal neu gestrichen und dabei jedes Mal mit 60 Tonnen Farbe versehen.

Erbaut wurde er als Eingangsportal und Aussichtsturm für die Weltausstellung 1889, die somit zum hundertsten Jahrestag der Revolution stattfand; sein Erbauer Gustave Eiffel, dessen Vorfahren aus Münster in Westfalen stammten, führte allerdings noch andere Verwendungsmöglichkeiten ins Feld, beispielsweise meteorologische Beobachtungen. Später wurden vom Turm aus erstmals Nachrichten durch den Äther geschickt. Höchstwahrscheinlich nicht vorhergesehen hatte Eiffel die vielen Lebensmüden, die seitdem sein spektakuläres Bauwerk bestiegen haben, um sich hinabzustürzen. Seit Baubeginn sollen über 400 Selbstmorde passiert sein.

Die Errichtung des Eiffelturms war übrigens von scharfen Protesten namhafter Zeitgenossen begleitet. Unter anderem Guy de Maupassant und Alexandre Dumas kritisierten das Bauwerk aufs heftigste und verfassten «Im Namen des verkannten französischen Geschmacks» einen flammenden Appell: «Um zu begreifen, was wir kommen sehen, muss man sich einen Augenblick einen schwindelerregenden, lächerlichen Turm vorstellen, der wie ein riesiger, düsterer Fabrikschlot Paris überragt, muss sich vorstellen, wie alle unsere Monumente gedemütigt, alle unsere Bauten verkleinert werden, bis sie in diesem Albtraum verschwinden.»

Blick vom Eiffelturm auf das Champ de Mars

Nach ungefähr fünf Minuten sind Lenny und ich auf der Plattform des Restaurants angelangt, das immerhin fünfhundert Quadratmeter groß ist. Die Aufzugstüre öffnet sich, und wir werden von einer Dame empfangen, die uns an einen Fenstertisch geleitet. Die Ausstattung zeigt sich luxuriös und in dezent abgestimmten Grautönen. Gedämpfte Gespräche, leises Tellergeklapper und Geräusche diskreter Kellner umgeben uns. Alain Ducasse ist für dieses Sterne-Restaurant verantwortlich, und das ist auf alle Fälle eine Garantie, dass das Mittagessen kein Reinfall wird. Ich habe schon einige von ihm geführte Betriebe besucht und befand mich jedes Mal im Glück.

Mein Sohn bestellt sich einen alkoholfreien Drink, ich lasse mir ein Glas Champagner bringen. Die Platzteller vor uns liegen seltsamerweise umgekehrt auf dem Tisch, also mit der Unterseite nach oben, und zwar deswegen, weil dort die Metallstreben des Eiffelturms abgebildet sind. Sinn macht das keinen, richtig schön ist es auch nicht, aber es ist auf alle Fälle extravagant und offensichtlich speziell für dieses Restaurant entworfen.

Nach und nach wird alles aufgeboten, was so ein Sterne-Restaurant richtig anstrengend macht. Ich gebe zu, «Amuse-Gueules» und das ganze Vorgeplänkel interessieren mich nicht; mich erinnert das immer an ein Konzert, bei dem die Instrumente länger gestimmt werden, als das eigentliche Musikstück dauert. Andererseits gibt es Menschen, die etwas zu feiern haben oder nicht oft ein Restaurant aufsuchen, und für die ist es natürlich schön, wenn das Ereignis zu einer kleinen Oper erhöht wird. Wider Erwarten schmecken mir all die Häppchen, die nun serviert werden, und ich erfreue mich an meinem Sohn, für den dieses Restaurant eine Wunderstätte zu sein scheint. Draußen herrscht klare Sicht, und es eröffnet sich uns ein gewaltiges Panorama. Kraft Alters, Abgebrühtheit und gewisser mentaler Verschleißerscheinungen neige ich längst nicht mehr so zur Euphorie wie in jungen Jahren, aber hier bleibt mir dann doch einen Moment die Luft weg – das will etwas heißen.

Wir bestellen das kleine Mittagsmenü für 98 Euro; ich vermutet, dass abends das Doppelte fällig werden könnte. Innerhalb des Menüs können wir sogar unterschiedliche Speisen wählen. Sohn Leonard startet mit einem Meeresfrüchteteller, gebratene Garnelen in Krustentiersauce. Ich bestellt eine Flasche Bordeaux, einen *Cru Bourgeois*, und Lenny bekommt auch ein halbes Gläschen davon ab. Die zahlreichen Ober bemerken dies mit Wohlwollen. Jeder professionelle Kellner taxiert seine Gäste ganz genau, wird sich dies jedoch niemals anmerken lassen. Aus diesem Grunde setzen wirklich routinierte Ober ein Pokerface auf, was letztlich nur eine Form der Diskretion ist. In guten französischen Restaurants – also den teuren, denn wir reden hier ja nicht von einem Bahnhofskiosk – sind die Kellner wirkliche Herren und ebenso wie die Servierdamen im Auftreten den Gästen ebenbürtig. Damit tut sich manch ein komplexbeladener deutscher Kleingeist schwer und beklagt sich über die Arroganz der Franzosen.

Mein Sohn macht sich gerade daran, mit den Händen einer Garnele das Rückenfleisch herauszupulen. Irgendwie bin ich mächtig stolz auf ihn. Natürlich hat er Übung, weil er in meiner Küche schon fast alles genascht hat, was aus den Töpfen und den Pfannen kam, aber hier, in diesem vornehmen Lokal, benimmt er sich völlig ungezwungen und, ganz im Gegensatz zu mir, mit jugendlicher Anmut. Vielleicht muss ich ihn jetzt immer nach Paris mitnehmen, sein Auftreten führt dazu, dass wir wie die Könige behandelt werden. Eine sogenannte Fingerbowle wird ihm gebracht,

Restaurant «Jules Verne» im Eiffelturm.
Die Teller, speziell angefertigt, liegen umgekehrt auf und
sind dem Design der Eisenkonstruktion nachempfunden.

denn wer mit den Händen isst – was bei manchen Speisen Tradition ist –, bekommt vom aufmerksamen Service eine Schale mit heißem Wasser und einer Zitronenscheibe darin. Würde der Sohnemann sich nun die Silberschale schnappen und als vermeintlichen Cocktail zum Munde führen, wäre die positive Stimmung natürlich sofort im Eimer.

Vor lauter Vaterstolz hätte ich fast vergessen, dass zum guten Leben ja mehr gehört, als den Sohn beim Essen zu bewundern. Vor mir liegt eine Scheibe Foie gras, die bereits zur Hälfte vertilgt ist. Ich muss schon wieder an die militante Tierschutztruppe PETA denken, der ich mal versprochen hatte, in meinem Restaurant niemals Gänsestopfleber anzubieten. Daran halte ich mich strikt, auch aus Überzeugung. Heute bin ich jedoch investigativ unterwegs und muss prüfen, ob die Küche hier oben auf dem Eiffelturm, im Restaurant «Jules Verne», die Gans mit höchsten Weihen versehen hat oder ob das arme Vieh umsonst gestorben ist und deshalb seine wertvolle Leber nicht nur Tierschutzorganisationen auf die Palme bringt, sondern auch den Feinschmecker. Nein, die Gänseleber ist wunderbar, und ich habe überhaupt kein schlechtes Gewissen, weil die Ausnahmen, das Unterlaufen ethischer Barrieren, für mich der wahre Humanismus sind.

Eigentlich blöd, dass man beim Essen über das getötete Tier nachdenkt, das sollte man besser vorher oder nachher tun. Bevor ich jedoch zu sehr ins Grübeln gerate, ist mein Teller auch schon leer, und ich nage nur noch ein bisschen an dem mitgelieferten Briochestückchen herum. Mir persönlich ist Brioche, auch wenn sie getoastet wurde, eigentlich immer etwas zu kuchenartig, aber das sind Nebensächlichkeiten, denn nun kommt der zweite Gang, der mich schon bei der Menüwahl nachdenklich gestimmt hat. Ich fand, er sei eigentlich dem Hause nicht angemessen: *Soupe à l'oignon parisienne,* die Schande der französischen Küche! Meine Bedenken erweisen sich jedoch als unbegründet, ich hätte wissen müssen, dass Ducasse keine halben Sachen entwirft. Diese Suppe ist ein wirkliches Erlebnis! Klare Brühe spiegelt sich im Teller, ein Klötzchen Eierstich schwimmt darin, umgeben von sanft gebräunten Schalotten.

Auf diese köstliche Zwiebelsuppe folgt bei mir ein Lammrücken, und mein junges Gegenüber erfreut sich an einem Entengericht. Nicht irgendeine dröge Entenbrust liegt auf seinem Teller, sondern ein Stück geschmorte Keule mit entsprechend großem Stück rosa gebratener Brust. Zum Dessert dann noch einen Süßwein, von dem Lenny natürlich auch etwas abbekommt. Er nimmt einen Schluck, und seine Augen weiten sich.

Eigentlich möchte ich jetzt eine Geschichte mit dem Titel «Wie ich meinen Sohn zum Alkohol verführte» schreiben. Alle Abstinenzler würden aufschreien und deshalb verkneife ich sie mir, zumal sie sowieso nicht den Tatsachen entspräche. Alkohol kauft man in der Apotheke, nicht in der Weinhandlung oder im Restaurant. Was ich meinen Sohn lehren möchte, ist der Umgang mit Wein, wie man ihn genießt und nicht seine Wirkung sucht, sondern den Wohlgeschmack.

Vor langer Zeit fiel mir schon auf, dass ich in Italien noch nie einen Betrunkenen gesehen habe. In Frankreich schon öfters, aber längst nicht so häufig wie bei uns in Deutschland. Auch sind die Insassen des Vatikanstaates bekannt für manche Unregelmäßigkeit, nicht aber für den Suff. Sie führen jedoch weltweit die Statistik mit 66,67 Litern Wein pro Kopf im Jahr an, Frankreich folgt mit 53,22 und Deutschland völlig abgeschlagen auf Platz 27 mit 24 Litern. In puritanischen Ländern nimmt der Weinverbrauch ab, der

Schnapskonsum jedoch beängstigend zu. Man kann daraus die Theorie entwickeln, dass Genießen lernen die beste Suchtprävention ist. Ich bekam mit sechs Jahren von meinem Vater mein erstes kleines Gläschen Bier, dann folgte der Wein, und wenn ich meinen Freunden glauben darf, bin ich dadurch nicht verblödet. Von übermäßigem Essen abgesehen, bin ich bis heute vollkommen suchtfrei. Immer wieder mal eine gute englische Zigarette, mal ein Cognac, Wein sowieso, außerdem Bierchen und all die guten klaren Obstwasser meiner Heimat – die Leute beneiden mich wegen meiner robusten Gesundheit.

Deshalb bestelle ich in dreihundert Metern über der Stadt Paris nach einem halben Fläschchen Bordeaux zum Finale noch einen alten Cognac der Marke «Hine». Mein Sohn darf sich damit auch die Lippen benetzen, und wir diskutieren über die gewaltige Dichte der Weinaromen und dass man sich in allen Lebensbereichen möglichst vor Potpourris und jeglichen Mischungen wie den zurecht berüchtigten Alkopops fernhalten sollte. Es spinnt sich eine angeregte Unterhaltung fort, die bei Gewürzmischungen endete, die mir ebenfalls gestohlen bleiben können.

Zwiebelsuppe à la Vincent
(Für vier Personen)

1/2 l Fleischbrühe
1/2 l Weißwein
2 cl Cognac
1 Knoblauchzehe gequetscht
3 Zwiebeln in feine Scheiben geschnitten
3 Zweige Thymian
4 Weißbrotscheiben
1 Tasse geriebenen Käse (Comté, Schweizerkäse,
Bergkäse)

1 Bund Petersilie
2 dünne Scheiben geräucherten Bauchspeck
1 EL Butter
Salz, grober schwarzer Pfeffer

Die Zwiebeln, die Speckscheibe und den Knoblauch in Butter
braun anrösten und mit Cognac flambieren. Mit Brühe und
Wein auffüllen, den Thymian beigeben und alles 30 Minuten
lang kochen.
Die Thymianzweige entnehmen, Petersilie dazu, die Suppe
abschmecken und in Suppentassen anrichten. Eine mit Käse
bestreute Röstbrotscheibe darauf, gratinieren und mit
grobem Pfeffer bestreuen.

Eierstich nach Belieben

2 Eier
4 EL Milch
Salz, Muskat

Alles miteinander vermischen und im Wasserbad pochieren.
Es darf nicht kochen, sondern man stellt es in den Ofen bei
150 Grad. Dazu wird die Masse in ein gebuttertes Auflaufförm-
chen gegeben, mit Klarsichtfolie verschlossen und in einem
Topf gegart, der ca. 2 cm mit Wasser gefüllt ist. Unter die
Auflaufform gibt man etwas zerknüllte Alufolie, sodass sie
nicht direkt mit dem Topfboden Kontakt hat. Es gibt gewisse
Regeln und Meisterschaften. Ganz korrekt dürfen keine Luft-
bläschen entstehen. Das passiert, wenn die Eierstichmasse zu
heiß wird und zu kochen beginnt. Kwinesfalls darf sich die
Oberfläche nach oben auswölben. Nach dreißig Minuten
dürfte alles gar sein.

À la recherche
de la tarte perdue

Immer wieder werde ich gefragt, wie man sich über vierzig Jahre hinweg dauernd neue Gerichte ausdenken kann. Die Daniel Düsentriebs aller Länder werden bestätigen, dass etwas wirklich Neues fast nie erfunden wird. Erfinden und Kreieren sind ein empirischer Vorgang, und die Ergebnisse fußen fast ausschließlich auf vorangegangenen Erkenntnissen.

Dem Zwiebelstillleben des Herrn Paul Cézanne und einem Restaurantbesuch, der zufällig eine Zwiebelsuppe bereithielt, folgte ein Erlebnis mit Äpfeln. Der Maler Émile Bernard, ein Freund und späterer Antipode Paul Gauguins, ist in Deutschland längst nicht so bekannt, wie er es verdiente. Er malte alles Mögliche. Im Musée d'Orsay entdeckte ich ein Apfelbild, auf dem er alles Überflüssige weggelassen hatte. Ihm ging es ausschließlich um symbolische Inhalte, Reduktion und Stilisierung, frei nach der Maxime «Mensch werde wesentlich». Dies entspricht auch ganz meiner Maxime des Kochens.

Äpfel zeigen sich in unzähligen Farben und Formen und sind natürlich nicht nur ein beliebtes Stilllebenmotiv, sondern auch in der Küche vielfältig einsetzbar. Haben sie chemische Behandlungen hinter sich, sind sie zum Beispiel gespritzt, gibt es sie bei mir nicht. Aus diesem Grund, aber auch, weil ihnen wie vielen anderen Früchten das Aroma hauptsächlich in der Schale anhaftet, vermeide ich es, sie zu schälen. Einen wirklich naturreinen Apfel in die Hand zu nehmen, zum Mund zu führen und hineinzubeißen, ist zweifellos ein Genuss, aber ein Apfel hält noch viel mehr bereit. Meine Großeltern, kulinarisch wirklich nicht ausgefuchst, jedoch umso mehr mit einem kenntnisreichen Gefühl für die Natur gesegnet, aßen sie nie roh, dafür stand während der Saison immer ein Kompott im Kühlschrank. Bei der Verarbeitung von Äpfeln gibt es unzählige Varianten, für den kulinarischen Nobelpreis würde ich jedoch einzig und allein den Apfelkuchen der Schwestern Tatin nominieren.

Egal, welche Storys über diesen Kuchen im Schwange sind: «Tarte Tatin» dürfte als eines der genialsten Rezepte in die Geschichte eingehen, was aber nicht heißt, dass es viele Patissiers gäbe, die es mustergültig nachvollziehen können. Den Boden eines Kuchenblechs mit Blätterteig auszulegen, um ihn dann mit Äpfeln zu bedecken, funktioniert deshalb nicht, weil der Teig wegen des schweren Belags nicht aufgehen kann. Bei der «Tarte Tatin» jedoch liegen die Äpfel unten und der Teig oben, auf ihm lastet also kein Gewicht, und er kann sich luftig und locker entfalten. Über diese Art von Apfelkuchen kursieren auch Rezepte mit Mürbeteig, was ich jedoch als frevelhaft empfinde.

Die Tarte der Jungfern Tatin erblickte durch einen stinknormalen Küchenunfall das Licht der Backstube und kann heute auf eine hundertjährige Karriere zurückblicken. In Frankreich werden Kuchen dieses Namens mittlerweile in jedem Supermarkt in das Wägelchen geladen, sie haben jedoch mit dem Original so gut wie nichts und mit den Ansprüchen der Leserschaft dieses Buchs noch weniger zu tun. Eine echte «Tarte Tatin» muss frisch und ofenwarm

Émile Bernard, «Steingutkrug und Äpfel» (1887)

auf den Tisch. Darauf besteht auch die «Confrérie des Li-
chonneux», die «Bruderschaft der Feinschmecker», die in
Lamotte-Beuvron, dem Herkunftsort der «Tarte Tatin», deren Ansehen hochhält. Der kleine Ort liegt in der Sologne,
einem waldreichen Gebiet südlich von Orléans. Das «Hotel Tatin» gehörte im 19. Jahrhundert einem gewissen Jean
Tatin. Nach seinem Tod 1888 wurde es von seinen beiden
unverheirateten Töchtern Caroline und Stéphanie weitergeführt. Während Caroline im Restaurant die Gäste um-
sorgte, werkelte Stéphanie am Herd. Die beiden ältlichen
Maiden schmissen den Laden mit Elan.

In den Wäldern der Umgebung trieben sich viele Jäger
herum und suchten nach der Pirsch ihr Waidmannsheil bei
den beiden Damen. Eines Abends verwirrten die Nimrode
– wieder einmal schwer am Feiern – die Köchin Stéphanie
offenbar dermaßen, dass sie vergaß, den Nachtisch, näm-

lich einen Apfelkuchen, zuzubereiten. In aller Eile legte sie dann die gezuckerten Äpfel versehentlich ohne den Teig in die Form und schob sie in den Ofen. Als sie das Malheur bemerkte, war es zu spät – die Äpfel waren schon karamellisiert. Not macht bekanntlich erfinderisch, und um das Dessert zu retten, breitete Stéphanie den Teig einfach über die Äpfel, um eine Art «Gedeckten Apfelkuchen» zu backen, und schob das Ganze noch mal in das Ofenrohr.

Nachdem Stéphanie das Backblech wieder herausgezogen hatte, kippte sie den Kuchen einfach umgekehrt auf eine Platte, sodass der Boden wieder unten und die karamellisierten Äpfel oben lagen. Es sollte so aussehen, als wäre nichts geschehen. Etwas verlegen präsentierte sie ihre Torte, und die Gäste waren von dem aromatisch duftenden Missgeschick hellauf begeistert. Die «Tarte des Demoiselles Tatin» trat ihren Siegeszug an, insbesondere deshalb, weil der Boden wunderbar durchgebacken und knusprig war.

Rezept Tarte Tatin

Für 2 Personen
4 Äpfel (Bio, mit Schale)
6 EL Puderzucker
1 EL Butter
1 Vanillestange

Man nehme eine Pfanne mit ungefähr 20 cm Durchmesser, der Griff sollte hitzebeständig sein, und eine Platte Blätterteig in runder Form mit dem Ausmaß der Pfanne (Rezept S. 60). Die Äpfel werden in Achtelspalten geschnitten, das Kerngehäuse entfernt. Die Spalten in leichtem Zuckerwasser pochieren, danach absieben und etwas antrocknen lassen. Den Puderzucker mit einem Esslöffel Weißwein in die Pfanne und ein Esslöffel Butter dazu. Auf dem Herd so lange rühren, bis hellbraunes Karamell wie Magma Blasen wirft. Vorsichtshalber etwas früher vom Herd nehmen, denn die Pfanne glüht

*nach, und der Zucker bekäme sonst zu dunkle Farbe und dazu
noch einige Bitterstoffe ab.
Die Pfanne also vom Herd nehmen und die Apfelspalten dach-
ziegelartig einsortieren. Jetzt den Teig drauf und mit Zucker
bestreuen. Ab in den Ofen, der auf 180 Grad vorgeheizt wurde.
Nach zwanzig Minuten müssten sich Resultate zeigen, der Teig
kräftig aufgegangen und nicht zu dunkel sein.*

Wenn es beim ersten Mal klappt, dann hat man Glück gehabt. Aber egal wie, ob nun die Äpfel richtig karamellisiert
sind oder nicht, ob man den Kuchen überhaupt hat stürzen
können oder ob alles in der Form kleben bleibt: Es schmeckt
immer vorzüglich.

Man kann die Äpfel übrigens mit Zitronensaft mari-
nieren und als *Mise en place* im Kühlschrank bereithalten.
Auch die runden Blätterteigplatten lassen sich ohne weite-
res einfrieren und sogar gefroren auf die Äpfel legen. Die
ganze Backprozedur dauert dann eben fünf Minuten länger.

In den Originalrezepten werden stets rohe Äpfel ver-
wendet, aber ich bin dahintergekommen, dass der austretende Apfelsaft das Karamell verflüssigt und versoßt. Und
an dieser Stelle ist es Zeit für ein Geständnis: Ich liebe alte
Rezepte sehr, wende sie jedoch nie unbedacht an. Überhaupt sollte man nie allein einem Rezept trauen und nie
seinen Verstand ausschalten, nur weil man das gedruckte
Wort vor Augen hat. Auch beim Kochen gilt: Es führen viele Wege nach Rom, es gibt kurze und weite Wege, aber welcher der beste ist, das muss man immer selbst herausfinden.

Im Vorfeld meiner Feldforschungen besuchte ich kürzlich ein berühmtes Bistro, dessen Namen ich gnädigerweise
nicht nennen will. Die «Tarte Tatin» stand als Hausspeziali-
tät auf der Tafel und wurde als wahres Wunder angepriesen.
Es war sicher der zwanzigste Versuch in meinem Leben,
wenigstens einmal an eine perfekte Tarte zu geraten, jedes

Mal hatte ich mich für den ausführenden Kollegen fremd-schämen müssen – so auch diesmal. Erstaunlicherweise haben mir bisher die Fertigprodukte aus den französischen Supermarchés am besten geschmeckt. Die Tiefkühl-Tartes mit ihrem penetranten Duft von künstlichem Vanillin bedienen vortrefflich meine niederen Geschmacksinstinkte. Sie haben aber, wie gesagt, mit dem Original nichts zu tun. Gute Resultate erzielten Kollegen, die sich mit Apfelspalten aus der Dose bedienten. Ja wirklich, das gibt es, und das brachte mich auf die Idee, die Äpfel zu pochieren.

Der Blätterteig, Gott sei es geklagt, birgt das letzte große Hindernis zum Kuchenglück. Echten Butterblätterteig kann man nicht fertig kaufen, auch in Frankreich nicht. Aber eigentlich kann man sich die ganze Arbeit mit diesem Traum von einem Kuchen sparen, wenn man sich nicht dazu aufschwingen kann, den Teig selbst herzustellen. In meiner Küche schmeckt er dermaßen gut, dass wir die übrig gebliebenen Teigabschnitte mit Zucker bestreuen und der Tarte flankierend beilegen. Da weiß man oft gar nicht, was besser ist: der Kuchen oder der rösche, gezuckerte Blätterteig.

Ich werde mich nun notgedrungen dranmachen müssen, ein möglichst simples, funktionsfähiges Rezept aufzuschreiben. Mit einer Teigausrollmaschine lassen sich reine Wunderwerke herstellen, doch es funktioniert auch mit dem Wellholz.

Blätterteig

1. Einzieh-Butterteig
400 g Butter
100 g Mehl Type 550

Die Zutaten zu einem glatten Teig verkneten, auf Backpapier legen und auf DIN A4 auswellen.

2. Grundteig

160 g Wasser
10 g Salz
1 EL Apfelessig
100 g Butter
350 g Mehl Type 550

Wasser, Salz, Butter zusammen aufkochen, mixen, etwas abküh-
len lassen und wieder mixen und dabei den Essig zugeben.
Dann 350 g Mehl unterkneten.

Einfache Tour (Faltung):
Diesen Teig auf die Größe DIN A3 plattwalzen und mit dem oben
gefertigten Einzieh-Butterteig bedecken. Dieser wird am besten
zwischen Pergamentbögen auf die Größe des anderen Teigs aus-
gewellt und daraufgelegt. Nun wird der Teig zusammengeklappt
und auf Größe DIN A4 ausgewellt. Das schichtweise Einarbeiten
des Fettes in den Teig wird «Tournieren» genannt.
Das war die erste Tour, mit ihr haben wir zwei Schichten.
Wir klappen nun immer den ausgewellten Teig zusammen und
verdoppeln dadurch jedes Mal die Schichten. In Folie eingewi-
ckelt zwanzig Minuten im Kühlschrank entspannen lassen.
Dann den Teig auf DIN A3 auswellen und erneut zusammenklappen.
Das war die zweite Tour. Das wiederholen wir sofort und sind nun
bei der dritten Tour: Wieder die Teigplatte in Größe DIN A3 aus-
wellen und ebenfalls für eine Stunde in den Kühlschrank stellen.
Und weiter bis zur siebten Tour.
Bei 108 Schichten sind wir fertig. Ideal wären 144 Schichten,
aber das lassen wir erst mal sein, denn wenn wir jetzt noch ein-
mal zusammenklappen würden, erhielten wir 216 Schichten,
und das wären riskant viele und sehr, sehr dünne Schichten.
Nun wellen wir den Teig wieder auf DIN A3 aus, sodass er ungefähr
einen Zentimeter dick ist. Wir schneiden ihn in beliebig
große Platten, je nachdem, wie groß die Kuchenform ist. Diese
Teigplatten einpacken und einfrieren. 10 Minuten auf dem
Küchentisch auftauen lassen und auf die Äpfel legen.

Die ersten Restaurants

An einem Sonntagmorgen habe ich mit einem elektrisch betriebenen Golfwägelchen die weitläufigen Gärten von Versailles abgekurvt. Bevor ich mich zum Mittagessen ins Hotel «Trianon» verziehe, spaziere ich in den Ortskern des kleinen, feinen Städtchens. Ich gerate in ein Wochenmarktgewusel, das sich gewaschen hat. Die vielen Verkaufsstände präsentieren eine breite Palette von Lebensmitteln, alles vom Feinsten, denn in Versailles wohnt auch heute noch nicht das Prekariat. Vor mir breiten sich herrlich anzuschauende Gemüse aus, auch das Obst ist eine Augenweide. Und wenn ich mich mal als Fachmann vorwagen darf: Ich sehe es den Geschenken der Natur an, ob sie bloß schön sind oder obendrein auch noch sortentypisch schmecken. Ein Marktstand fasziniert mich besonders, er ist nur auf Kaninchen spezialisiert. Ein Metzger mit der typisch französischen Metzgerschürze, die nur einen Träger hat, ist gerade dabei, den Tieren die Köpfe abzuhacken und sie nach Wunsch des Kunden zu zerlegen.

Unter ausladenden Marktschirmen kitzeln die Angebote von Traiteuren meine Nase. Auf dreißig Meter Länge türmen sich gebratene Hähnchen in allen Größen und Qualitätsstufen. Ein gemischtes Publikum, alt wie jung, lässt sich hier den Hauptgang des Sonntagsmenüs einpacken.

Der Kaninchenschlachter auf dem Markt in Versailles

Man sieht, was in Frankreich vor über 200 Jahren begann, hat dort immer noch große Tradition. Der Rôtisseur liefert das Fleisch, vorwiegend Hühnchen, brät, grillt und röstet, und der Traiteur fühlt sich für kalte Platten, Ragouts, Suppen und Gerichte «aus dem Topf» verantwortlich. Ich muss mich buchstäblich losreißen, um rechtzeitig im Hotel zu sein.

Das Hotel «Trianon» befindet sich direkt am Park von

Versailles. Der berühmte englische Koch Gordon Ramsay betreut dort das Gourmet-Restaurant, ich richte mich jedoch in einer Ecke der Lounge ein und lasse mir einen Hamburger bringen. Ja, auch das gibt es. Das Haus ist unter amerikanischer Leitung, und man kann hier tun und lassen was man will, ohne dass sich jemand wundern würde. Sozusagen Frühstück am Nachmittag. Aus dem Zimmer habe ich mir meine Bücher geholt und vertiefe mich in die Geschichte der Gastronomie.

Allgemein sagt man, die gehobene französische Küche sei erst nach der Revolution 1789 richtig entstanden. König und Königin verloren in der Conciergerie durch glatten Schnitt der Guillotine ihre schönen Köpfe, der Adel wurde entmachtet. Doch nicht nur für die Herrschaft, auch für deren Köche und Hausangestellten lief es nicht gut: Sie wurden arbeitslos und standen auf der Straße. Notgedrungen eröffneten sie im Pariser Zentrum eigene Gaststätten – schließlich waren sie Spezialisten – und erfanden so das Restaurant. Es war eine enorme demokratische Kulturleistung. Das «Gastronomische Mahl der Franzosen» wurde vor ein paar Jahren sogar von der UNESCO in die Liste des immateriellen Weltkulturerbes aufgenommen.

Doch schon vorher war die Ernährungslage für besser gestellte Bürger nicht allzu karg. Schon immer gab es in Paris Herbergen und Tavernen mit *Table d'hôte*, womit eine Art Tagesgericht gemeint ist – alle sitzen gemeinsam am Tisch und essen dasselbe. Vor der Revolution konkurrierten bereits über 300 Rotisserien und 200 Traiteure um die Gunst des gehobenen Bürgertums.

Als einsamer Fixstern am Himmel der Gourmandise betrat Monsieur Boulanger die Bühne und eröffnete 1765 seine Suppenküche, in der man sich gehörig voll futtern konnte. Sein Lokal fand man in der Rue des Poulies, in der Nähe des Louvre. Als wirkliche Neuerung führte er in seinem Restaurant den À-la-carte-Service ein, oder man bestellte sich *À toute heure*, sozusagen das Tagesgericht. Monsieur Boulanger nannte sich *Restaurateur*, denn seine Profession verstand er in dem Sinne, dass er seine Gäste restaurieren wollte. Er gelangte zu beachtlichem Wohlstand, den er als frischgebackener Neureicher auch entsprechend extrovertiert vorführte. Wie heute so mancher Junggastronom, liebte er teure Fortbewegungsmittel: die Porsches der damaligen Zeit waren Prunkkutschen, zwei-, vier- und sechsspännig. Er bemühte sich redlich darum, die halbe Stadt in Neid und Missgunst zu versetzen. Und da sich Geschichte ständig wiederholt, erging es ihm wie so manchem Neureichen heutzutage: Wie gewonnen, so zerronnen! Boulanger fand Nachahmer, die es womöglich besser oder billiger machten.

1786 eröffnete schließlich das «Les Trois Frères Provençaux», das sich auf südfranzösische Küche spezialisiert hatte und zu Berühmtheit gelangte. Das Geschäft gedieh jedoch erst richtig, als man in die Arkaden des Palais Royal zog. Die Wirren der Revolution wurden so gut überstanden, und auch heute noch kann man sich im Arkadengeviert des Palais Royal auf höchstem Weltniveau gastronomisch beglücken lassen. Das «Grand Véfour», dessen Ursprünge ebenfalls ins 18. Jahrhundert zurückreichen, ist mein Lieblingslokal. Dieser Stätte der gehobenen Lebensart werde ich noch ein eigenes Kapitel widmen.

Die Französische Revolution löste in der Tat gewaltige Umwälzungen aus: Es fand ein Mentalitätswandel statt, die aristokratische Tafelkultur wechselte in eine neue Zeit, und über 100 Jahre nach der Erstaufführung von Molières Komödie «Le Bourgeois gentilhomme» – «Der Bürger als Edelmann» wiederholte sich der Inhalt des Stückes in der Realität. Einen Wimpernschlag nach dem Abgang des Adels überkamen den Bürger Allmachtsgefühle der Noblesse, und gutes Essen, Tafelkultur und vornehme Lebensart gerieten schwer in Mode.

Pflegte der Adel immer in seinen Palais und niemals in öffentlichen Speisehäusern zu tafeln, so ließ sich das gehobene Bürgertum der Ersten Republik das Essen gerne ins Haus liefern. Noch lieber gab es sich jedoch in prächtigen Restaurants, welche royalen Habitus verkörperten, seinen Illusionen hin. Viele sehr gute Köche konkurrierten in der Stadt, und diese Wettbewerbssituation führte dazu, dass nun besser gegessen werden konnte, als der Adel es sich je erträumen konnte. Dieses Wohlleben stand jedem Bürger zur Verfügung, ohne dass die Maximen der Revolution unterlaufen wurden. Freilich, für die armen Teufel waren die üppig gedeckten Tische auf der sonnigen Seite des Lebens in unerreichbarer Ferne.

Die Rue de Richelieu, ein schmales Sträßchen mit Geschäften des Alltagsgebrauchs, verläuft hinter der Rue de Montpensier an der Westseite des Palais Royal entlang. Robert, der ehemalige Chefkoch des Prinzen Condé, arbeitete in dieser Straße, und ein paar Häuser weiter dampfte die Küche des «Chez Méot» oder die des «Café de Foy». Durch ein Tor gelangt man auf die Place Royal. Sie ist ganz von Rundbogenarkaden gesäumt und heute von feinen Geschäften, Kunstgalerien und gepflegten Cafés besiedelt. Jedes dritte Haus beherbergte damals schon irgendeine Art von Gastronomie. Kardinal Richelieu, der ehemalige Hausherr dieses *Carrés*, wird vor Neid im Grab rotiert haben, dass er das stürmische Gedeihen der Restaurants in seiner Nachbarschaft nicht mehr erleben konnte. Das Land mäanderte am Rande des wirtschaftlichen Zusammenbruchs, doch im Epizentrum des Palais Royal feierten die

«Les Frères Provençaux» Triumphe, und nicht weniger das «Véry», das «Legaque» und nicht weit entfernt das «Le Rocher de Cancale» in der Rue de Montorgueil 78.

Dieses Lokal ist immer noch in Betrieb. Es ist recht winzig und wird von einer steilen Treppe beherrscht, die in die *Belle Etage* hinaufführt. Sie besteht aus zwei etwas größeren Räumen, die mit Mahagonitischchen vollgestellt sind. Als Attraktion gelten die originalen Fresken, aber sie sind nicht gerade eine Sensation. Ich schaue sie mir kurz an und suche dann das Weite. Der Laden hat sich vom damaligen Gourmettreffpunkt in ein Bistro verwandelt, das für seine guten Hamburger wirbt. Im Nachhinein vibrierte aber ein wenig Bedauern in mir, denn es hätte ja sein können, dass hier diese runden Dinger tatsächlich ernsthaft gut zusammengebaut werden und den Qualitätsansprüchen des «Tribunal Gastronomique» entsprochen hätten. Im «Le Rocher de Cancale» residierte nämlich Ende des 18. Jahrhunderts eine Gruppe von Kritikern, die sich aus anderen Restaurants Speisen zur Begutachtung bringen ließen und darüber urteilten. Zu verantworten hatte das Balthazar Grimod de la Reynière, ein großer Vordenker der wohlüberlegten Nahrungsaufnahme.

Am 20. November 1758 in Paris geboren, stammte Grimod de la Reynière aus sehr reichem Hause. Der Großvater brachte es mit einem Traumberuf zu beträchtlichem Vermögen. Er war Generalpächter und trieb die Steuern für die Krone ein, gab davon aber längst nicht alles weiter. Geld war also genug vorhanden, und die abendlichen Soupers gerieten zur reinen Wollust. Der Großvater erstickte an einer Gänseleber.

Im Aufzehren des Erbes entwickelte der Enkel eine einsame Subtilität. Am 1. Februar 1783 gab er ein Abendmenü und ließ die Einladungsbilletts auf Todesanzeigen drucken. Anstatt an Tischen wurde an Särgen gegessen. Nach neun Gängen und zwei Reden war Grimod de la Reynières Geist dermaßen erfrischt, dass er sich als Verteidiger des Volkes feiern ließ und den Kernsatz des Abends ins leise Tellerklappern rief: «Vor dem Gesetz und bei Tische haben alle gleiche Rechte und gleiche Pflichten. Die Tafel macht uns alle gleich.»

Nachdem er sich eine weitere Provokation dieser Art erlaubt hatte, verlor der exzentrische Grimod seine Advokatur und galt fortan als Verfolgter des Ancien Régimes. Diese Umstände verhalfen ihm ungeschoren über die Zeit des menschenfressenden Puritaners Robespierre und der Französischen Revolution hinweg. Der zum Demokraten mutierte adelige Großpächterssohn verschrieb sich nun ganz der Demokratisierung der Genüsse und richtete harsch über die vergangene Monarchie: «Die Vorfahren aßen, um zu leben, die Nachfahren scheinen zu leben, um zu essen.» Er berief eine *Jury dégustateur* ein und begutachtete, wie bereits erwähnt, im «Le Rocher de Cancale» Nahrungsmittel, Rezepte und Gerichte.

Im fünfundvierzigsten Jahr seines privilegierten Lebens fühlte sich Grimod dann reif fürs gedruckte Wort. In seinem «Tribunal Gastronomique» wurden Restaurants geprüft und bewertet. Dort wetterte er in düsterer Vorahnung der heutigen Gepflogenheiten unter anderem gegen eine schlecht ausgeleuchtete Tafel: «Licht ist der Prometheus-Funke auch für den Speisenden.» Seine Hauptwerke waren der in periodischen Intervallen veröffentlichte «Almanach des Gourmands» (1803–1812) und die praktischen Anleitungen für Gastgeber und Gäste «Manuel des Amphitryons» (1808).

Der «Almanach des Gourmands» wurde aufgelegt, um

Leuten ein «Vademecum zu bieten, welche nicht wissen, wie sie ihrem Vermögen Ehre machen sollen». Nachfolgend einige zementierte Weisheiten des guten Grimod, der beispielsweise zum Thema «Einladung» folgende Regeln aufstellte: «Nur schwere Krankheit oder Tod sind die einzigen annehmbaren Entschuldigungen. Der Geladene wird sich also in sauberer Kleidung zur bestimmten Stunde in das Haus des Gastgebers verfügen, und zwar ausgerüstet mit einem Appetit, der dem Rufe der betreffenden Tafel entspricht, und in einer leiblichen, geistigen und seelischen Verfassung, wie sie für die Einnahme, den Zauber und die Annehmlichkeit eines Festmahles unbedingt vonnöten ist.»

Bei der Lektüre von Grimods Leitgedanken «Von der Bedienung bei Tisch» berücksichtige man, dass der Autor adeligen Geblüts war und zu jener Zeit Dienstleistung längst nicht ein derart kostbares Gut war wie heutzutage. Er schrieb: «Es stände sehr zu wünschen, dass man während des Mahles die Anwesenheit der Bediener entbehren könne oder dass sie dabei wenigstens immer nur im Gefolge des Haushofmeisters erschienen und sich dann ungesäumt wieder entfernten, anstatt wie Automaten hinter dem Stuhle jedes Gastes aufgepflanzt zu bleiben. Ihr leerer Magen, ihre gierigen Blicke und ihre gespitzten Ohren machen diese Beharrlichkeit zu einer wahren Marter für die Tischgenossen und für sie selbst. Die Gegenwart der Lakaien hat noch einen anderen Nachteil, sie ist sozusagen ein Protest gegen die Dauer des Mahles, dessen Länge diese Leute innerlich von Herzen verwünschen.»

In seinen Ausführungen über «Tischgespräche» urteilt Grimod de la Reynière noch härter, aber unwiderlegbar: «Auch bei Tisch werden Dumme nicht gescheit. Wer sich nicht entblößen will, flüchte sich in ein Lied.» Er empfahl dem Gastgeber, sich über die Interessen der Geladenen zu informieren, um die Gespräche in eine wünschenswerte Richtung zu kanalisieren. Auch heutzutage wäre es nicht von Nachteil, Grimods Prinzip Folge zu leisten und zumindest Gespräche über Religion und Politik zu unterlassen: «Eine lebendige Unterhaltung während des Mahles ist ebenso gesund wie angenehm, sie ist die richtige Therapie gegen schnelles, ungesundes Essen, sie fördert und beschleunigt die Verdauung. Theologische oder moralische Fragen werden selbst für den nur mit einiger Klugheit ausgerüsteten Mann von Welt zu Steinen des Anstoßes.»

Grimod rät zu guter Letzt auch, nicht allzu viel über das Essen zu reden: «Man kompromittiere sich nicht, durch allzu freie Bemerkungen über mangelhafte Teile des Mahls das Missfallen des Wirts zu erregen, um dann noch ausgleichend gegen seine Überzeugung reden zu müssen, schlechte Weine zu loben, nichtsnutzige Ragouts zu preisen und halbgeschmolzenes Eis in den Himmel erheben zu müssen u. s. w.»

Im selben Jahr, in dem Napoleon aufs Altenteil nach St. Helena gezwungen wurde, nämlich 1815, war es auch für Grimod Zeit, sich auf sein Landgut Schloss Brinvilliers in Villiers-sur-Orge, südlich von Paris in der Nähe von Orly, zurückzuziehen. Von jeglichen Konventionszwängen befreit, lebte er nun seine Spleens noch heftiger aus. So hielt er sich als Hausgenossen ein Schwein, das täglich an seiner Tafel teilnahm.

Eine Traueranzeige rief am 7. Juli 1818 um 16 Uhr nach Villiers-sur-Orge. Zahlreiche Trauergäste machten sich auf den Weg, um Grimod de la Reynière mit dem letzten Geleit zu beehren. Die Trauernden fuhren im Hofe seines Guts am geschlossenen Sarg vorbei und wurden in einen schwarz verhangenen Salon geführt. Nach einigem War-

Balthazar Grimod de la Reynière (1758–1837) ging nicht nur mit Köchen hart ins Gericht: «Auch bei Tisch werden Dumme nicht gescheit.»

ten öffnete sich die Tür zum Speisesaal, und am Ende der festlich gedeckten Tafel verkündete der vermeintlich Verblichene mit fester Stimme, man solle sich rasch setzen, er schätze es nicht, kalt zu speisen.

Es folgten noch viele Tage skurriler Tafelfreuden, bis endlich der allerletzte Digestif genommen wurde. Am 25. Dezember 1837 fiel Grimod endgültig die Gabel aus der Hand.

Balthazar Grimod de la Reynière war der Erste, der die Esskritik zur literarischen Disziplin erhob und sie der Kunstkritik ebenbürtig betrachtete. Wohl wissend, dass wir uns längst in einer anderen Zeit befinden, kann mit Augenzwinkern angemerkt werden, dass die letzten anderthalb Jahrhunderte im Bereich der Kulinarik und der feinen

Lebensweise keinen allzu großen Fortschritt brachten. Mit erhobenem Zeigefinger sei erwähnt, dass Grimod, im Gegensatz zu heutigen Journalisten, wirklich unabhängig von Verlegern und Anzeigeninteressen arbeiten konnte.

Grimod schalt weniger die Köche, sondern setzte seine oft verletzende Feder zuvörderst bei den Lesern, den Feinschmeckern selbst an: «Zuerst kommt der Wunsch nach gutem Essen, dann erst der Koch. Oder anders, ohne gelernte Gäste auf Dauer keine gute Küche.» Und um dem noch eins draufzusetzen: «In der Gastronomie ist Diktatur angesagt. Ein guter Koch ist streng zu seinen Gästen und beugt sich nicht gegen seine Überzeugung jedem Wunsch und Trend. Er muss seinen Gästen das Beste antun, zur Not auch ohne deren Einsicht.»

Grimod de la Reynière zeigte als einer der Ersten, dass Gourmandise eine gründlich zu erlernende Kunstform ist, die wie ja alle Lebenskunst nicht angeboren, sondern durch Erfahrung erworben werden muss. Denn: «Es ist viel leichter, ein Vermögen zu erlangen, als es mit Anstand auszugeben.»

Auf Schloss Brinvilliers hat sich übrigens ungefähr 150 Jahre vor Grimods Tod ein monströses Verbrechen ereignet: Der Marquise de Brinvilliers kam es in den Sinn, ihren Vater und ihre zwei Brüder vergiften zu wollen, nur die Schwester überlebte knapp. Die schlimme Marquise endete auf dem Schafott; es wurden ihr noch viele andere Morde nachgesagt. Sie ist in der Nähe des Schlosses begraben, was Grimod nicht hinderte, sich ebenfalls dort bestatten zu lassen. Wenn man auf dem Grabe frische Rosen liegen sieht, dann sind diese jedoch nicht der Marquise, sondern unserem gastronomischen Vordenker zu Ehren.

Die erste Stunde
der Grande Cuisine

$\mathcal{D}$ie Französische Revolution führte also auch zu einer Revolution der Kochkunst. Der Superkoch Antoine Carême gehörte zu denen, welche die aristokratische Küche, letztlich die Küche des Barock, modernisierten und in eine großbürgerliche Küche überführten. Auf Gemälden zeigte er sich mit schlankem Hals und entschlossener Mimik, die auf ein gutes Organisationstalent schließen lässt. Von Sinnlichkeit keine Spur, wirkt sein Äußeres, als wäre es aus einem Bilderrahmen der Renaissance gefallen.

Carême kreierte Pasteten, die aussahen wie griechische Tempel; seine Platten wetteiferten mit der klassischen Architektur. Letztlich pflegte er einen totalen Royalismus. Diese Küche eignete sich allerdings hervorragend, um den reaktionären Adel auf dem Wiener Kongress einzulullen und vergessen zu machen, dass Frankreich in Zentraleuropa einen Riesenschaden angerichtet und grandios den Krieg verloren hatte. So krempelte Carême zusammen mit dem überaus schlauen Außenminister Talleyrand die Niederlage Napoleons in einen Sieg um. Essen und Feiern bis zur Narretei stiftete Frieden, «Der Kongress tanzt» wurde zum geflügelten Wort und die französische Kochkunst des aristokratisch-opulenten Stils erreichte ihr glanzvolles Finale.

Eine neue kulinarische Zeitrechnung begann. Beim Auftragen der Speisen setzte sich im 19. Jahrhundert der «Russische Service» durch; er geht auf Zar Peter I. zurück, der von 1682 bis 1725 regierte. An dieser Stelle ein Einwurf: Denkt man an Russland, dann zuallererst an Wodka und danach an Kalaschnikow. Mag sein, dass derlei weltweit gepflegte Vorurteile zu einer gewissen Störrischkeit des russischen Volkes führten, das sich berechtigterweise als großes Kulturvolk versteht. Nun gut, was die Tafelei angeht, so begann ein Menü unter Zar Peter mit den Vorspeisen, auf welche die Suppe folgte, und so ging es geradewegs weiter, wie das heute im gehobenen Service der Gastronomie immer noch üblich ist. Beim altfranzösischen Service hingegen wurden in jedem Gang viele Gerichte auf einmal aufgetischt. Waren bei Carême die Verzierungen der Servierplatten immerhin bereits essbar, so verschwanden sie nunmehr ganz.

Große Küchenmeister wie Jules Gouffé und Urbain Dubois nahmen sich der gastronomischen Entwicklung an, Jules Gouffé wurde 1807 in Neuilly bei Paris geboren und hatte ungefähr meine Leibesfülle. In seinem frohen Gesicht vereinigten sich Kochlust und Esslust. Er begann als Lehrling unter Antoine Carême. Obwohl der einer anderen Epoche angehörte, hätte es für Gouffé auf der Welt keine bessere Adresse geben können. Hauptsächlich ließ er sich in Patisserie ausbilden und eröffnete danach in der Rue du Faubourg Saint-Honoré seine eigene Konditorei. 1867 verschaffte ihm der Dichter Alexandre Dumas («Der Graf von Monte Christo», «Die drei Musketiere») eine Küchenchefstelle im Jockey-Club in der Rue Rabelais. Dieses stinkvornehme Etablissement zählt heute noch über tausend Mitglieder aus dem Adel und anderen feinen Kreisen.

Als Gouffé im Jockey-Club arbeitete, begann er sein berühmtes Kochbuch «Die feine Küche» zu schreiben, das 1872 ins Deutsche übersetzt wurde. In meinen Regalen stehen eine Originalausgabe und ein Reprint, der vor einigen Jahren erschienen ist. Ein Berufskoch bräuchte eigentlich keine weiteren Bücher. Auf nahezu 1000 Seiten werden 2500 Rezepte vorgestellt. Gouffé notierte als Erster seine Rezepte mit wirklich exakten Maßangaben und beendete damit die Grauzone der Ungenauigkeit, die bis dahin existierte.

Natürlich kann ich es mir nicht nehmen lassen, dem Jockey-Club genauer anzuschauen, in dem dieser geniale Koch meinen Berufsstand auf eine höhere Stufe beförderte. Extra für die Recherche dieses Buches habe ich mir ein E-Bike zugelegt, ein ganz besonderes Spielzeug aus Karbon und Titan. Es lässt sich auf Koffergröße zusammenfalten und sieht wirklich *very spacy* aus. Man muss gar nicht in die Pedale treten, das Ding zischt auf Knopfdruck ab wie ein Moped. Ich schwinge mich darauf und steche pfeilschnell zwischen den Flaneuren der Champs-Élysées hindurch. Die dahinschiebende Menge wirkt auf mich wie eine orientierungslose Schafherde. Die Leute gehen mir auf die Nerven, obwohl mir bewusst ist, dass das auch umgekehrt der Fall sein könnte. Ich entkomme in die Avenue Matignon, und die zweite Abzweigung nach links führt mich in die Rue Rabelais. Es ist eine kurze Straße mit einem enorm berühmten Namen. Rabelais hätte eine größere Avenue verdient. Er lebte als Mönch in der Reformationszeit und pflegte ungefähr die gleiche Geisteshaltung wie ich: Man sei zuallererst barmherzig zu sich selbst. Rabelais hinterließ einen großen Romanzyklus über die beiden Lustmolche «Gargantua und Pantagruel», der zur Weltliteratur gehört; er handelt von Fressen, Saufen, und den Rest können Sie sich denken. Wunderbar sein poetisches Bild «Wir spielten das Tier mit dem doppelten Rücken». Ein Werk voll von überschäumender Lebensfreude, und man könnte es ganz salopp einen «Porno für Genießer» nennen.

In der Rue Rabelais wohnte auch Gustave Eiffel, und in Nummer zwei residiert der Jockey-Club in einem großen weißen Haus. Ich steige vom E-Bike und bin sicher der erste Mensch, der an dieser Adresse mit dem Rad vorfährt. Hier lässt man sich üblicherweise von einem chauffierten Rolls-Royce oder Bentley absetzen. Gegenüber beäugen mich einige Polizisten, denn hinter einem Schlagbaum befindet sich die Israelische Botschaft. Ob die schwerbewaffneten Flics mir ansehen, dass ich annähernd Philosemit bin und bereits zwei Bäume am Jerusalemer Ölberg habe pflanzen lassen? Sie lassen mich jedenfalls in Frieden, ja grüßen sogar freundlich. Mustern mein Vehikel mit Interesse, denn es sieht eigentlich nicht wie ein normales Rad aus, sondern mehr wie eine moderne Zeitgeistskulptur. Das blinkende rote Band am Lenker irrlichtert flirrend hin und her. Die Polizisten werden natürlich auch bemerkt haben, dass ich gar nicht die Pedale bewegt hatte, sondern wie von Geisterhand vorwärtsgeschoben wurde. Vielleicht denken sie, ich sei ein Multimillionär, der sich mit einem Fahrrad tarnt?

Die zweiflügelige Türe des Clubs sieht nach teurer Handwerkskunst aus. Ich klingle frech, und es kommt, wie es kommen muss: Ein hochaufgeschossener Herr mit steifer Oberlippe öffnet, stiert auf meine Jeans, beäugt mein zerknittertes Jackett und hält mit der Mimik einer Schildkröte inne, als wäre er schockgefrostet. Er vermutet in mir offensichtlich keinen Multimillionär. Der Mann schweigt und glotzt. Nichts geschieht. Es dauert. Doch dann befreit sich der Livrierte aus seiner Erstarrung. Sein linker Arm teilt die laue Luft, als wolle er eine Fliege verscheuchen. Der Schatten seines Arms zackt an der hellen Hausmauer entlang. Mit

Mein famoses Vehikel

kaum verhohlener Geringschätzung und einem Gemurmel, das mir unverständlich ist, werde ich zum Weiterziehen aufgefordert. Ich nicke brav, und die Türe schließt sich.

In einem Anflug von Trotz hocke ich mich vor dem Schlagbaum auf mein Rad und sinniere, schaue mich ein bisschen um. Eine Kamera beäugt mich von der anderen Straßenseite. Da ich wenig Ähnlichkeit mit einem Mullah habe, lässt mich die gegenüber parkierende Polizei immer noch in Frieden.

Dann kommt doch tatsächlich ein großer alter Jaguar angeschlichen, ein dunkelblauer Anzug steigt aus, flitzt um die Karosse und öffnet die Hintertüre, die dem Gehsteig zugewandt ist. Das Paar, welches dem Fond entsteigt, ist deutlich älter als ich und eindeutig nicht aus dem Arbeitermilieu. Ich seh's ein, in diesem Feudalclub wäre ich bestimmt der Maulwurfhaufen im Spargelbeet. Die Dame und der Herr, das muss man ihnen lassen, sind zeitlos, gewissermaßen englisch distinguiert gekleidet. Allerdings würden sie auch gut in die vierziger Jahre des 19. Jahrhunderts passen, als Gouffé die Küche des Hauses befeuerte – da hätten sich die beiden Leutchen sicher gut zurechtgefunden.

So vornehm der Club stets gewesen ist, nach der Mitte des 19. Jahrhunderts stand er doch im Zentrum eines handfesten Skandals. Richard Wagner arbeitete damals in Paris an der französischen Fassung seiner Oper «Tannhäuser» und sah sich plötzlich mit der Forderung konfrontiert, im zweiten Akt eine Ballettnummer einzubauen. Im Pariser Opernhaus gehörte seit Jahrzehnten, gewissermaßen *par ordre du mufti*, zu jeder Oper ein Ballett. Nach einigem Hin und Her erklärte Meister Wagner sich zähneknirschend dazu bereit. Am 13. März 1861 war die Premiere, und im begeisterten Publikum befand sich auch Kaiser Napoleon III.

Die meisten Logen des Opernhauses waren jedoch von den aristokratischen Mitgliedern des Jockey-Clubs angemietet.

Diese Gourmets, voll von Gänseleber und Burgunderwein, hatten sich wie immer ausgesprochen viel Zeit für das Dinner gelassen und kamen deshalb zu spät zur Premiere. Als die Hautevolee verärgert feststellen musste, dass die Ballett-Einlage im zweiten Akt schon abgetanzt war, begann sie zu randalieren. Und die Theaterdirektion unternahm selbst dann nichts, als die Unruhestifter und einige der übrigen Zuschauer aufeinander losgingen und handgreiflich wurden. Derart tumultuös wurden auch die beiden nächsten Aufführungen zum Wackeln gebracht. Das geneigte Opernpublikum zeigte jedes Mal große Begeisterung für den «Tannhäuser» – bis die blasierten Flegel vom Jockey-Club mitten in die Vorstellung platzten und pfeifend und johlend ihre Plätze einnahmen.

Einer meiner Restaurantgäste hat mir die Geschichte dieses Opern-Showdowns erzählt. Sie faszinierte mich so sehr, dass ich am anderen Tag im Internet stöberte und seine Schilderungen mehr als bestätigt fand. Viele Zeitgenossen empörten sich offenbar über die vornehmen Radaubrüder. So schrieb zum Beispiel die deutsche Schriftstellerin und Wagner-Verehrerin Malwida von Meysenbug: «Diese jungen Herren pflegten erst nach beendigtem Diner in die Oper zu gehen, nicht um Musik zu hören, sondern um die unnatürlichste und scheußlichste Ausgeburt der modernen Kunst, das Ballett, zu sehen, nach dessen Beendigung sie sich hinter die Kulissen zu näherem Verkehr mit den springenden Nymphen begaben. Was lag diesen lüsternen Jünglingen an der Aufführung eines so keuschen Kunstwerkes, wie es der ‹Tannhäuser› ist, welches den Sieg der reinen Liebe über den Sinnenrausch feiert?»

Und der Dichter Charles Baudelaire setzte noch eins

drauf: «Dass diese Herren, die sich den Luxus einer Ballett-Tänzerin als Maitresse leisten können, den Wunsch haben, die Talente und Schönheiten ihres Besitzes so oft als möglich ans Licht gestellt zu sehen, zeugt von einem väterlichen (!) Gefühl, das alle Welt versteht und verzeiht. Dass aber die gleichen Leute sich nicht um die Wünsche des übrigen Publikums kümmern und die Aufführung eines Werkes unmöglich machen, bloß weil es nicht ihren Beschützerinstinkten dient – das ist unerträglich. Behaltet Euren Harem, aber lasst uns ein Theater, das seines Namens noch würdig ist!»

Ich möchte die Feinschmecker des Jockey-Clubs nun doch etwas verteidigen, denn ein großes Menü ist ja eigentlich vergleichbar mit der Premiere des «Tannhäusers». Der Opernfreund hingegen wird ungehalten aufheulen: «Das sagen Sie, Herr Klink!» Als Freund der Musik lenke ich dann ein und biete diesen Satz: «Erst kommt die Musik und dann die Kochkunst.»

Die Weltmeister

Trotz der kulinarischen Beben, die von der Haupt-
stadt ausgegangen waren, galten als Zentrum der franzö-
sischen Küche lange Zeit die Stadt und das Umfeld von
Lyon. Diese Meinung teilten die Gourmets lange schon vor
Paul Bocuse, der bei Mère Brazier gelernt hatte und beim
Küchenstar Fernand Point im Restaurant «La Pyramide» in
Vienne einige lernintensive Jahre verbrachte.

Paris, als Hotspot eines zentralistischen Staates, zog jedoch viele Köche aus der Provinz an, so viele, dass man bis
heute nicht wirklich von einer «Pariser Küche» sprechen
kann. Die Restaurants sind häufig vom jeweiligen Geist und
Wissen der Provinz und der Zugewanderten befeuert. Das
fing in der Revolutionszeit mit dem Restaurant «Les Trois
Frères Provençaux» an. Neuerdings kommen Köchinnen
und Köche aus der ganzen Welt nach Paris, um die Pfannen
am Glühen zu halten. Insbesondere die unzähligen Hospi-
tanten der Drei-Sterne-Gastronomie, vorwiegend Japaner,
sind für den Wandel der Bistros verantwortlich und dafür,
dass sich diese Institution nun «Nouveau Bistro» nennt.
Das traditionelle «t» in «Bistrot» scheint nun endgültig verschwunden zu sein.

In den sechziger Jahren tauchte eines Tages Joël Robuchon auf, der Sohn eines Maurers aus Poitiers. Mittlerwei-

le gilt er als einer der ganz großen Köche Frankreichs. Für mich ist er ein bewunderungswürdiger Mann, der sich von ganz unten an die Spitze der Branche hochgearbeitet hat. 2003 schuf Robuchon einen neuen Restauranttyp, eine Art luxuriösen Schnellimbiss. Er nennt diese Stätten der Lust «Atelier». Eines der Ateliers, das sich «l'Etoile» nennt, findet man unweit des Triumphbogens. Man geht zuerst durch einen Feinkostladen, irrt ein bisschen umher, um dann die Treppen hinab in eine moderne Bar mit viel rotem Leder zu gelangen. In einem Fremdenführer las ich den witzigen Hinweis, Damen sollten sich nicht in Rot kleiden, sie wären sonst nahezu unsichtbar.

In einem seiner anderen Läden, dem «Atelier St. Germain» in der Rue Montalembert 5, bestelle ich einen Tisch. Die Dame am Telefon spricht ein Highspeed-Französisch, ich verstehe nur Geknatter. Da ich diesmal in meinem Lieblingshotel, dem «Hotel l'Abbaye» in St.-Germain-des-Prés nächtige, bin ich nach einem entspannten Spaziergang in fünfzehn Minuten vor Ort. Halt, stimmt nicht, meine Frau ist dabei, und sie hat einen strammen Schritt, wir sind früher da. Echte Schwaben rütteln ja Punkt zwölf Uhr an der Restauranttüre. Eine junge Frau im kleinen Schwarzen ist jedoch schneller als wir. Sie öffnet die Türe und geht uns mit grazilem Schwung voraus, als hätte sie eine Ballettschule besucht. Sie dreht eine Pirouette und wirkt dabei überhaupt nicht hektisch, sondern anmutig. Als sie unsere Mäntel übernimmt, verfolgt meine Frau sie mit steiler Stirnfalte. Offensichtlich habe ich die junge Dame etwas zu hingerissen betrachtet, aber man wird ja wohl noch gucken dürfen? Elisabeth ist anderer Meinung. Sie schnappt mit ihrer kräftigen Stimme, die selbst im Pianissimo noch Festungsmauern durchdringt: «Von wegen gucken! Gucken bin ich von dir ja gewohnt, aber Ausziehen ist etwas ganz

*Auch das Spanferkel hat seinen Platz
in der Grande Cuisine*

anderes!» Ich halte jetzt lieber mein Maul. Einige männliche Gäste sitzen bereits auf luxuriösen Barhockern wie Hühner auf der Stange, verdrehen den Hals nach mir und feixen. Sie ahnen, dass ich eben einen Anschiss kassiert habe.

Zwar hatte ich einen Tisch bestellt, aber Tische gibt's hier gar keine. Vermutlich war es das, was mir die Dame am Telefon erklären wollte. Das Restaurant, man könnte auch sagen, die luxuriöse Essbar, hat offensichtlich kein schwäbischer Innenausstatter zusammengedengelt. Teurer China-Schleiflack wechselt an Wänden und Interieur zwischen Tiefschwarz und Kardinalrot. Der relativ klein wirkende Raum vermittelt hochelegante Lebensart und ist raffiniert ausgeleuchtet. Wir setzen uns brav auf einen der überraschend gemütlichen Barhocker. Die jungen Köche hinter dem Tresen, mehrheitlich adrette Japaner, sind von hier aus gut zu beobachten. Mit etwas längeren Armen könnte ich ihnen beim Gemüseschneiden helfen. Es gibt viel zu sehen, und für meine Frau ist das ebenso spannend wie für mich. Die Weinkarte wird gereicht. Zu der modern-leichten Umgebung passt gut ein Glas Champagner, ein Getränk, das in Paris in der Regel fast jedes Festmenü in Schwung bringt.

Dann geht es Schlag auf Schlag. Schon reicht uns ein Koch ein «Amuse-Bouche». Der junge Mann sieht gar nicht aus wie ein Koch, er könnte auch gut als Dressman durchge-hen. Das meine ich nicht despektierlich, es muss ja schließ-lich nicht jeder so aus dem Leim gegangen sein wie ich. Das ganze Personal trägt Schwarz, und meine Frau murmelt: «Ich kann ja schwarze Kochjacken gar nicht leiden, aber hierher passt's.» Sie erhebt das Glas in meine Richtung, und wir stoßen an. Den letzten Bissen noch im Mund, schauen wir uns glücklich an. Als altes, gegenseitig gut trainiertes Paar, nach fünf Millionen Ehekrächen, beherrschen wir die Kunst des Vergessens, des Verzeihens und des schnellen Verdrängens von Nebenkriegsschauplätzen und Bagatellen aus dem Effeff.

Eigentlich bin ich kein Freund von Häppchen, sondern fühle mich im Lager der ordentlichen Portionen wohler. Beim Wein ist es genauso, ein guter Wein ist nicht zu er-gründen, wenn er in homöopathischen Dosen auf die Zun-ge tröpfelt. Ebenso wie in feines Essen, will ich mich auch in edlen Wein, bildlich gesprochen, hineindrehen – mit je-dem Schluck, mit jedem Bissen steigt die Erkenntnis. Hier im «Atelier» ist es mir jedoch ganz recht, dass ich eine Mini-portion nach der andern probieren kann. Man könnte zum Beispiel auch nur ein Tellerchen bestellen, einen Champa-gner dazu, und würde dann meinetwegen mit 40 Euro die Tafel eines Weltmeisters verlassen, jedes Tellerchen kostet ungefähr 15 bis 20 Euro. So wie meine Frau und ich gebaut sind, beläuft sich bei uns zu guter Letzt die Rechnung ungefähr auf dreihundert Euro.

Das Erlebnis ist nun schon einige Jahre her, aber ich habe es nicht vergessen. An die einzelnen Gerichte konnte ich mich allerdings schon beim Verlassen dieser Stätte der modernen Nahrungsaufnahme nicht mehr erinnern. Mit einer Ausnahme: eine Komposition von Kaisergranat, Ingwer, feinem Juliennegemüse und einer Art Japanersauce auf der Grundlage von Soja, Galgant etc. Es schmeckte wirklich köstlich; leider vergesse ich Menüs mit mehr als fünf Gängen ziemlich schnell. Ich bringe ja immer wieder mal den Witz, dass ich eigentlich hätte Koch lernen müssen, weil ich nur bis drei zählen kann. Tatsächlich habe ich ein Zahlenproblem, und nur dank guter Steuerberater kam ich heil durchs Geschäftsleben.

Und was macht nun der gute Joël Robuchon heute? Er verfügte schon immer über guten Geschäftssinn und hat nun vollends seine wirtschaftlichen Aktivitäten auf der ganzen Welt verteilt. Er berät andere Restaurants und auch die Nahrungsmittelindustrie. Viele der großen Köche docken irgendwann einmal dort an, und ich vermute, das geschieht im Hinblick auf die Altersversorgung. Sternerestaurants funktionieren nur unter dem Diktat der Selbstausbeutung, unter dem Dach eines Hotelkonzerns oder mit sonstigen Nebeneinkünften. Nach jahrelangem Rackern müssen sich viele der Künstler am Herd wohlweislich um ihre Zielgerade kümmern. Deshalb nehme ich es meinen Kollegen nur wenig übel, wenn sie, bevor sie ganz abnippeln, sich in den Dienst der Nahrungsindustrie-Verbrecherbranche stellen, wie beispielsweise der berühmte Spanier Ferran Adrià.

1996 war Alain Ducasse noch nicht global unterwegs, sondern erfüllte sich den Traum vom ersten Restaurant unter eigenem Namen. Es war genau die Zeit, als sein Freund und Kollege Robuchon den Drei-Sterne-Wahnsinn nicht mehr mitmachen wollte und seine Pfannen in die Ecke geschmissen hatte. Ducasse erlöste ihn von der Bürde des Prachtrestaurants in der Avenue Raymond Poincaré, das Robuchon erst zwei Jahre zuvor eröffnet hatte. Als ich las, dass er seinen Laden wie eine Bibliothek eingerichtet hatte, weckte das meine Neugierde.

Das Taxi hielt am schmalen Gehsteig vor einem prächtigen klassizistischen Gebäude, das zwischen zwei nicht minder prächtigen Bürgerhäusern eingekeilt war. Also mit meiner Tochter Eva im Schlepptau hurtig durch das hohe Portal. Wir wurden begrüßt wie Potentaten. Am Empfang meldeten wir uns artig mit Namen, den natürlich in Paris keine Sau kennt. Ich habe mich vor fast vierzig Jahren bei Paul Bocuse als deutscher Koch geoutet, und er briet mir mehr als eine Extrawurst. Später versuchte ich es noch einmal und erntete nur Grinsen darüber, dass es in Deutschland überhaupt Köche gibt, die über den Sauerkrautpott hinausgucken. Nie wieder habe ich seitdem in Frankreich meinen Beruf genannt.

Wir wurden in den ersten Stock geführt und bekamen einen Tisch zugewiesen, der mindestens doppelt so viel Platz bot, als das in Paris üblich ist. Ich saß auf einer Bank und bestaunte die Bücher. Dem Künstler, der sie als Freskomalerei an die Wand gezaubert hatte, zollte ich höchste Anerkennung. Eigentlich hätte man genauso gut auch echte alte Bücher die Wand hinaufstapeln können, schließlich gibt es jede Menge davon, aber dann wäre die Wand kein Kunstwerk gewesen.

Mir war sofort klar: In diesem Restaurant sind Profis

am Werk, alles lief mit äußerster Perfektion ab. Am Nebentisch beobachtete ich beflissenes Treiben. Das dort versorgte Ehepaar befand sich augenscheinlich in einer wesentlich höheren Gehaltsklasse als meine Tochter und ich. Die Herrschaften wussten, wie man stilvoll zu Tisch sitzt. Als ich genauer hinschaute, staunte ich nicht schlecht: Die schwarz gekleideten Ober hatten doch tatsächlich einen Schweinebauch in der Mache! Einen unglaublich dicken und fetten Schweinebauch. Wohlgemerkt, wir schrieben das Jahr 1996 oder 1997. Damals war die Spitzengastronomie noch ganz unter der Kuratel von Hummer, Kaviar und sonstigen Statussymbolen. Doch davon hatte das vornehme Paar offensichtlich schon längst den Hals voll. Das ziegelsteinförmige Stück Schweinebauch lag auf dem Tranchierbrett inmitten einer Silberbordüre, und hätte es reden können, hätte es geschrien: «Ich bin der Weltmeister.»

Die edle, gedämpfte Hochkultur dieses Restaurants schüchterte mich keineswegs ein, sondern ich schaute frech zu meinem *Maître d'Hôtel* auf und sagte, dass ich diese Schweinerei auch gerne hätte, sie jedoch auf der Karte nicht fände. Der Ober erklärte mir geduldig und mit der Stimme eines gutmütigen Therapeuten, dass dies nur für bestimmte Gäste sei, solche, die sich etwas getrauen und dies extra vorbestellen. Der Mann reagierte distinguiert, ausgesucht höflich und ließ mich nicht als deutschen *Boche* abfahren. Wenn ich morgen käme, könne man das einrichten. Ich glaube, er sah mir an, dass ich nie und nimmer der weltweiten Fraktion der *picky eaters* angehöre.

Meiner Tochter und mir empfahl er zwei Vorspeisen und danach für die junge Lady ein Kalbskotelett mit Gänseleber und für mich eine Seezunge. Wir fühlten uns sauwohl. Irgendwann entdeckte ich dann die Kameras, die in der Decke eingelassen waren. In Deutschland wäre das vermutlich

Drei-Sterne-Erbsensuppe

ein Skandal, und ich fragte mich, wie hier Wirtschaftsbosse geheime Deals mit China oder sonst wem in Gang bringen wollen.

Nach dem Glas Champagner und bei einer exzellenten Flasche Loirewein, die offenbar ein derart großes Loch hatte, dass sie schon fast leer war, wurde der Hauptgang aufgetragen. Die Kameras verloren augenblicklich meine Aufmerksamkeit. Die Seezunge wurde auf einen großen, ovalen Teller umgebettet, auf einem Stövchen schäumte ein Gehilfe die Butter auf und goss sie über den Fisch. Es roch unglaublich gut, und der leichte Portweinduft, der Töchterleins Kalbskotelett entströmte, zauberte wohltrunkene Stimmung in meinen Kopf. Zufrieden stellte ich fest, dass man zu meiner Seezunge kein Fischbesteck geliefert hatte. Dieses überholte Ritual kommt noch aus einer Zeit, als man Kartoffeln und Fisch nicht mit rostanfälligem Gerät zu Leibe rückte, um keinen Eisengeschmack auf die Zunge zu befördern. Mittlerweile sind Gemüse und Fische auf den Punkt gegart und zerfallen nicht von selber wie in alten Zeiten, wo man sie selbst mit einem total stumpfen Fischmesser zerteilen konnte.

Der Fisch vor mir wehrte sich jedoch standfest gegen meine Messerattacken. Außen braun gebraten und innen kalt lag die Seezunge auf dem Teller, als hätte sie eine Demo gegen die Feinschmeckerei gestartet. Was tun? Mir ist schon der geringste Aufstand zuwider, ich habe noch nie in einem Restaurant reklamiert und bin dadurch in meinem langen Leben Tausende Gelegenheiten zum Streit umgangen. Einmal, mit meiner Frau im Restaurant «Le Pré Catelan», trank ich schicksalsergeben von einem total korkigen Wein. Elisabeth jedoch, überaus gütig zu Tieren, aber nicht zu einem Ober, warf sich mit dem Herz einer Löwin gegen den Sommelier. Der fühlte sich offenbar in seiner Ehre massiv gekränkt und strafte uns mit Nichtbeachtung. Wir bestellten bei einem Jungkellner eine neue Flasche und zahlten dann für zwei, denn von einem Sommelier mit Napoleonsyndrom ließen wir uns doch nicht den Tag verderben. Die Korkflasche überließen wir ihm als Trinkgeld. Das ist lange her, und ich habe viel daraus gelernt. Meine eigenen Sommeliers weise ich immer an, bei der geringsten Reklamation, selbst wenn sie unbegründet ist, den Wein zurückzunehmen. So kommen der Chef und das Personal auch immer wieder mal an ein Tröpfchen, das man sich aus betrieblichen Gründen nie leisten würde.

Nun aber schaute ich ratlos meine Seezunge an, säbelte daran herum und hob zwischendurch hilfesuchend den Blick in die Kamera. Das Büro des Meisterkochs Ducasse hatte ich schon einige Male auf Fotos und im Fernsehen gesehen. Es hat gewisse Ähnlichkeit mit dem Raumfahrtzentrum der NASA, überall Monitore. Aber der *Grand Chef* war im Moment vielleicht anderweitig beschäftigt. Der Oberkellner weckte mich aus meiner Trance. Schaute mich fragend an, und ich stammelte: «Oui, la sole de Bretagne …» Irgendwie konnte ich dem Maître erklären, was mit meinem Fisch nicht stimmte. Die Service-Equipe war geradezu starr vor Entsetzen. Ich selbst war völlig ruhig, aber auch peinlich berührt, hatte mich ja wieder mal überhaupt nicht beschweren wollen und wäre trotzdem am liebsten in einem Mäuseloch verschwunden. Alles, bloß kein Aufsehen, denn wer arbeitet, macht Fehler.

Insgeheim kann ich dem Vorfall sogar etwas Positives abgewinnen, nämlich die Erkenntnis, dass bei den ungekrönten Königen der feinen Küche auch mal etwas schiefgeht. Kleine Ursache, große Wirkung: Da hat ein Köchlein den Fisch angebraten und vergessen, ihn in den Ofen zu schieben. Und der Koch, der den Fisch auf die Platte beförderte, sah die schön gebratene Seezunge, zack, und schon war's passiert. Es dauerte dann eine ganze Weile, die Küche briet mir einen komplett neuen Fisch nach allen Regeln der Kunst, und ich genoss die beste Seezunge aller Zeiten.

Von Alain Ducasse stehen viele Bücher in meinem Küchenregal, und über keinen anderen Koch bin ich so froh, dass es ihn gibt. Er ist nicht als Genie auf die Erde geplumpst, sondern hat schwer geackert. Ich vermute, ein Unfall zu Beginn seiner Karriere hat ihn sehr geprägt. Mit vier anderen Insassen stürzte er einmal in einem Flugzeug ab. Alle waren tot, doch bei Ducasse hatte sich der Sicherheitsgurt gelöst, und er landete schwer verletzt, jedoch lebend auf der harten Erde.

Alain Ducasse wurde am 13. September 1956 südlich von

Bordeaux in Castel-Sarrazin geboren. Wenn ich recht informiert bin, dann ist er der zweite Sohn eines Zimmermanns, der es zu Weltruhm brachte. Ducasse kommt somit aus der Provinz Gascogne, wie mein Jugendidol d'Artagnan aus Alexandre Dumas' Roman «Die drei Musketiere». Erste kulinarische Erfahrungen sammelte er mit den Ernteerträgen des großväterlichen Bauerngartens. Seine Ausbildung begann unspektakulär, jedoch sehr solide im «Le Pavillion Landais» in Souston. Später arbeitete er unter Spitzenköchen, beispielsweise unter meinem großen Vorbild, dem nachdenklichen Alain Chapel, später bei Michel Guerard. Ich bin überzeugt, dass eine solche Ausbildung einem scharf abgerittenen Universitätsstudium durchaus ebenbürtig ist.

Heute setzt Ducasse 1400 Mitarbeiter in Lohn und Brot und überwacht siebenundzwanzig Restaurants, darunter die Drei-Sterne-Restaurants «Louis XV» in Monaco, das «Le Meurice» und das «Plaza Athénée» in Paris und das «Dorchester» in London. Doch nicht nur der Mann selbst ist außergewöhnlich, sondern auch seine Mitarbeiter, die er in eigenen Schulungszentren trainiert. Unter seiner Kochmütze versammeln sich die vielversprechendsten Talente der französischen Gourmetkunst. Er scheint nicht nur ein toller Koch, sondern auch ein exzellenter Pädagoge und Frontmann zu sein.

Mit Ducasse teile ich sehr viele Entwicklungen in unserem Beruf, bin einig mit seiner Kritik und mit seinem Lob. Ihn stört an der Spitzenküche, dass sie immer süßer wird: «Das ist nicht auszuhalten. Schrecklich. Ich verabscheue das. Ich reise viel und esse an vielen Orten. Überall zu viel Süßes. Das Bittere ist verschwunden. Weg! Ich liebe Bitteres.» Er nennt seine Küche *Cuisine brute*, was man mit wild und ursprünglich übersetzen könnte. Na ja, wer wagt es schon, den fetten, köstlich geschmorten Bauch einer Supersau in dem kleinen Restaurant mit 50 Sitzplätzen zu servieren, das jeden Tag geschätzt zehntausend Euro Unkosten verursacht. Wie gesagt, das war vor fünfundzwanzig Jahren, als sich noch keine Bewegung *back to the roots* mausigmachte und der Biosalat noch nicht mit dem Porsche Cayenne nach Hause geholt wurde.

Alain Ducasse tritt für die Küche des französischen Südens ein und wehrt sich gegen den Wettbewerb um Komplexität und Künstlichkeit, der aus der Sterneküche teilweise eine Zombiewelt gemacht hat. Ihm geht es wie mir, er möchte nicht innerhalb eines Menüs 50 verschiedene Aromen in seinen Magen befördern. In Paris fand man seinen Stil lange Zeit zu simpel, er erinnere allzu sehr an italienischen Bauern-Purismus.

Als Künstler empfindet er sich dabei nicht, höchstens als Kunsthandwerker: «Die Medien reden einem Koch ein, er sei ein Künstler. Und der Koch glaubt es. Die Medien wecken Interesse an unserer Branche. Das ist phantastisch. Aber die Übertreibung ist gefährlich. Und: In jedem Jahrhundert gibt es zwei oder drei Genies, und nie ist ein Koch dabei.»

Zwar betrachtet Ducasse sich mittlerweile als Weltbürger, doch ein bisschen Chauvinismus dringt auch bei ihm durch, sonst wäre er kein Franzose: «Die große Küche hat eine französische DNS, überall auf der Welt!» Ich muss ihm weitgehend zustimmen. Wenn ich in mich gehe, muss ich gestehen, dass weit über die Hälfte meiner Arbeit auf Erkenntnissen von französischen Kollegen beruht, einiges Italienische ist dabei, und der nicht unerhebliche Rest ist meiner schwäbischen Oma zu verdanken. Kurzum, wenn ein Franzose recht hat, muss es nicht immer Chauvinismus sein.

Noch etwas verbindet mich mit Ducasse: Er liebt wie ich

Spaghetti. Diese esse ich jedoch nur zu Hause. Es gibt nur wenige italienische Futterstellen in Deutschland, die gute Spaghetti servieren. Ob man es mir glaubt oder nicht: Ein gutes Spaghettigericht zu kochen, ist eine hohe Kunst. Und da der Hobbykoch fast keine Möglichkeit hat, in einem Restaurant gute Spaghetti zu essen, fehlt ihm einfach der Vergleich und es geht ihm wie meinen Jungköchen: Sie wissen einfach nicht, wo diesbezüglich der Hammer hängt. Ich selbst habe es übrigens aufgegeben, es jemandem beizubringen, denn sich an einem Rezept entlangzuhangeln, das funktioniert bei Spaghetti überhaupt nicht, es braucht sehr viel Erfahrung, Tempo, Routine und jede Menge Gefühl, und kurz vor Fertigstellung muss alles schnell gehen.

Ein kleiner Tipp trotzdem: Wer Spaghetti für die Großfamilie kocht, muss wirklich darauf achten, dass die Spaghetti ziemlich hart, also noch mit festem Biss abgegossen werden.
Unter das Sieb in der Spüle stellt man einen Suppenteller.
Die Spaghetti kommen sofort zurück in den Topf, werden gepfeffert und eventuell nachgesalzen. Nun reichlich Olivenöl dazu und vermengen, damit sie nicht zusammenkleben.
Ein großer Topf, gefüllt mit den Nudeln, die mir die Welt bedeuten, hat so viel Restwärme, dass alles nachgart und oft trotz des Öls verklumpt. Wir gießen dann von dem geretteten Nudelwasser etwas in den Topf oder in die Schüssel und vermengen alles erneut.

Ducasse ist einer der wenigen großen Köche, die nicht mit Deutschland hadern So sagte er einmal in einem Interview: «Ihr Deutschen arbeitet mehr, in der Spitzengastronomie auf jeden Fall. Die Franzosen arbeiten nicht, sie reden. Sie beklagen sich und fordern Leistungen vom Staat. Nach dem Motto: Ich schulde dem Staat nichts, aber der Staat schuldet mir alles. Die Franzosen haben nicht verstanden, dass die Welt sich geändert hat.» Doch er hat auch Kritik parat. Sinngemäß sagt er: «Ihr Deutschen habt einen Komplex. Ihr kauft dicke Autos für 150 000 Euro, und wenn es ums Essen geht, wird gespart.»

Wohl wahr. Alle beklagen sich, dass die Gastronomie hierzulande in der Regel sehr schlecht sei. Das kommt mir vor wie die Haltung der Deutschen zum Alter: Jeder will alt werden, aber keiner will alt sein. Mit den Hungerlöhnen und den Witzpreisen, die hierzulande für Essen in Gasthäusern gezahlt werden, kann es nicht aufwärtsgehen. Hätten Köche und Serviceleute in Deutschland den Lohn eines Automechanikers, müsste das grausliche Pausengericht «Salat mit Putenstreifen» mindestens 20 Euro kosten. Und würde die chemie- und chlorverseuchte Pute durch ein Biotier ersetzt werden, kämen noch fünf Euro drauf.

Nach Meinung von Ducasse hat es die französische Gastronomie aus dem Sklaventum herausgeschafft. Trotzdem sagte er: «Ich träume davon, dass die Gastronomie in Frankreich so etwas darstellt, wie die Autoindustrie in Deutschland.» Und ich, der Schwabe, erwidere: «Lieber Alain Ducasse, von solchen Träumen sind wir deutschen Köche noch meilenweit entfernt.»

Napoleon III.
und die Sichtachsen

«Wenn der liebe Gott sich im Himmel langweilt, dann
öffnet er das Fenster und betrachtet die Boulevards von Paris.»
Heinrich Heine

$\mathcal{W}$as ist an Paris eigentlich so faszinierend? Ist es die sprichwörtliche «Stadt der Liebe»? Sind es die Pariserinnen? Sind die eigentlich wirklich so toll? Oder ist es einfach das Laisser-faire, das Prickelnde, das Unentwegte? Sicher ist, dass die Weite des Landes Frankreich von einem großen schlagenden Herzen angetrieben wird, der Stadt, aus der die *Grande Cuisine* hervorging. Aus dem Wohlleben der Bourbonenkönige, dem Duft der Töpfe, dem Hunger des Volkes, dem Pulverdampf der Revolution, dem Größenwahnsinn der Bonapartes und dem unsteten Wesen der Pariser selbst entwickelte sich das, was ich den Kern der westlichen Lebenskultur nennen möchte. Dieses *Savoir-vivre* hält bis heute an und unterscheidet sich vom Deutschen wesentlich: Deutschland steht für Schwarzbrot und, bildlich gesprochen, für preußisches Hackenzusammenschlagen, und Frankreich führt den Hahn im Wappen, dem nur noch fehlt, dass er sich ein Baguette unter den Flügel klemmt.

Was aber über alle Lebensart bis hin zum Unleben der Kriege hinausragt und wirklich fasziniert, das ist die Großzügigkeit, das Maßlose, meinetwegen auch das royale architektonische Nachbeben, das man in Paris an jeder Ecke spüren kann. Der Sonnenkönig Ludwig XIV. hat unter anderem mit den Grands Boulevards markante Spuren hinterlassen, doch in hohem Maße ist dafür die Familie Bonaparte verantwortlich. Napoleon I. ließ in Paris grandiose Bauwerke errichten. Ich frage mich allerdings, wie er seine Landsleute zu solch ausdauerndem Marschieren, sogar bis nach Moskau, bewegen konnte. Der Rückmarsch nur noch weniger verbliebener Helden gestaltete sich grauenhaft und war die Blaupause für den Untergang des Hitlerreiches.

Das monumentale Paris, das dem Touristen gerne die Sprache verschlägt, ist jedoch Napoleon III., dem Neffen des Imperators, zu verdanken. In die Geschichte ist er nicht gerade als Glückspilz eingegangen, und vielerorts glaubte man auch, er sei ein bisschen gaga. Davon kann jedoch überhaupt keine Rede sein. Wenngleich als Schüler faul, war er doch sehr gelehrig und sprach exzellent Deutsch. Er wuchs als Exilant am Schweizer Ufer des Bodensees im Schlösschen Arenenberg auf und ging unter anderem in Konstanz und Augsburg zur Schule. 1848 vom Volk zum Staatspräsidenten gewählt, führte er 1852 eine Art demokratischen Cäsarismus ein. Es gab zwar ein Parlament, aber nicht viel zu parlieren. Mit anderen Worten: Napoleon III. und seine Frau, Gräfin Eugénie de Montijo, enterten den Tuilerienpalast, und aus der Demokratie erstand unversehens und in voller Pracht ein zweites Kaiserreich.

So sahen diese Leute auch aus: Das Herrscherpaar gab glanzvolle Abendessen, die jedoch mehr der Pflege ihres Status als der Feinschmeckerei dienten. Den Gästen mangelte es an nichts. Während die kaiserlichen Gastgeber bevorzugt bei Gemüse zulangten, überließen sie den Rest gerne den Geladenen. Das Gemüse wurde unter der Obhut des Gärtnermeisters Lachintini in der Schlossgärtnerei von Versailles angebaut. Die Diners entsprachen durchaus dem heutigen Niveau der *Grande Cuisine*. So ist beispielsweise folgendes Menü dokumentiert: Zwei Suppen, zwei Fleisch- oder Geflügelgerichte, vier Vorspeisen, zwei Braten und vier Zwischengerichte wurden gereicht. Als Hauptgericht servierte man Forellen mit Anchovis-Soße, Rinderfilet in Madeira, Lachs à la Schottland oder Rostbraten mit Croquettes. Als Vorspeisen kamen Hammelkoteletts mit englischen Erbsen und Hummersalat à la Russe auf den Tisch. Als Braten servierte man Ente mit Brunnenkresse, Hammelfleisch, Fasane und Kapaune mit Brunnenkresse sowie gebratene Artischocken. Zu den Zwischengerichten gehörten Spargel in Ölsoße, grüne Bohnen, Blumenkohl mit Soße oder das Dessert «Charlotte à la Russe» mit Erdbeeren oder anderen Früchten.

Wie man einen gepflegten Alltag hinter sich brachte, darin zeigte sich der Kaiser als universal gebildeter Meister. Als Populist war er versiert, und als Diplomat hatte er große Erfolge, jedoch lief am Ende seiner Regierungszeit manches schief. Als Militarist schließlich war er ganz und gar ungeeignet. Um ein Kommisskopp zu sein, war der Mann viel zu intelligent. 1870 wurde seine Karriere beendet. Bismarck, nicht ohne Grund der «Eiserne Kanzler» genannt, erwies sich als überlegener Taktiker und als ebenso virtuoser wie rücksichtsloser Staatsmann. Auch wenn das Zweite Kaiserreich unter Napoleon III. den deutsch-französischen Krieg angezettelt hatte, so war der Kaiser selbst doch alles andere als ein begeisterter Kriegsherr. Um aber nach jahrelangen politischen Misserfolgen dem Volk zu zeigen, dass er doch ein großer Zampano sei, beschloss er, wie viele seiner Vorgänger, sich eine erfolgreiche militärische Auseinandersetzung ans Revers zu heften. Die Sache ging zum Vorteil der Deutschen gewaltig in die Hose. An den von Preußen geführten Truppen des Norddeutschen Bundes, Badens, Bayerns, Württembergs und Hessen-Darmstadts rieben sich Napoleons Marschälle Bazaine und Mac-Mahon mit viel zu wenig Soldaten auf. Der Sieg des «Eisernen Kanzlers» setzte die Bereinigung des Durcheinanders von deutschen Grafschaften, Fürstentümern, Reichsstädten und sonstigen Landverwaltungen in Gang. Napoleon III. wurde bei Sedan gefangen genommen, nach Kassel transportiert und auf Schloss Wilhelmshöhe luxuriös und standesgemäß weggeparkt. So kam das geflügelte Wort «Ab nach Kassel» in die Welt.

Dem Imperator mit dem «Moustache» gebührt mein aufrichtiges Mitgefühl. Ihn quälten Hämorrhoiden und ein faustgroßer Blasenstein. Um diese Höllenqualen zu lindern, verabreichten ihm seine Ärzte immer größere Morphiumgaben. Genau genommen war er in seinen letzten Jahren ständig «stoned», wie man heute so schön sagt, und was gemeinhin und voluminös «Gemächt» genannt wird, rann und suppte bei ihm. Gepampert hing der Kaiser auf seinem Pferd, der Blasenstein randalierte, und er delirierte im Sattel als Sinnbild allen Jammers. Irgendwann ging gar nichts mehr. Durch das Rauschgift steigerte sich sein Schlafbedürfnis, und oft schlief er bei Sitzungen unvermittelt ein.

Der verlorene Krieg lastete als schwere Schmach auf den stolzen Bürgern der *Grande Nation*. Das französische Nationalbewusstsein erodierte so nachhaltig, dass man seit dem Zweiten Weltkrieg fast von einem Minderwertigkeitskomplex sprechen könnte. Grund dafür ist natürlich Deutschland, was mir auf meinen Frankreichreisen ein ständiges Grundrauschen von Schuldgefühlen verursacht. Wer jemals am 6. Juni, dem sogenannten «D-Day», in der Normandie am Omaha Beach herumwanderte, der weiß ein Lied davon zu singen. Als ich damals mein Auto durch die Umzüge der Veteranen gleiten ließ, war ich gottfroh, dass es mit einem französischen Kennzeichen verschraubt war.

Wenn ich mich mit Napoleon III. so intensiv beschäftige, so ist das seiner Modernität geschuldet. Auf die beginnende Industrialisierung blickte er überaus positiv. Er erkannte den Zeitenwandel früher als alle anderen Herrscher, welche sich traditionsgemäß lieber an ihren Vorfahren orientierten, weil sie zu ihrer Zeit nichts zustande gebracht hatten. Der Kaiser selbst schrieb ein zweibändiges Werk über Julius Cäsar, förderte die Archäologie, verschaffte den Malern des aufkommenden Impressionismus ein Podium und sorgte für ein Schienennetz, das allerdings immer auf Paris zuzulaufen hatte. Er speiste mit seiner Frau von Aluminiumtellern, die anderen Gäste mussten sich mit Gold und Silber begnügen. Aluminium unterstützte er als Metall der Zukunft, seine Herstellung war damals dermaßen teuer, dass es tatsächlich wie Gold gehandelt wurde und auch vorwiegend für Schmuck Verwendung fand.

Napoleon III. wollte Paris auf die Rolle einer modernen Metropole des Industriezeitalters vorbereiten. Es ging ihm in erster Linie um Prestige, wobei derlei Anwandlungen von Größenwahn sich bis heute in dieser Stadt gehalten haben. Man denke an Pompidous Vernichtung der Markthallen, damit er sich mit dem «Centre Pompidou» selbst ein Denkmal setzen konnte. Obwohl mir Mitterrands Louvre-Pyramide wesentlich besser gefällt, empfand ich die Architektur des «Centre Pompidou» durchaus als kühn, spektakulär und gegenüber dem Kunstbetrieb der siebziger Jahre sogar revolutionär. Nur an einer gewissen handwerklichen Gediegenheit und Nachhaltigkeit hapert es bei diesem Bauwerk.

Doch nun wieder zu dem vielgescholtenen Kaiser: Was uns heute in Paris so großartig vor Augen geführt wird, geht auf das Gespann Baron Haussmann und Napoleon III. zurück, die den Stadtkern grundlegend ausmisteten und von alten Buden befreiten. Allerdings jammern Denkmalschützer heute noch über die Schleifung enger Gassen und schützenswerter Fundamente und Mauern, die bis in die Römerzeit zurückreichten.

Das Zentrum von Paris bedeutete für arme Leute Heimat und Arbeitsplatz. Gewisse Viertel stanken aber zum Himmel und waren schlichtweg unsanierbar. Das Prekariat hauste zahlreich und eng gestapelt und war der Übermacht der Ratten kaum gewachsen. Eine besondere Spezies konnte sich in den inneren Arrondissements prächtig entwickeln und bis heute überleben: «Rattus rattus Parisi», Kavenzmänner, die ungelogen nahezu die Ausmaße eines Rauhaardackels haben. Man braucht also den Biotopen der Altstadt kaum eine Träne nachzuweinen, ganz davon abgesehen, dass meine Liebe zu Paris sowieso mehr mit den großzügigen Plätzen und den breiten Avenuen und Boulevards zu tun hat.

Georges-Eugène Baron Haussmann, bis heute mit dem Boulevard Haussmann geehrt, schob die alten Gemäuer zur Seite und gab der Stadt das royale und großzügige Gesicht. Haussmann entstammte mütterlicherseits einer angesehenen pfälzischen evangelisch-lutherischen Pfarrersfamilie, väterlicherseits von Protestanten, die ins Elsass geflüchtet waren, und erwies sich als unverzichtbar für die hochgesteckten Ziele Napoleons III. im Hinblick auf eine grundlegende städtebauliche Umgestaltung. Der Kaiser ernannte ihn 1853 zum Präfekten von Paris, damals Département de la Seine, und stattete ihn mit außergewöhnlichen Befugnissen aus. Haussmann übte sich in dieser Funktion bis 1870 zur weitgehenden Zufriedenheit des Monarchen.

Die Metropole sollte mittels monumentaler Sichtachsen hell und offen gegliedert und den Anforderungen des modernen Straßen- und Schienenverkehrs angeglichen werden. Schaut man von der Place de la Concorde auf den weit entfernten Triumphbogen, können sogar den Touristen gewisse Allmachtsgefühle überkommen. Weitläufige Parks wurden neu angelegt, Vorhandenes erweitert und besser gegliedert. Haussmanns Verdienst ist es, dass Paris wenigstens ein bisschen Grün aufweisen kann, zuvor gab es das nur in den königlichen Gärten. Auch wenn der wunderbare Jardin du Luxembourg nicht klein und der Bois de Boulogne riesig ist – der Central Park, die grüne Lunge New Yorks, ist immer noch vier Mal so groß wie beide zusammen. Natürlich wurden mit der «Haussmannisierung» auch militärische Gesichtspunkte berücksichtigt, und die Armee bekam durch die breiten Avenuen bessere Aufmarschbedingungen gegenüber aufständischen Bürgern.

Wenn man bedenkt, dass nur wenige Jahre später der spektakuläre Architekt und Designer Le Corbusier das Licht der Welt erblicken sollte, kann man die damals entstandene monumentale Architektur und den zweifelhaften Umgang mit der Abrissbirne auch als rückwärtsgewandt, wenn nicht gar als reaktionär ansehen. Immerhin tröstlich: Die Mannen um Baron Haussmann machten ihre Sache wesentlich dezenter als Albert Speer.

«Hotel Ritz»
an der Place Vendôme

In den Tuilerien habe ich auf einer Bank verschnauft und den Blick auf die Westseite des Louvre genossen. Dann setze ich mich aufs Fahrrad und mache mich auf in Richtung Norden. Keine fünf Meter gefahren, stellt sich mir ein Parkwächter in den Weg. Lächelnd und friedfertig bedeutet er mir, dass man in diesem Park die Langsamkeit pflegt. Ertappt und einsichtig steige ich brav ab, schiebe mein Fahrrad und lupfe es die Treppen hinauf, um in die Rue de Rivoli zu gelangen.

Am «Hotel Meurice» vorbei führt die Rue de Castiglione direkt auf die geschichtsträchtige Place Vendôme zu. Zur linken Seite, über die Straße hinweg, stehen die Wagenmeister des «Hotels Westin». Innerhalb dieser Kette dürfte das Haus hier eines der Flaggschiffe sein; unter vierhundert Euro gibt es da nichts zu schlafen. Das Hotel hat einen schönen Innenhof, steht unter amerikanischer Leitung und das muss man den Amis lassen: Sie haben ein Händchen für ausgefeilte Organisation. Der amerikanische Tourist, ganz anders als die herrschende Meinung, hat ein genaues Gespür für Übersteuerung. Dort, wo Amerikaner verkehren, stimmt meistens das Preis-Leistungs-Verhältnis.

Aber egal, ich will weiter. Die schattigen Arkaden führen vom Tuileriengarten bis zur Place Vendôme. Diese vierhundert Meter schiebe ich mein Fahrrad. Ein schönes Geschäft reiht sich ans andere, und offensichtlich sind einige Busladungen voller Menschen unterwegs, um die Schaufenster zu besichtigen. Beim «Restaurant Carré des Feuillants» kommen mir angenehme Erinnerungen. Es hat zwei Sterne, ist natürlich nicht billig, aber das Essen habe ich immer als ausgezeichnet empfunden. Der Chefkoch Alain Dutournier, ungefähr in meinem Alter, ist kein Anfänger, macht keinerlei seltsame Experimente und missbraucht den Gast nicht als Versuchskaninchen. Immer wieder hört man, dass die Franzosen gegenüber den experimentierfreudigen Spaniern und auch den Deutschen ziemlich konservativ kochen. Diese Tatsache hat wenig mit dem scheinbaren Unvermögen der französischen Köche zu tun, sondern mit dem kulinarischen Wissen der Franzosen. Das Volk weiß einfach, welche Zutaten auf dem Teller zusammenpassen und welche nicht, und ist deshalb für Modetrends auf den Tellern ziemlich immun.

Ich bin am Ziel und bleibe auf der rechten Seite des Platzes, der momentan eine einzige Baustelle ist. Das «Hotel Ritz» ist komplett mit Baucontainern zugestellt, auch die Fassade ist verhüllt, als hätte der Künstler Christo und seine Frau Jeanne-Claude Tücher über das Ganze geworfen. Die Säule in der Mitte des Platzes kann man hinter Baugerüsten nur erahnen. Hier geschieht Großes, nicht nur das «Hotel Ritz», sondern der ganze Platz wird saniert. Was hätte der Hotelier César Ritz über dieses Arbeitergewusel wohl gesagt? Ohne diesen Mann, einen Schweizer Bauernsohn, wäre das ganze Viertel hier längst nicht so berühmt.

Die Schweizer Hotellerie blickt bekanntlich auf eine große Tradition zurück, und es lag nahe, dass César Ritz als junger Mann ins Hotelfach ging. Sein Start als Aushilfskellner an der Côte d'Azur geriet nicht gerade vielversprechend, sodass sein damaliger Chef die Worte sprach: «Du wirst im Hotelgewerbe niemals etwas werden.» Damit erwies er sich allerdings nicht als Prophet. César Ritz, 1850 als 13. Kind einer Familie aus dem Bergdorf Niederwald in der Nähe des Furkapasses geboren, ließ die vernichtende Beurteilung seines Ex-Chefs nicht auf sich sitzen, er kriegte die Kurve und arbeitete später als Maître d'Hotel im «Restaurant Voisin» in Paris, dem angesagtesten Etablissement dieser Zeit. Unter der Schöpfkellenfuchtel von Alexandre-Étienne Choron, jenem Choron, der die «Sauce Choron» erfand, leitete César Ritz den Service. Das wäre nicht der Erwähnung wert, hätte der große Koch nicht unter kräftiger Mithilfe von César Ritz die bis heute weltweit skurrilste Speisekarte der Welt aufgelegt.

Die Belagerung durch die Preußen 1870 bedeutete für die *parisiens* eine enorme Einschränkung der Gourmandise, Paris hungerte. Da kam Ritz auf die Idee, im Zoo zu wildern. Das Restaurant wurde seinem Rufe als erstes Haus am Platze mehr als gerecht, und die Hautevolee griff tapfer zu bei Känguru-Ragout, Wolfskeule à la Chasseur, gefülltem Eselskopf, gebratenem Bärenrücken in Pfeffersauce, Antilopentrüffelpastete und Katze mit Ratten garniert. An Einfallsreichtum herrschte bei César Ritz kein Mangel, und sein Chefkoch Alexandre-Étienne Choron setzte die Ideen des Schweizers in die Tat um. Es ist übrigens nicht ausgeschlossen, dass diese Gerichte sehr gut schmeckten.

In dem Zusammenhang muss ich etwas einflechten. Es hört sich verwegen an, aber es ist wirklich so geschehen. Mein Vater amtete in den Jahren um 1970 als Stadtveterinärdirektor in Schwäbisch Gmünd. Hinter diesem imposanten Titel verbarg sich ein hand- und trinkfester Geselle, der für die Lebensmittelüberwachung und für den örtlichen Schlachthof zuständig zeichnete. Eines Tages baute in der Stadt ein Zirkus seine Zelte auf, und ein Anruf des Direktors rief meinen Vater auf den Festplatz. Ein Löwe kränkelte erheblich, er befand sich in einem Einzelkäfig und dämmerte bereits in Agonie. Heute würde man das Tier kurzerhand einschläfern und entsorgen, aber die Generation meines Vaters wusste noch, dass Hunger richtig weh tun kann. Das Tier wurde also notgeschlachtet und bekam, nachdem sein Fell abgezogen war, alle erforderlichen Stempel zur Freigabe. Mein Vater fand eine Wirtschaft, das «Gasthaus Zum Fuchsen», das über einen tüchtigen Koch verfügte. Wenig später warb das Gasthaus in der Lorcherstraße in der örtlichen «Rems-Zeitung» mit der Schlagzeile: «Löwenessen im Fuchsen». Vater war Ehrengast, und ich durfte ihn begleiten.

Ich erinnere mich noch an eine schwarzhaarige, schöne Wirtstochter, welche das Löwenragout servierte. Ich war sofort verliebt, aber das geschah damals bei mir alle drei Tage aufs Neue. Ihr Avancen zu machen, war für mich ausgeschlossen. Schließlich hatte ich eine solide Erziehung in einem Kloster ausgesessen, und die Frau schlechthin war mir ein unbekanntes, aber verehrungswürdiges Wesen, das sich jahrelang an der Mutter Gottes orientiert hatte. Die Anbetungswürdige stellte mir den Teller mit Löwenragout vor die Nase, und es duftete exzeptionell gut. Die Frau war sofort vergessen. Der Kochkünstler vom «Fuchsenwirt» hatte sich selbst übertroffen, seine Kreation stand denen des César Ritz in Paris bestimmt in nichts nach. Ich schwör's: Bis heute habe ich den phantastischen Geschmack und die Zartheit des Fleisches nicht vergessen. Wer so etwas einmal zwischen die Zähne gekriegt hat, ist der Vegi-Bewegung für immer verloren. Der Löwe war nicht umsonst gestorben, er hätte kein besseres Los ziehen können.

Ritz beließ es nicht beim Braten exotischer Tiere. Er zog weiter und lernte den größten Koch der damaligen Zeit, Auguste Escoffier, kennen, um mit ihm zusammen das «Hotel Savoy» in London auf Vordermann zu bringen. Das ging so weit, dass aus Venedig eine Flottille von echten Gondeln angeliefert wurde, nur damit für einen festlichen Ball die Themse für kurze Zeit in den Canal Grande verwandelt werden konnte. Ritz stellte mit Escoffier Menüs zusammen, die nach heutigem Wert ungefähr fünfhundert Euro kosteten. Frauen war es übrigens damals noch nicht gestattet, in öffentlichen Räumen zu tanzen. Dieser Ungerechtigkeit setzte Ritz ein Ende. Der «Savoy-Ballroom» wurde zur Institution. Der berühmte Jazzsong «Stompin' at the Savoy» wurde allerdings erst 1936 komponiert und bezog sich auf den wundervollen Art-déco-Palast gleichen Namens in New Yorks Fifth Avenue. Nicht uninteressant: 1927 demonstrierten Hunderte von Architekturstudenten und Professoren gegen den Abriss dieses Hotels, allerdings vergeblich. Es war übrigens eine der ersten friedlichen Demos der Welt.

Hoteldirektor Ritz galt mit gutem Grund als die Koryphäe der damaligen Hotellerie, und Auguste Escoffier glänzte zweifelsfrei in seinem Metier. Irgendwann entfalteten die beiden jedoch zu viele geschäftliche Aktivitäten im «Savoy»-Hotel. Sie nahmen von Lieferanten beträchtliche Schmiergelder entgegen, was den Besitzern des Hauses eindeutig missfiel. Unvermittelt saßen die genialen Komplizen auf der Straße. Lassen wir ihnen die Verfehlung als Jugendsünde durchgehen. Der Vorfall stürzte die beiden jedoch keineswegs in Verzweiflung, sondern sie machten sich auf nach Paris, genauer gesagt an die Place Vendôme im Ersten Arrondissement. Diesen Platz, bis heute ein geschlossenes Ensemble im klassizistischen Prachtstil, hatte

Dauerbaustelle: das «Ritz» wie von Christo verpackt

der Sonnenkönig Ludwig XIV. anlegen lassen und 1699
mit seinem Reiterstandbild in der Mitte veredelt, das allerdings während der Revolution zerstört wurde. Die Leer-
stelle auf dem spektakulären Platz nahm dann Kaiser Napoleon auf einem Pferd sitzend ein. Sein Standbild wurde
auf eine vierundvierzig Meter hohe Säule gestellt und 1810
eingeweiht. Danach ging es munter hin und her: Schon vier
Jahre später wurde das Denkmal eingeschmolzen, um 1833
als Nachbildung wieder aufgebaut zu werden.

1871 gingen die *parisiens* auf die Barrikaden, weil ihre
Regierung einen Waffenstillstand mit Deutschland geschlossen hatte und eine Nationalversammlung mit mo-
narchistischer Mehrheit gewählt worden war. Zwischen
April und Mai übernahm die «Pariser Kommune» die Re-
gierungsgeschäfte, und es entstand die erste wirkliche Ar-

beiterregierung überhaupt, die knapp 50 Jahre später Vorbild der deutschen Räterepublik werden sollte. Abermals ging es Napoleons Statue an den Kragen: Mit zwei großen Flaschenzügen wurde das Symbol für Monarchie und Krieg aus dem Fundament gerissen. Am 16. Mai 1871 donnerte die fast 45 Meter hohe Säule vor einer schaulustigen Menge, die geradezu ein Volksfest feierte, auf einen Haufen aus Reisigbündeln und Mist. Der Maler Gustave Courbet, der dem Impressionismus den Weg ebnete, erwies sich dabei als treibende Kraft. Der Triumph währte nicht lange: General Patrice de Mac-Mahon, von den Deutschen im Siebzigerkrieg übel erniedrigt, kühlte sich sein Mütchen an den tapferen Kommunarden. Zwanzig- bis dreißigtausend Helden der Demokratiebewegung wurden getötet, vierzigtausend weggesperrt. Man halte sich vor Augen: das ist noch nicht einmal hundertfünfzig Jahre her!

Die Dritte Republik, die auf die Kommune folgte, verfolgte Courbet wegen des Denkmalsturzes buchstäblich bis zu seinem Lebensende mit einer ungeheuren Schadensersatzsumme. Anfangs wähnte er sich mit sechs Monaten Gefängnis und 500 Francs Buße entlastet, jedoch fand er, wieder in Freiheit, sein Atelier zerstört vor. In dieser Zeit entstand sein berühmtes Bild von der gefangenen Forelle, die auf Steinen liegt, welche die Gefängnismauern ahnen lassen. 1873 kam dann der Donnerschlag: Die neue Regierung unter Präsident Mac-Mahon ließ die Napoleonsäule wieder aufrichten und erhöhte die Schadensersatzsumme auf sagenhafte 335000 Francs! Das Geld konnte Courbet niemals aufbringen, er wurde zur Flucht in die Schweiz getrieben. Dort verstarb der gequälte und verfolgte Maler vier Jahre später.

Die Malerei Gustave Courbets hat mich bereits als Jugendlichen begeistert, und das hat sich bis heute nicht geändert. Vor Jahren verbrachte ich einige Tage im französischen Jura, um im Fluss La Loue, der quasi in halber Neckarstärke mit einem Schwall aus einer Felsenformation schießt, Forellen zu angeln. Ich hatte mich in dem entzückenden Städtchen Ornans einquartiert und fing mangels Jagdtrieb über Tage hinweg nicht eine einzige Forelle. Mir war das wunderbare Essen im «Hotel de France» mittags wie abends wichtiger. Meine Freude steigerte sich, nachdem ich im Heimatmuseum gewahr wurde, dass dieser mittelalterliche Häuserhaufen den berühmten Maler hervorgebracht hatte. Bekanntlich bin ich ja nicht unbedingt ein Freund von Museums- und Galeriebesuchen; ich finde, Land und Leute lernt man in der Kneipe besser kennen. Im Musée d'Orsay jedoch die Bilder Courbets aufzusuchen, das muss ich rundweg empfehlen.

Doch nun wieder zu der Place Vendôme. Feine Läden haben sich hier niedergelassen. Ich schaue mir die Chanel-Boutique an und bemerke, dass ich in meinem Fleecepullover (werden die wirklich aus alten Plastikflaschen gemacht?) hier eigentlich nichts zu suchen habe. Tapfer schreite ich das Juweliergeschäft «Van Cleef und Arpels» ab. Der Normalbürger ist vielleicht schon mal auf diesen Namen gestoßen, aber in meinem Bekanntenkreis hat dort noch niemand eingekauft. In vielen James-Bond-Filmen wird die Heldin gerne mit Juwelen dieses Hauses geschmückt. Ich könnte nun noch eine glitzernde Perlenschnur voller weltberühmter Markennamen aufzählen, welche diese Häuserzeile beherbergt, aber ich muss weiter im Carrée.

Die Westseite hat es dann wirklich in sich. Einen besseren Ort für sein Hotel hätte César Ritz gar nicht aussuchen können. In der Renaissancezeit war hier ein Kapuzinerinnenkloster gegründet worden, das man nach der Stifterin

Marie de Luxembourg, Duchesse de Mercœur und Gattin des César de Vendôme, «Hotel Vendôme» nannte. Auf den Mauern des alten Klosters breitete sich das Palais der Familie Bourbon-Condé aus. Mit Hilfe einiger Finanziers begann César Ritz, das Gebäude umzugestalten und das später berühmteste Hotel der Welt zu gründen.

Nach der Eröffnung am 1. Juni 1898 besuchte es Marcel Proust als einer der ersten Gäste. Fast täglich spazierte er von seiner Wohnung in der Rue Hamelin hierher, was ihm den Namen «Proust vom Ritz» eintrug. Hören wir uns kurz die Worte seines Biographen George D. Painter an:

«Das große Hotel wurde zu seinem zweiten Heim, zum Ersatz für die Paläste von Cabourg, Venedig und Evian, die er nie wiedersehen sollte, und für die Salons des Faubourg, deren Besucher, soweit sie nicht durch den Krieg zerstreut waren, jetzt als wunderliche Gesellschaft um ihn herum dinierten. Im ‹Ritz› fand er wieder die Regungen und Rätsel einer Miniatur-Welt, die Behaglichkeit und Sicherheit von Familienleben, die Befriedigung seiner lebenslangen Sehnsucht nach erwiesenem Dienst und entsprechendem Dank. Er schrieb in seinem korkgeschützten Schlafzimmer, aber um zu leben, ging er ins ‹Ritz›.»

Proust war bekannt für seine äußerst großzügigen Trinkgelder. Eines Abends, nachdem er sämtliches Geld verteilt hatte, bemerkte er, dass der Portier leer ausgegangen war, und sagte zu ihm: «Können Sie mir fünfzig Francs leihen?», und als der Portier ihm das Geld entgegenstreckte: «Behalten Sie es, es war für Sie.» Am nächsten Tag beglich er seine Schuld. Sein treuer Chauffeur Odilon hatte freien Zugang zur Küche, sodass Proust auch mitten in der Nacht nicht auf sein geliebtes Bier vom «Ritz» verzichten musste. Noch im Sterbebett schickte er ihn nach einem geeisten Bier des Hotels.

Vor und nach dem Zweiten Weltkrieg profitierten die Amerikaner von einem sagenhaft günstigen Wechselkurs, sonst wäre es Ernest Hemingway nicht möglich gewesen, sich wochenlang im «Ritz» einzumieten. Die Segnungen des Nobelpreises konnte er erst ab 1954 genießen. Da er bekannterweise den Schreibstimulanzien Whisky und Cognac stark zugetan war, wurde die Bar des «Ritz» seine wahre Heimat. 1942 ließ er sich hier als Befreier feiern und schwadronierte über seine Heldentaten im Krieg. So tönte er am 25. August 1944 in der Uniform eines Kriegsberichterstatters und mit der Maschinenpistole in der Hand, er habe auf dem Weg ins «Ritz» zwei Gefangene gemacht. An seinen Verleger schrieb er: «Einmal habe ich einen besonders frechen SS-Kraut umgelegt. Als ich ihm sagte, dass ich ihn töten werde, (...) sagte der Kerl doch: Du wirst mich nicht töten. Weil du Angst davor hast und weil du einer degenerierten Bastardrasse angehörst. Außerdem verstößt es gegen die Genfer Konvention.» Darauf Hemingway: «Du irrst dich, Bruder, sagte ich zu ihm und schoss ihm dreimal schnell in den Bauch, und dann, als er in die Knie ging, schoss ich ihm in den Schädel, sodass das Gehirn aus dem Mund kam – oder aus der Nase, glaube ich.»

Am 2. Juni 1950 berichtet Hemingway dem amerikanischen Literaturprofessor Arthur Mizener von der Cornell-Universität im US-Staat New York, er habe 122 Deutsche getötet. Einer von ihnen habe versucht, auf dem Fahrrad zu entkommen; er sei «ungefähr im Alter meines Sohnes Patrick» gewesen, also 16 oder 17 Jahre alt. Mit dem Standardgewehr der U.S. Army M1 habe er ihm von hinten durch den Rücken geschossen. Die Kugel zerfetzte die Leber des jungen Deutschen.

Bezeugt wurden diese Taten nie. Hemingway war schon immer ein Angeber, aber selbst wenn er diese Gräuel nicht selbst erlebt, sondern nur damit geprahlt hat, macht ihn das nicht sympathischer. «Ich töte gerne», war sein Lebensmotto: «Töten ist ästhetischer Genuss und verschafft Stolz», schrieb er schon 1932, «es war schon immer eines der größten Vergnügen eines Teils der menschlichen Rasse». Vielleicht rühren all diese Sprüche, die das wüste Tier in ihm zum Vorschein brachten, von seinem enormen Alkoholkonsum her. Wie auch immer: Die Zeit ist nun darüber hinweg, seine guten Bücher bleiben.

Nicht nur Niveau und Leistung eines gastronomischen Betriebs sorgen für einen guten Ruf, sondern auch, wer es in Anspruch nimmt. Im feudalen «Hotel Ritz» schlief und dinierte von jeher eine schillernde Klientel, und es werden nicht nur Kriegsbegeisterte, sondern auch der eine oder andere Friedensnobelpreisträger darunter gewesen sein. So illustre Gäste wie Rudolph Valentino und F. Scott Fitzgerald fanden sich ein, Häupter mit und ohne Krone. Coco Chanel lebte hier von 1936 bis zu ihrem Tode 1971. Sie nannte ihre Bleibe «Ma maison». Ernest Hemingway soll gesagt haben: «Wenn ich von einem Leben nach dem Tod träume, dann findet es immer im ‹Ritz› in Paris statt.»

Mich begeistert das «Ritz» noch heute wegen seines perfekten Ambientes. Mit Frau und Kind habe ich hier vor einigen Jahren am Heiligen Abend ein Weihnachtsmenü abgefeiert. Keine Ahnung, warum diese Räume renoviert werden müssen, auch bei späteren Besuchen in der Bar konnte ich nirgends einen Verfall feststellen. Nun ja, übernachtet habe ich in dem Hotel noch nie, aber ich denke, dass die Zimmer vermutlich ziemlich abgewohnt sind.

Außer Weihnachten, der guten Küche oder Proust, Hemingway und sonstigen Größen gibt es noch einen Grund, warum ich im «Ritz»-Restaurant unbedingt einmal essen wollte: Vor Jahren verweilte ich in Österreich an der

Gmunder Traun zum Forellenfischen. Ich kam im dortigen «Hotel Waldesruh» unter, und an der Wand hing ein Foto von Charles Ritz, dem Sohn des Gründers César Ritz, der ein begnadeter Fliegenfischer war. Das Hotelierfach interessierte ihn weniger.

Charles Ritz hatte das Hotel an der Place Vendôme mit 27 Jahren übernehmen müssen, er stand ihm bis zu seinem Tod im Juli 1976 vor. Danach übernahm seine Frau Monique Ritz das Ruder. Sie war, wie so oft im Leben, von Anfang an der eigentliche Chef gewesen. Ihr Mann hatte sich im obersten Stockwerk des Hotels einen Fachbetrieb für die Herstellung von Angelruten eingerichtet. Charles Ritz arbeitete mit Akribie an der Verbesserung parabolischer Metallruten. Er werkelte in seiner Dachmansarde, und in den darunter liegenden Stockwerken traf sich die ganze Welt. Monique Ritz, eine bewundernswerte, arbeitsame und schöne Frau, brachte alles gut unter einen Hut. Sie machte das Hotel zu einem Begriff in der ganzen Welt, was sich in der Wortschöpfung *ritzy* manifestierte.

Im Alter hatte Monique Ritz den Laden allerdings nicht mehr richtig im Griff. Für 20 Millionen Dollar veräußerte sie ihn an den ägyptischen Milliardär Mohamed Al-Fayed und setzte sich in Genf zur Ruhe, wo sie 2013 starb. Der Kaufpreis scheint gering, aber es waren umfangreiche Renovierungen fällig. Mohamed Al-Fayed, dem zeitweise auch das Londoner Kaufhaus «Harrods» gehörte, investierte von 1980 bis 1987 über zweihundert Millionen Dollar bei laufendem Betrieb. Damit war das Hotel in der aktuellen Fünf-Sterne-Kategorie angekommen. 2011 schaffte es die letzte Stufe zum Superhotel, die Kategorie «Palace», jedoch nicht. Sie wurde in den letzten Jahren von der französischen Tourismusbehörde kreiert und gilt auf der ganzen Welt.

Der Besitzer Mohamed Al-Fayed, den ich im Fernsehen beobachten konnte, macht auf mich einen sehr soliden und sympathischen Eindruck. Er wäre übrigens ums Haar der Schwiegervater von Lady Diana geworden, die am 31. August 1997 die letzten Stunden ihres Lebens im «Ritz» verbrachte. Die Degradierung durch die Tourismusbehörde traf ihn sicherlich schwer, und sie führte dazu, dass er den Betrieb einstellte und erneut umfangreiche Renovierungsarbeiten einleitete. Während ich diese Zeilen schreibe, ist das Hotel seit über einem Jahr im Umbau, im Herbst 2015 soll es wieder eröffnet werden. Weitere zweihundert Millionen werden investiert, und ich befürchtete schon das Schlimmste. Kann man so viel Geld verbauen und etwas Geschmackvolles dafür bekommen? Ich erhielt die Gelegenheit, mir ein Bild zu machen.

Mitten durch die Place Vendôme führt die Rue de Castiglione und hinter dem «Ritz» der Cour Vendôme. Dorthin steuere ich mein Fahrrad, nachdem ich mir mit dem Erwerb dieses Gefährts das Laufen nun fast abgewöhnt habe. Der Hintereingang steht weit offen, Handwerker wuseln ein und aus. Ich fasse mir ein Herz und gehe einfach durch die Pforte, als sei ich der leitende Architekt dieser Superbaustelle. Keine Sau interessiert sich für mich, und so wackele ich frohgemut durch die Eingangshalle und die Flure. Wer immer hier der Architekt ist, er versteht sein Handwerk. Hier wird mit Geschmack modernisiert und die alte Substanz sorgsam restauriert.

Durch den Hinterausgang schlendere ich wieder ins Freie. Wenn die letzten Handwerker verschwunden sind, werden hier täglich Unmengen feinster Lebensmittel und unzählige Hotelmitarbeiter ein- und ausgehen. Die vornehmen Leute bewegen sich auf der anderen Seite, doch mein Herz schlägt für jene, die diesen Eingang nehmen.

Hotelbars

Ich habe nicht oft in einem sehr teuren Luxushotel gewohnt, aber ich pflege eine gewisse Vorliebe für Hotelbars. Es ist nicht so, dass ich mich in einer Anwandlung von Größenwahn mit reichen Leuten verwechsle oder gar nach Adoptiveltern Ausschau halte, im Gegenteil: Ich genieße es, aus der Froschperspektive die Hautevolee zu beobachten. Manch einer wird vielleicht sagen: Mein Gott, wie langweilig. Aber er irrt sich.

Vom Louvre kommend, schlendere ich durch die Arkaden der Rue de Rivoli. Gegenüber säumt sich der drei Meter hohe Zaun mit den goldenen Spitzen, die mich an Hellebarden erinnern. Dahinter schimmert grün der Tuileriengarten. In den Arkaden reiht sich ein Geschäft an das andere, man könnte sogar von Parzellen sprechen. Eine ist besonders schön, dahinter verbirgt sich das «Hotel Meurice». Das Haus führt eine ausgezeichnete Küche, welche sich bereits die Queen Victoria einverleibt hat und die heute mit drei Sternen ausgezeichnet ist. Die wahren Sternstunden der Menschheit fanden in diesem Hotel jedoch im Zweiten Weltkrieg statt. Während der deutschen Besatzung von Paris residierte Stadtkommandant Dietrich von Choltitz ab dem 9. August 1944 in Zimmer 213, als von Adolf Hitler die Order kam: «Paris darf nicht oder nur als Trümmerfeld in die Hand des Feindes fallen!» Der General widersetzte sich dem Befehl des Führers zögernd und wurde vom schwedischen Konsul Raoul Nordling in stundenlangen Gesprächen darin ermutigt, von der Zerstörung der verminten Stadt abzusehen. Paris hat Dietrich von Choltitz viel zu verdanken, gebührend würdigen sollte man jedoch auch den Konsul, der zu Unrecht etwas in seinem Schatten steht. Hitler fragte jedenfalls am 25. August 1944 vergebens bei dem deutschen General Jodl nach: «Brennt Paris?»

In der Stadt herumzuschlendern kann sehr anstrengend sein. Immer wieder empfiehlt sich deshalb eine Rast bei einer Tasse Kaffee oder einem Tee. Also hinein in den Laden und vorbei an Blumenbuketten. Das «Meurice» ist nicht nur ein Luxushotel, sondern ein wirklicher Palast. Ohne Jackett sollte man sich in solchen Etablissements nicht blickenlassen. Es steht immer ein Haushofmeister am Eingang, der für allerlei Fragen und Dienstleistungen zuständig ist, den Wagenschlag der Kundschaft öffnet und Gebrechliche durchs Portal führt. Er sorgt auch dafür, dass sich keine dreiviertellange Bollerhose mit Sweatshirt in diesen Ort der gastronomischen Hochkultur verirrt. Es beruhigt mich gewaltig, dass ich wenigstens meine sündhaft teuren handgemachten Stiefelchen angezogen habe.

Auf hellem Marmor laufe ich unter tonnenschweren Kristallleuchtern. Ich suche nicht nach der Bar des Hotels, sondern das Wanderziel nennt sich «228». Der edle Tresen verdankt seinen Namen der Hausnummer in der Rue de Rivoli. Als ich den Hort der erlesenen geistigen Getränke betrete, ist es, als ginge ich vom Tag in den Abend. Der Raum ist in dunklen Tönen gehalten, doch mit umso hellerer Laune setze ich mich in eine Bergère. So nennt man diese kleinen Sesselchen mit Holzlehne. Hier sieht es aus wie in einem englischen Herrenclub. Ein Campari Soda sorgt

Quai Voltaire, beim Institut de France

für stärkere Durchblutung meines Hirnkastens, der fühlt sich nämlich durch das stundenlange Herumtippeln an, als wäre er mit Pudding gefüllt.

Vielen Straßencafés sehe ich schon von weitem an, dass die Toilette dreckig ist und der Gastraum mich auch nicht antörnt. In einem Luxushotel eine Rast einzulegen, verschafft jedoch ein unvergessliches Erlebnis. Ich schätze die Handwerkskunst von Tapisserien, die edle Möblierung und den gepflegten Service. Gewiss trifft man an solchen Orten häufig Menschen, die ihr Geld viel leichter verdienen als ich. Doch ich freue mich über jeden, der hier ohne Gewissensbisse wohnen und verzehren kann, denn bekanntlich hat ja alles zwei Seiten. Hier im «Meurice» kann ich Leute sehen, mit denen ich keineswegs tauschen möchte. Reichtum ist ja auch irgendwie anstrengend, und über diesem von ärmeren Menschen neidvoll beäugten Zustand hängt oft das Damoklesschwert des drohenden Absturzes, der umso krachender ausfällt, je mehr man zuvor bewundert wurde.

Die Bar ist wenig besetzt, und zwei Tischlein weiter im Eck sitzt eine elegante junge Frau, die so schön ist, dass die reine Natur das eigentlich kaum leisten kann. Egal, sie bietet mir eine Augenweide, und während ich versuche, sie nicht zu auffällig anzustarren, gesellt sich ein zweites edles Geschöpf dazu. Die beiden begrüßen sich auf Russisch, und ich stelle fest: Dieses Land hat mehr an Export zu bieten als nur Erdgas.

Das kleine Zwischenhoch in der Bar hat mir gutgetan. Ein älterer Ober – oder sage ich besser: feiner Herr? – bringt mir die Rechnung in einer Ledermappe. Zwanzig Euro sind fällig. Ich tue so, als gehörte ich zur besseren Gesellschaft und lege fünfundzwanzig Euro in das Mäppchen. Wieder einmal habe ich mich an den Umgangsformen eines Kellners erfreut, einem gestandenen Mann und Profi, wie es das leider in Deutschland viel zu selten gibt. Er und seine Kollegen waren freundlich, aber nicht zu bemüht, bewahrten Distanz und standen trotzdem jederzeit zur Verfügung.

Ich trete hinaus in die helle Sonne, spaziere durch die Tuilerien und komme fünf Minuten später am Musée Jeu de Paume vorbei, hier wird Fotografie und Videokunst ausgestellt. Das langgestreckte Gebäude im klassizistischen Stil liegt rechts von mir, der linke Horizont wird von einem identischen Langbau verstellt: Die Orangerie, der Name verrät es, diente unter den Königen als Überwinterungshotel für exotische Pflanzen. Sie ist eine meiner Lieblingsgalerien, man findet dort die Kunst aus der Zeit Claude Monets bis hin zum frühen Picasso. Gerade wird eine Sonderausstellung mit Werken Émile Bernards gezeigt, ein Weggefährte Paul Gauguins, dessen «Apfelbild» ich im Musée d'Orsay bewundert habe. Also nichts wie hinein. Mit meinem Museumspass marschiere ich dann ungehindert an den Kontrolleuren vorbei.

Eine Stunde später finde ich neben der Galerie ein Bänkchen, auf dem ich das laue Nachmittagslüftchen genieße. Im weitläufigen Geviert zwischen Orangerie und dem Jeu de Paume kann sich der Homo touristicus, dem bekanntlich immer die Füße schmerzen, gut erholen und neuen Mut für weitere Erkundungen schöpfen. Mir wird noch wärmer ums Herz, als ich wenig später die Place de la Concorde überquere und mich zum «Hotel Crillon» verschiebe, dessen Fassade an ein klassizistisches Schloss erinnert.

Vom Hotel aus hat man den Blick auf den riesigen Platz. Rechts beginnt der Park der Champs-Élysées, unzählige Autos reihen sich dort in Richtung Triumphbogen. Geradeaus ragt der Obelisk von Luxor wie eine Nadel in den Himmel. Die Ägypter hatten dieses Monument dem damaligen König Louis-Philippe geschenkt. Der Transport bis zur Place de la Concorde dauerte über zwei Jahre, 1836 war es dann endlich so weit. Daran vorbeiblickend, ahnt man die Seine und dahinter wird die Aussicht vom Palace Bourbon abgeriegelt. Dieser Palast, der aussieht wie ein griechischer Tempel, ist der Sitz des *Chambre Basse*, also des Unterhauses, das mit dem Senat, dem Oberhaus (*Chambre Haute*), Bestandteil des Zweikammernsystems ist und im Palais Luxembourg residiert. Eine gute Aussicht bot das «Hotel Crillon», ein ehemaliger Adelspalast, schon immer. Im Jahr 1793 drängten sich an den Fenstern die Revolutionäre, um dem Massenspektakel beizuwohnen, wie die Guillotine ins Genick des Bourbonenkönigs Ludwig XVI. sauste. Letzteres kümmert die heutige Klientel des Hotels wohl kaum.

Während ich mich so umschaue und scharf rechts von mir Wachposten sehe, welche eine kleine Straße bewachen, die zum nahen Élysée-Palast führt, mache ich mir Gedanken, wie ich in das Hotel hineinkomme. Ein bisschen schüchtern bin ich schon, und vor Uniformierten habe ich Respekt, obwohl es dafür selten Grund gibt. Ich habe gehört, man müsse Hausgast sein, um am Portal unbeschadet die beiden Herren in Generalsuniformen zu überwinden. Ich verschreibe mir also eine alterprobte Taktik: Man nähere sich dieser Pforte mit monströsem Selbstbewusstsein. Die beiden Ordonanzen werden hocherhobenen Hauptes gegrüßt, als gehöre mir der Laden. Zugegeben, das Alter ist beileibe kein Zustand, mit dem man angeben sollte, aber einige Vorteile lassen sich doch finden: Wenn in all den Dekaden des Daseins nicht alles schiefgelaufen ist, müsste man, egal wie entgleist die Gesichtszüge sind, irgendwie kreditwürdiger aussehen als ein Student. Als Dreißigjähriger, mit wohlbegründeten Selbstzweifeln behaftet, das Ego womöglich lediglich durch Turnschuhe abgefedert, hätten mich die Portiers vermutlich verscheucht wie eine Fliege.

Ich wandle also durch die turmhohe Hotelhalle an sehr schönen Empire-Möbeln vorbei. Auf einem Prunktisch steht ein Blumenstrauß in Kleinwagengröße. In der Ecke, auf einem vergoldeten kleinen Sofa, sitzen zwei asiatische Damen und verströmen absolute Harmonie. Von ihren Smartphones angestrahlt, wirken die Gesichter im gedämpften Licht der Halle etwas gespenstisch. Ich frage mich, ob diese Leute überhaupt noch die Schönheit des Raums sehen, das ausgesucht teure Mobiliar und all die Zeugnisse europäischer Lebenskultur. Wieso sind sie eigentlich hier, googeln kann man doch zu Hause auch? Mir

altem Eisen stockt der Atem beim Anblick dieser prachtvollen Halle, und es beruhigt mich irgendwie, dass durch
meine Augen noch schöne Dinge in mein Herz und mein
Hirn vordringen können. Und sicher bin ich nicht der Einzige, den hier ein Hochgefühl überkommt.

Genauer betrachtet und nach einer gewissen Gewöh-
nung würde man natürlich auch hier erkennen, dass die
sogenannte «große weite Welt der Reichen und der Schönen» jede Menge Kleinbürger beherbergt. Anders gesagt:
Kleingeister mit dickem Geldbeutel gibt es überall. Allerdings, hier im «Crillon» kann ich derartige Zeitgenossen
im Moment nicht ausmachen. Es ist nun ungefähr siebzehn
Uhr, und die Bar ist rappelvoll. Am Tresen sind noch rot be-
spannte Lederhocker frei.

Da ich die Bars der luxuriösen Hotels so sehr liebe, könnte man annehmen, ich sei ein begeisterter Cocktailtrinker,
doch das Gegenteil ist der Fall. Zum ersten und letzten Mal
habe ich Cocktails vor mehr als dreißig Jahren getrunken.
Ich zog damals mit Michael Naura, dem Godfather des Jazz
in Deutschland, durch die Bars von Hamburg. Seitdem bin
ich ein Gegner dieser Gesöffe, die meiner Ansicht nach in
den USA nicht um des Genießens, sondern ihrer Wirkung
willen eine derartige Verbreitung fanden. Cocktails trinken
sich oft locker weg wie Fruchtsaft, sie scheinen so gesund,
als seien sie auf Krankenschein erhältlich. Erfrischend kul-
lern sie die Gurgel hinunter, man fühlt sich in Sekunden
wie neugeboren, nach einigen Minuten aber total absent,
wenn nicht gar komplett weggetreten. Trinke ich dagegen
Bier oder Wein oder auch einen unverdünnten Whisky,
von Cognac ganz zu schweigen, so fühle ich mich einigermaßen kontrolliert und sicher. Ich merke rechtzeitig, wann
mir schwindlig wird.

Da fällt mir ein, ich hatte noch ein Erlebnis mit Cocktails:

Ich weilte am Broadway in New York, zum Besuch eines Musicals. Der spendable Amerikaner, mit dem ich eine Werbereise für deutschen Wein quer durch die USA organisiert hatte, lud mich eine Stunde vor dem Spektakel zu einem Aperitif in eine alte traditionsreiche Bar gegenüber dem Theater ein. Er nehme hier öfters einen Afterwork-Absacker, und tatsächlich waberte die Bar zwischen abends sechs und sieben Uhr schnapsgeschwängert von Herren in Businessanzügen. Aha, dachte ich, so entspannen sich die Amerikaner, bevor sie sich wieder unter die Knute ihrer Gattinnen begeben. Mir wurde ein Martini extra dry gereicht, der übliche Feierabendtranquilizer besserer Kreise. Mir schmeckte das Zeug gar nicht, und ich erkundigte mich, wie und womit es zubereitet wird. Mein amerikanischer Gastgeber benötigte nicht viele Worte: Ein Longdrinkbehältnis, ungefähr in den Ausmaßen eines Coca-Cola-Glases, wird mit Gin gefüllt und mit einem Spritzer Martini abgeschmeckt, auf Eis gerührt, und mit der Zugabe einer grünen Olive ist das Glas zu guter Letzt randvoll.

Die Wirkung trat binnen fünf Minuten ein. Total besoffen wankte ich mit meinem Begleiter zum Theater hinüber und konnte die folgenden zwei Stunden nur mit Müh und Not fliegende Röcke, umherwirbelnde Frauenbeine und einen gewissen musikalischen Lärm registrieren. Als das Remmidemmi vorbei war, befand sich mein Kopf immer noch in beträchtlicher Verwirrnis, aber ich gelangte unfallfrei in mein Hotel.

Was meine Trinkgewohnheiten angeht, so bin ich ein Freund der reinen Lehre, also «Single Malt» pur ohne Wasser und schon gar kein Eis, ebenso Cognac und alle Obstwässer, welche die Natur bereithält. Schnäpse, die nur eisgekühlt schmecken, sind für mich keine Genuss- sondern Betäubungsmittel und haben durchaus ihre Daseinsberechtigung für Leute, welche die Realität nicht mehr ertragen können. Mir kann die ganze Mixerei gestohlen bleiben.

Vielleicht habe ich diese Phobie auch aus kindlicher Erinnerung. Meine Mutter war Fan amerikanischen *Housewife*-Brauchtums, mit anderen Worten: Trunkenheit am Staubsauger, flankiert vom lärmenden Bill Haley und Louis Armstrong in Überschalllautstärke. Um bei der Hausarbeit die Betriebstemperatur zu halten, wurde immer wieder mal ein Gin-Fizz eingeworfen, richtig übertrieben hat sie ihr kleines Laster allerdings nie. Mir hätte das alles egal sein können, doch wenn Vater des Mittags eintraf, gab es wegen Mutters sympathischem Schlendrian immer wieder Geschrei, weil die Suppe noch nicht auf dem Tisch dampfte. Dem rabaukenden Daddy konnte ich seinen Unmut jedoch gut nachempfinden – Hunger zu schieben, weil das Essen nicht fertig ist, das kann mir heute noch Depressionen bereiten.

Tagsüber, während der Arbeit, trinke ich nicht gerne Alkohol. In den Bars nehme ich meist einen Espresso oder einen Campari Soda. Beides erfrischt mich, und so kann ich weiterziehen, um meine Neugierde zu befriedigen. Außer dem «Schumann's» in München habe ich nie eine Bar außerhalb eines Hotels besucht. Ich weiß also nicht, wie es in den angesagten Locations wirklich zugeht, aber dafür weiß ich umso mehr über die Klientel in den Hotels. Teure Bars sind eigentlich immer von interessanten Leuten bevölkert. In Hotels, deren Zimmer vierhundert Euro aufwärts kosten, insbesondere im Paris der Palasthotels mit Zimmerpreisen bis zu zweitausend Euro, sind naturgemäß wenig Angeber unterwegs. Wer in diesen Hotels haust, der hat die Buhlerei um Anerkennung kaum mehr nötig.

Mit erheblichen Komplexen und auch Abstiegsängsten sind hingegen die Besitzer der Pariser Feudalhotels ausgestattet. Da wären das «Hotel Crillon», das «Meurice», das «Plaza Athénée», das «Ritz» und ganz besonders das «Hotel Bristol» in der Rue de Faubourg-St.-Honoré. Es gehört dem deutschen Nahrungsmittelkonzern Dr. Oetker und bewahrt seinen eigenen feinen Stil. Das «Hotel Crillon», nun im Besitz einer saudischen Familie, befand sich bei meinem Barbesuch noch im alten Zustand mit phantastischer Inneneinrichtung. Inzwischen wurde alles herausgerissen – die Stilmöbel, teuerste und feinste Empire-Ausstattung – und auf einer Mammutversteigerung verhökert. Die Etagen sollen total modernisiert werden. Die Räume im ersten Stock, darunter das Musizierzimmer Marie Antoinettes, stehen jedoch unter Denkmalschutz. Gold- und Kristallgarnierung nach Geschmack der Eigner werden nur den übrigen Etagen verpasst.

Bis auf das «Bristol» ist kein Pariser Traditionshotel mehr in europäischer Hand. In allen Fällen sind die Besitzer orientalischer Herkunft mit entsprechend protzig-neureichem Einheitsgeschmack, den ich mittlerweile Abu-Dhabi-Style nenne. Dieser *Simple-Riche*-Bombast entspricht offensichtlich exakt den Vorgaben der französischen Tourismusbehörde, die womöglich auch Scheichs gehört. Inhaltlich entsprechen die Anforderungen für das «Palace»-Label einer Modenschau von Generälen in identischen Galauniformen. Paris hat so etwas überhaupt nicht nötig, die internationale Kundschaft offensichtlich aber schon.

Genau genommen macht die große Gastronomie in Paris jedoch nichts falsch, denn die vornehme Kundschaft à la Marcel Proust ist ja sowieso perdu; sie ist Oligarchen, Waffenhändlern, Globalzockern oder sonstigen Potentaten gewichen. Gewiss, es gibt nach wie vor gebildete, feine Gäste, diese verhalten sich jedoch so unauffällig, dass sie dem schnellen Beobachter leicht entgehen können. Sie lassen sich bevorzugt genau dort nicht blicken, wo die Mafia zu Tisch sitzt.

Als ich meiner Frau von meinem Besuch in der «Meurice»-Bar berichte, kriegt sie fast einen Wutanfall: «Wie kannst du nur in diesen Läden einen Aperitif nehmen? Das ‹Meurice› und das ‹Plaza Athénée› gehören dem Sultan von Brunei, und der hat erst neulich ein Gesetz verabschiedet, das die Steinigung von Frauen und Schwulen erlaubt! Die einzigen Hotels, die ich gelten lasse, sind das ‹Bristol› und das ‹Ritz›», erklärt sie. Und ramentert weiter: «Auch die Asiatenhotels, die mit schwerreichem Interieur auf den Putz hauen, können mir gestohlen bleiben!» Uff, stelle ich fest, Elisabeth, die fleischgewordene Kalaschnikow, vertritt wieder einmal unmissverständlich ihre Meinung. Es gibt ja den oft bemühten Spruch, hinter einem starken Mann – und so sehe ich zumindest aus – stehe immer eine noch stärkere Frau. Elisabeth hat öfter recht, als meinem Ego guttut. Sie beruhigt sich aber auch immer sehr schnell, und wenn ich manchmal nach einem Anschiss, sagen wir drei Minuten später, noch ein beleidigtes Gesicht mache, dann erinnert sie sich bereits an nichts mehr und fragt: «Was guckst du so beleidigt, ist was?»

Paris und seine
feinen Herren

Ich schwanke die Rue du Faubourg Saint-Honoré hinunter, am wunderbaren «Hotel Bristol» vorbei. Mir tun die Füße weh, aber der Volksmund sagt ja, Köche und Indianer spüren keinen Schmerz. Auf der anderen Straßenseite wacht vor dem Elysée-Palast ein goldbetresster Posten im Ornat des 18. Jahrhunderts. Weiter hinten erblicke ich durch die Goldspitzen eines prachtvollen Tors hindurch noch mehr imposante Männer. Deren Paradeuniformen und Orden glänzen in der Sonne, als hätte es die Guillotine nie gegeben. Wie mag es wohl im Inneren dieses Empire-Bauwerkes aussehen? Wir deutschen Puritaner können eine derartige Selbstdarstellung der Politik nur schwer verstehen.

Frankreich ist 1789 beispielhaft vorangestürmt, um sich seiner absolutistischen Bevormundungen zu entledigen. Die französische Oberschicht heutzutage steht dem Ancien Régime jedoch immer noch recht nahe, sie ist nichts anderes gewohnt. Sie kann sich aufpumpen wie sie will, das Volk ist damit zufrieden, um nicht zu sagen, sogar stolz darauf. In keinem anderen zivilisierten Land kann beispielsweise der Präsident so ungehemmt gockeln und so feudal residieren wie in Frankreich. *Le Grand Charles*, mit bürgerlichem Namen Charles de Gaulle, war geradezu unanfechtbar. Er verhielt sich auch immer korrekt, wenn man davon absieht, dass er der Exekutive, der Polizei und der Justiz, eine Carte Blanche ausstellte.

Das ist auch der Grund dafür, dass die französische Öffentlichkeit bis heute nicht gerne über den 17. Oktober 1961 spricht. Die Pariser Polizei prügelte damals gegen eine nicht genehmigte, aber friedliche Demonstration von mehreren zehntausend Algeriern an, zu der die algerische Unabhängigkeitsbewegung FLN aufgerufen hatte. Die genaue Anzahl der Opfer wurde verschleiert, die Polizei sprach von einem kleinen Betriebsunfall mit drei Toten. Fast vierzig Jahre später, 1998, bemühte sich der damalige Innenminister Jean-Pierre Chevènement um Aufklärung und kam immerhin auf 32 Opfer.

Im März 2014 verstarb in Paris ein wackerer Mann namens Jean-Luc Einaudi. Der Historiker hatte die Wahrheit über das Massaker an Algeriern herausfinden wollen. Dabei wurden ihm erhebliche Steine in den Weg gelegt, doch er ließ nicht locker. Seine Recherchen verwiesen auf 384 Tote, einschließlich aller Leichen, die schon vor dem eigentlichen Beginn der Demonstration in der Seine und in den Gewässern rund um Paris gefunden wurden. In seinem Buch «La Bataille de Paris, 17. Octobre 1961» kann man es nachlesen.

Der Hauptverantwortliche war der damalige Polizeipräfekt von Paris, Maurice Papon, Mitglied der Ehrenlegion, amtierender Abgeordneter und Bürgermeister von Saint-Amand-Montrond. 1978 reüssierte Papon als Finanzminister unter der liberal-konservativen Regierung Valéry Giscard d'Estaings. Die bessere Gesellschaft Frankreichs kommt nahezu komplett aus dem gleichen Reagenzglas, beispielsweise der Eliteschule ENA oder dem Lycée Louis-le-Grand, das auch Papon besucht hatte. Nichts gegen Eliten, wenn man den feinen Unterschied zwischen geistiger

Elite und Klüngel macht. Wie auch immer, Frankreichs Eliten sind bombenfest miteinander verknüpft. So konnte Papon, der während des Vichy-Regimes mit den Nazis kollaboriert hatte, eine Musterkarriere als hoher Beamter machen. 1981 drängten die Sozialisten den adeligen Republikaner Giscard d'Estaing, der übrigens in Koblenz geboren wurde, aus dem Amt, und dieser übergab an François Mitterrand. Damit kam für Papon das *fini la guerre* seiner politischen Karriere. Übrigens erstaunlich, dass im Französischen «der Krieg» unter weiblichem Artikel firmiert: *la guerre*.

Noch im gleichen Jahr wurde gegen Papon in Bordeaux ein erstes Verfahren wegen seiner Mithilfe bei den Judendeportationen von 1942 bis 1944 eröffnet. Die Anklage plädierte auf «Verbrechen gegen die Menschlichkeit». Erst 16 Jahre später, am 8. Oktober 1997, wurde der Prozess eröffnet. Papon lehnte jegliche Verantwortung ab und verweigerte, wie sein deutscher Kollege Klaus Barbie, eine Entschuldigung. Es kam, wie es nur bei Leuten mit derart guten Verbindungen möglich ist: Nach drei Jahren Knast war der Mann frei. Immerhin war Frankreich im Jahr 2006 endlich so weit, dass der Papon-Prozess im Fernsehen gezeigt wurde. Und François Hollande hat 2012 als erster französischer Staatspräsident das Massaker an den Algeriern als solches anerkannt.

Sosehr ich sie liebe, ein wenig fremd werden mir die Franzosen immer bleiben. Wenn man bedenkt, welch heroischen Kampf Präsident Hollande, der aussieht wie ein harmloser Philosophieprofessor, gegen seine männlichen Hormone führt, so kann man ihm dafür durchaus Respekt zollen. Echt hingegen ist meine Hochachtung der französischen Medien. Im Gegensatz zu Deutschland – und noch mehr zu England – wird dort noch ein gewisser Ehrenkodex gepflegt. Und um mein Lob gleich zu relativieren: Könnte das vielleicht auch daran liegen, dass die Chefredakteure auf die gleichen Schulen gegangen sind wie die Politiker? Jedenfalls habe ich den Eindruck, dass in Frankreich nicht alles derart öffentlich breitgetreten wird wie in Deutschland. Hierzulande können sich Politikerinnen und Politiker anscheinend nur dann halten, wenn sie aus Pfarrhaushalten stammen oder, noch besser, gleich selbst Pfarrer sind. Letzteres könnte die arabische Welt dazu bewegen, den Zeigefinger zu erheben und zu fragen, ob Deutschland vielleicht auch ein Gottesstaat ist.

Wie auch immer, ich finde, die französische Politik ist wesentlich spannender als die deutsche, und dazu möchte ich eine wahre Begebenheit nacherzählen, wie sie sich nur in Frankreich abspielen konnte. Als Tierschützer und Vogelfreund betrachte ich die Rituale in der nachfolgend geschilderten Nacht zwar als fragwürdig, einem französischen Staatsoberhaupt jedoch angemessen. Denn wie bereits erwähnt, haben die Franzosen ihren Monarchen die Köpfe abgeschnitten, um stattdessen demokratisch gewählte Großwesire zu installieren.

Der letzte Auftritt des Monarchen oder: Der real existierende Royalismus

Hinter dem Haus vor der Küchentür war die Jagdstrecke aufgereiht. Zwölf prächtige Ortolane lagen auf einem gezimmerten Tisch in Reih und Glied, als warteten sie auf die Abnahme einer Parade. Ortolanen verdankte Beethoven einst den genialen Funken zu seiner Fünften Symphonie. Diese hier hatten jedoch ausgesungen. Die Vögel waren tot und mehr als doppelt so dick als normal. Jäger hatten sie gefangen und drei Wochen bei Dunkelheit gemästet. Des Tag-Nacht-Rhythmus beraubt, kommen die armen Tiere derart durcheinander, dass sie ununterbrochen picken und schlucken. Zum kräftezehrenden Singen bleibt keine Zeit. Durch diese gewaltsame Aufbaudiät erreichen sie ihr dreifaches Gewicht und dürfen sich stolz «Fettammern» nennen. Jeder Abgang hat ja etwas Melancholisches, aber die Fettammer gelangt nach ihrem Tod zu Ruhm und Ehren. Ihr Werdegang als einfacher Piepmatz in der freien Natur über Gefangenschaft und Leiden bis hinauf zum Olymp der Gourmandise ist spektakulär. Und sie sterben anspruchsvoll: Die Vögel werden in Armagnac ertränkt, gerupft und dann in diesem Destillat einen Tag und eine Nacht lang mariniert.

Zuvor «hagelt» der Waidmann die Dahingegangenen aus, das heißt, dass alle Innereien wie Herz, Leber und Lunge in der Bauchhöhle verbleiben, die Gedärme jedoch mit einem umgebogenen Draht herausgeharkt werden. Es gibt Puristen, die auch das im Inneren der Vögel belassen, da diese zu Lebzeiten nur beste Kräutlein und Körnchen gepickt hatten. Schließlich hat der Vogel sich nichts anderes als reine Gaben der Natur einverleibt. Mancher Anfänger mag den *Goût* nicht wertschätzen, der durch das Abhängen des Tieres an einem kühlen Ort entsteht, versierte Kämpen der gedeckten Tafel empfinden jedoch das gereifte «Parfum» des Vogels als die Wolke sieben des Wohlgeruchs.

Die Vögel sind also vorbereitet, und die Feinschmecker nahen. Die kleine Festtagsgesellschaft ist auf dem Weg nach Latché, dem Landhaus des Präsidenten Mitterrand. Einige Freunde, Familienmitglieder und enge Vertraute aus der Politik sind zur Silvesterfeier geladen: Kulturminister Jack Lang, Henri Emmanuelli, Parteichef der Region, sowie der Leibarzt Dr. Tarot und der Journalist Georges-Marc Benamou. Er ist der Intimus des Präsidenten und begleitet ihn in seinem letzten Lebensabschnitt. Die Zwiegespräche der beiden sind als Buch erschienen: «Le dernier Mitterrand». Auf diesem Bericht fußt meine Schilderung.

Die Gäste werden in der Ortsmitte von Roger Hanin, dem Schwager des Präsidenten, empfangen. Es gilt, schwierige Umstände vorzubereiten. Mitterrand, unlängst von seiner letzten Ägyptenreise heimgekehrt, sei in äußerst schlechtem Gesundheitszustand. Man möge aber, so der ausdrückliche Wunsch des alten Herrn, eine fröhliche Runde pflegen, wie es an Silvester immer üblich gewesen sei: «Gebt euch wie gehabt, lacht und seid heiter.»

Im Esszimmer des Landhauses wartet man einige Zeit, und die Geladenen sehen mit leichtem Unbehagen neben der langen Tafel eine separate Chaiselongue stehen, gesäumt von zwei kleinen Lederhockern, offensichtlich das Krankenlager des Präsidenten. Mittlerweile geht die Uhr auf die neunte Stunde, als unvermittelt der Präsident aufrecht in der geöffneten Tür steht. Wie eine auf die Bühne geschobene Skulptur bewegt er sich langsam und stocksteif vorwärts. Er nimmt die Gäste kaum wahr. Wächsernes Antlitz. Dennoch zeigt er sich ganz als Majestät. Er hält sich sehr, sehr aufrecht, noch gerader, als man es von ihm ohnehin gewohnt ist. Dann gewahrt man, dass die Hände um seine Hüften nicht die seinen sind, denn diese hängen leblos an den Hosennähten herab. Monsieur le Président kann nicht mehr gehen, er wird aufrecht getragen. Die bereits mehr als zehn Jahre während «Résistance» gegen den langsam ihn verzehrenden Krebs ist an ihr Ende gelangt. Den vor der Öffentlichkeit sorgsam verborgenen Leidensweg kennt nur der Arzt Dr. Tarot bis ins Detail.

Zwei Leibwächter legen den Kranken auf der Liege ab.

Die Gesellschaft sitzt mittlerweile an der Tafel, Mitterrand scheint alles um ihn herum vergessen zu haben. Austern werden bei Tisch und an der Chaiselongue aufgetragen. Es kommt Leben in den apathischen Leib. Wie man weiß, werden Austern lebendig verschlungen, sodass man sie in Frankreich immer als Krankenkost respektiert hat: Der Mensch kann nur leben, indem er anderes Leben nimmt. Der kranke Präsident gönnt sich kaum ein Verschnaufen und hat nach kurzer Zeit über dreißig Austern den Schlund hinabbefördert. Was treibt ihn zu solch maßloser Gier? Hunger kann es nicht sein, eher die Verpflichtung, der Vor-Esser einer Nation zu sein, die gutes Essen und Trinken als zentrales Kulturgut und Grundrecht aller Bürger betrachtet. Der Präsident, fürs Erste restauriert, fällt in einen leichten Verdauungsschlaf. Er ist wieder mit sich allein. Die Gespräche an der großen Tafel hört er nicht. In leichtem Traum, jedoch wie Zeit seines Lebens in latenter Alarmbereitschaft, vernimmt er wenig später die von einigen erwartungsvollen Gästen gemurmelte Ankündigung: *Ortolans en casserole*. Das holt den Abwesenden in die Welt zurück.

Argumente des Tierschutzes wurden später nur in deutschen Medien vorgebracht, an jenem Silvesterabend 1995 im tiefen Südwesten Frankreichs kam kein Gedanke an Verbotenes auf. Vor der Abreise nach Ägypten war an den Sozialistenfreund Henri Emmanuelli die Order ergangen: «Kein Silvester ohne Ortolane!» So hatte sich Emmanuelli auf die schwierige Suche nach zwölf Vögeln gemacht und war fündig geworden. Für französische Monarchen, auch für sozialistische, legt bis heute die bürgerliche Jägerschaft mit größtem Eifer die Waffen an, obwohl *Ortolans braisés*, ein gallisches Gericht und jahrhundertelang als Delikatesse gepriesen, mittlerweile auch in Frankreich verboten ist. Doch die Untertanen erfüllen immer noch mit großem

Wohlwollen die Wünsche und Marotten ihrer Herrscher. Kein anderes zentraleuropäisches Land würde so inbrünstig und rückhaltlos einen Präsidenten verehren, der sein öffentliches wie privates Leben immerfort mit Affären, Liebesabenteuern und Bocksprüngen aller Art garniert hat. Mitterrand wusste mit allen Werkzeugen des Machiavelli umzugehen. Er wusste darüber hinaus um die Leibeslust und die eminente Symbolik verbotener Speisen. Nur die Sehnsucht des französischen Spießers nach majestätischem Glanz erklärt dessen voyeuristische Begeisterung und die faszinierte Duldung des Verbotenen. Seit den Zeiten des Sonnenkönigs haben die orgiastischen Schauessen französischer Herrscher auch die Bedürfnisse des hungrigen Publikums befriedigt. Größtmögliche Fallhöhe zum gemeinen Volk, manifestiert durch Taten und Bauwerke, gehört zur Selbstverständlichkeit aller französischer Staatsoberhäupter.

Nun haben die Ortolane ihren Auftritt, *Ortolans*, raunt die Silvestergesellschaft. *Le Grand Président*, zwar moribund, aber in Vorfreude seltener Kost, befindet sich unversehens in einem konditionellen Zwischenhoch. Brennend heiß geröstet schwimmen die Vögel in ihrem Blut und Saft. Je kleiner die Objekte der kulinarischen Begierde, umso feierlicher das Speiseritual. Uraltes Brauchtum verlangt zum Teller kein Besteck, sondern nur eine weiße Serviette. Der Tradition nach muss sie mindestens handtuchgroß sein. Der Kopf des Präsidenten hängt über dem Teller, und ein Bediensteter breitet die Serviette über ihm aus. Er verschwindet darunter, als suche er Schutz und wolle nicht mehr teilhaben an dieser Welt. Gallisches Voodoo. Tête-à-tête mit einem Vogel. Will der obskure Brauch dem essenden Nachbarn den kruden Anblick ersparen? Der erste Mann im Staate und auch die Tischgenossen nebenan, allesamt auf Tauchstation unter großen weißen Tüchern, saugen den Vögeln zuerst das Hirn aus, dann zersplittern die gerösteten Köpfe wie Kartoffelchips zwischen den Kiefern der Gourmets. Allmählich kommen ihre Gesichter wieder unter den Servietten hervor.

Für Monsieur le Président gibt es am Altar der Gourmandise kein Halten, alles wird hinabbefördert. Die Esser dürfen nichts ausspucken, auch die zarten kleinen Knochen enthalten köstlichen Saft, alles wird im Mund zermahlen und verspeist. Ist der Teller leer, wird die Serviette abgezogen. Nichts darf übrig bleiben, so will es der Jägerbrauch in der von Mythen durchdrungenen Provinz im Südwesten Frankreichs.

Nach dem ersten Durchgang ist noch ein Vogel übrig. Aus Höflichkeit oder Erschöpfung greift niemand zu, alle warten. Mitterrand erhebt Anspruch, wissend ums Verbotene und das Recht auf die *Réserve du Patron*. Seinen Heißhunger führt er auf seine Krankheit zurück: «Ich werde von innen zerfressen.» Doch der Abend könnte auch als letzte Performance des Machtanspruchs gedeutet werden. Mitterrand liegt entrückt wie ein Faun und spricht dann leise zu Jack Lang von vergangener Freude und Lust: «Julia Roberts, erinnern Sie sich an sie, an unser Mittagessen mit ihr? Übrigens, im Film ihre Beine – waren das wirklich ihre Beine?» Es kommt zu kurzen erregten Gesprächen an der Lagerstatt. Nacheinander wird den Teilnehmern der kulinarischen schwarzen Messe von *Le Sphinx* Audienz gewährt. Gegen elf stemmen ihn seine beiden Leibgardisten vom Fauteuil hoch, allgemeines Händedrücken. Behutsam, mit unerträglich langsamem Schlurfen, wird der Präsident mehr weggetragen als weggeführt. Leibarzt Dr. Tarot folgt, lässt ihn nicht aus den Augen, er teilt seit einiger Zeit sogar das Schlafzimmer mit seinem Patienten.

Der Silvesterabend, acht Tage vor dem Tod des Präsidenten, ist als Henkersmahlzeit und finale Demonstration kulinarischer französischer Kultur zu interpretieren: François Mitterrand, Meister der Inszenierung, nahm nach dem denkwürdigen Menü keinerlei Nahrung mehr auf und verweigerte auch lebensverlängernde Medikamente. *Dieu* starb in seiner Pariser Wohnung unweit von Notre-Dame. Seinem letzten Wunsch, auf einem burgundischen Hügel begraben zu werden, der den alten Galliern als Opferstätte gedient hatte, wurde nicht entsprochen.

Der wilde Maler Soutine und meine Sehnsuchtsstadt Paris

Was mache ich, wenn ich völlig mit den Nerven runter bin? Andere haben eine Bibel im Gepäck, ich habe immer die «Essais» von Montaigne im Jackett. Gestern las ich ein Sprüchlein, das sich so angehört hat: «Es mag sein, dass die Dummheit keine Grenzen kennt, aber sie kennt auf jeden Fall unheimlich viele Leute.»

Da ich der Meinung bin, dass der Mensch eigentlich eine Fehlkonstruktion ist, müsste ich es doch schaffen, mich wenigstens von denjenigen fernzuhalten, die mir mit zu viel unsinnigem Gehabe nachstellen, auch wenn ich mir das nur einbilde. Also ziehe ich das zerfledderte Insel-Taschenbuch heraus und erfreue mich mit leichtem Grausen an der Vorstellung, dass die Menschheit in den letzten fünfhundert Jahren nichts dazugelernt hat. Das Dasein ist einfach so, wie es ist, man kann selbst als Optimist nichts weiter tun, als sich dagegenzustemmen.

Die Frage aber ist: Schmeißt man den von allen Richtungen herandrängenden Bettel hin und besinnt sich einfach aufs Zentrale? Sollte man seine Kreise enger ziehen, wie Stefan Zweig, der im übertragenen Sinne meinte, nur wenn jeder seine kleine Welt rettet, wird man die große Welt retten können? Der nach außen gerichtete Blick darf trotzdem nicht ganz verlorengehen, und ich bin dem altmodischen Gedanken nahe, dass man sich, meinetwegen auch von weit her, sehr wohl Ideen und Vorbilder aus vergangenen Zeiten in seinen Kopf holen sollte.

Doch kann man das überhaupt? Kann man sich überhaupt in andere Menschen hineinflüchten? Ja, man kann. Als Kind suchte ich ständig, mit Hilfe von Tagträumereien der Realität zu entkommen, und diese Fähigkeit habe ich mir bis heute bewahrt. Ich sitze vor einem Grab auf dem Cimetière Montparnasse. Es ist ein großer alter Friedhof, und ich habe einen ausgedehnten Spaziergang hinter mir, bis ich endlich fand, was ich suchte. Seit vielen Jahren habe ich mir gewünscht, diesen Ort einmal besuchen zu können. Am frühen Morgen hatte ich die Rue de Dantzig aufgesucht. Ich wollte unbedingt das berühmte Künstlerhaus «La Ruche» zu Gesicht bekommen. Da der Eingang verschlossen war, verharrte ich lange am Tor und betrachtete den achteckigen Bau, von dem mir in meiner Jugend erzählt wurde. Mit diesem Gebäude verbindet mich vieles, und letztlich geht meine Liebe zu Paris darauf zurück. Doch noch einmal ganz von vorne.

Es ist mir zwar nicht nachhaltig gelungen, aber es gelang mir immer wieder, ein anderer zu sein. Da ich selbst mir nicht genügte, suchte ich für meine Transformation Menschen aus, die ein Leben führten oder geführt hatten, wie es mir selbst nicht gelingen wollte. Mit sechzehn Jahren verwandelte ich mich häufig in einen ganz besonderen Helden. Sein Name: Chaim Soutine. Mit einem rabenschwarzen Haarschopf bepflanzt, unter dem noch schwärzere Augen glühten, sah der Maler genau so aus, wie ich mir einen wilden, leidenschaftlichen Typen vorstellte. Er bot mir den richtigen Kontrast zu meinem schwäbisch-bürgerlichen Dasein, ein freier Künstler, der sich um nichts scherte und nur für seine Bilder lebte. Zeichnen konnte er kaum, aber seine Malerei hatte etwas Dämonisches und Wütendes: Ich stellte mir vor, dass er mit seinem Pinsel am liebsten die Leinwand durchstochen hätte. Dieser Maler, der mit ungestümer Pinselgewalt dick die Farbe auftrug, hatte genau die Kraft, das Temperament und den Mut zur Rebellion, wie ich es für mich selbst gewünscht hätte.

Von Soutine hörte ich zum ersten Mal bei Professor Jakob Wilhelm Fehrle, dem Nachbarn meiner Großeltern. Er war Bildhauer, ein schlanker Mann mit markantem Gesicht, der bei der Arbeit immer einen weißen Kittel trug, was ihm Ähnlichkeit mit einem Arzt verlieh. In den Schulferien verduftete ich gerne zu ihm, um dem häuslichen Lärm meiner Eltern zu entkommen. Aufgrund ausgeprägter schwäbischer «Gschaftlhuberei» gab es bei uns zu Hause für die Flucht in die Phantasie, die Hingabe zum stillen Denken oder gar fürs Nichtstun keinen Platz.

Meine Auffassung von einem sinnvollen Leben erfüllte sich gerade mal einen Steinwurf weit entfernt: Bei Fehrle konnte ich in eine andere Welt eintauchen. Sein Atelier nannte er «Atljee», für mich war es ein magischer Ort. In den Ferien sah ich den Professor oft gegen acht Uhr in der Frühe das Wohnhaus verlassen, an seinem Garten vorbei ging er dann die Baumwiese entlang zu seinem Atelier. Von außen glich es einem normalen Spitzgiebelhaus, aber anstatt der Dachplatten fügten sich Glasscheiben fast bis zum First, und innen war das Gebäude bis auf eine flache Deckenbühne so hoch, dass bis zu acht Meter hohe Figuren darin Platz fanden.

Fehrle war für mich eine Art Wunschvater: Quicklebendig und mit einem luziden Kopf wirkte er jugendlich, obschon er über achtzig Jahre alt war. Seine Ausbildung hatte er in Rom begonnen. Auf eigene Faust versuchte er sich 1909 in der Nähe der Piazza del Popolo zwei Jahre lang in klassischer Malerei. Er hauste in einem idyllischen Atelier, das sich wenige Jahre zuvor der Maler, Radierer und Bildhauer Max Klinger gebaut hatte. Der Genius Loci brachte den jungen Künstler von der Malerei zur Plastik, die ihn nie mehr loslassen sollte.

Rom war zwar der richtige Ort für klassische Etüden, aber die modernen Signale kamen aus Paris. Also auf dorthin: 1911 mietete sich Fehrle im Gebäudekomplex «La Ruche», zu Deutsch «Der Bienenkorb», auf dem Montparnasse ein, um bei Auguste Rodin seine Studien fortzuführen. «La Ruche», dessen Zentrum ein runder Pavillon war, stand zwischen Bäumen und wurde von dem akademischen Bildhauer Alfred Boucher jungen Künstlern zur Verfügung gestellt. Bis zu zweihundert von ihnen teilten sich dort Ateliers, teilweise unter ziemlich desolaten Zuständen, was dem Etablissement den Titel «Villa Medici des Elends» einbrachte (der Atelierkomplex ist übrigens immer noch in Betrieb: www.la-ruche.fr). Mit roten Ohren hörte ich dem Meister zu, wenn er von vergangenen Tagen berichtete. Man kam auf viele Künstler zu sprechen, mit denen Fehrle damals unterwegs und befreundet war. So trat der russische Maler Chaim Soutine in mein Leben.

Im Dörfchen Smilowitchi südlich von Minsk hatte ihn seine Mutter 1893 als zehntes Kind geboren. Die Familie des bettelarmen jüdischen Flickschneiders Zalman Sutin vegetierte auf der untersten Stufe der sozialen Rangordnung. Bereits im Alter von dreizehn Jahren zeichnete Chaim mit Leidenschaft und Ausdauer, was ihm sein Vater mit Prügeln auszutreiben versuchte: «Juden dürfen nicht malen.» Zeichnen und Malen galten bei den orthodoxen Juden als ketzerisch, als schwere Sünde und Blasphemie. Auch seine Brüder wollten ihm seine Leidenschaft verbieten. Der kleine Chaim versteckte sich vor ihnen in den nahen Wäldern, nur der Hunger trieb ihn nach Hause. Als er irgendwann einmal ein Küchenmesser stibitzte, um es zu verkaufen und aus dem Erlös Zeichenkreide zu erwerben, sperrten die Eltern das Kind zur Strafe in den Keller. Der Junge war ständig auf der Flucht. Fast alles, was ihn interessierte, war im Schtetl verboten, und Kunst galt außerdem als brotlos. Der alte Zalman wollte seinen Sohn dem Schneiderhandwerk zuführen, wobei Schuster auch noch eine Option gewesen wäre.

Es nützte alles nichts. Chaim war 16 Jahre, als er sich an der Darstellung eines alten Mannes versuchte. Geduldig saß der Alte Modell, bis der junge Künstler fertig war. Als die Bewohner des Schtetls davon erfuhren, schlug die Verwandtschaft des Porträtierten den Buben fast tot. Erst nach einer Woche kam er wieder auf die Beine. Die Mutter hielt zu ihm, zog vor Gericht und verklagte die Eiferer erfolgreich. Mit dem Bußgeld von 25 Rubeln machte sich der gepeinigte Chaim gemeinsam mit seinem Schulfreund Michel Kikoïne auf den Weg nach Minsk, um Künstler zu werden. Seiner Lebtag lang setzte er keinen Fuß mehr in seine Heimat. Er weigerte sich später sogar, den sterbenden Vater zu besuchen, dem er den frühen Tod der Mutter zum Vorwurf machte.

Ein Jahr später zog er von Minsk nach Wilna, wo er sich an der Kunsthochschule einschrieb. Die Aufnahmeprüfung geriet ziemlich daneben: Kuben, Kegel und ein Krug mussten zu Papier gebracht werden, aber vor lauter Lampenfieber verzog Chaim die Perspektive (was man heute als Vorwegnahme seines späteren Malstils interpretieren kann). Professor Rebakoff lehnte die Arbeit ab, doch vom unnachgiebigen Willen des jungen Mannes beeindruckt, ließ er die Prüfung unter Ausschluss der Öffentlichkeit wiederholen. Der zweite Anlauf gelang.

Fortan beschäftigte sich der junge Künstler mit der Aufarbeitung seiner Geschichte: Begräbnisse, Einsamkeit, Armut, Elend, Tod und Verzweiflung waren seine Themen. So musste sich sein Freund Kikoïne auf den Boden legen und mit einem Leichentuch bedeckt «toter Mann» spielen, damit Chaim eine Aufbahrungsszene malen konnte. Nach drei Jahren schloss er an der Kunsthochschule in Wilna ab. Er genoss mittlerweile unter seinen Kommilitonen und Professoren große Achtung.

1913, als Jakob Wilhelm Fehrle bereits zwei Jahre in Paris arbeitete, traf Chaim Sutin am Gare du Nord ein. Der Zwanzigjährige trug seine gesamte Habe unter dem Arm und in der Tasche einen Zettel mit der Adresse «La Ruche, Montparnasse». Er sprach kein Wort Französisch, verirrte sich in der Metro und musste sich auf Jiddisch mühsam durchfragen. Pinchus Kremegne, mit dem Sutin in Wilna zusammen die Akademie besucht hatte, wohnte in der Künstlerherberge. Bei ihm klopfte Chaim an und bat um eine Bleibe, mit ihm konnte er Jiddisch sprechen.

Kremegne erzählte später, dass Sutin sein Essen stets so gierig reinschaufelte, dass für langsamere Leute nichts mehr übrig blieb. «Das ist mein Bandwurm», entschuldigte er sich und lud erneut den Teller voll. Er änderte seinen Familiennamen in Soutine, arbeitete aushilfsweise als Gepäckträger am Gare Montparnasse und als Dekorateur auf der Automobil-Ausstellung im Grand Palais. Sein Leben war mehr als hart, der Schriftsteller Ilja Ehrenburg erinnerte sich später an ihn: «In der allerdunkelsten Ecke eines Cafés am Gare Montparnasse saßen regelmäßig Kremegne und Soutine. Soutine blickte verschreckt und schläfrig drein, als hätte man ihn aus seinen Träumen gerissen und ihm keine Zeit zum Waschen und Rasieren gelassen. Er hatte die Augen eines gejagten Wildes – vielleicht vor Hun-

Früher Sehnsuchtsort: das Atelierhaus «La Ruche»
(um 1968)

ger.» Der Grund für seinen ständigen Hunger könnte sein
Magenleiden gewesen sein.

1914, ein Jahr nach Soutines Ankunft, gab Marc Chagall sein Atelier in «La Ruche» auf. Die Gemälde, die er zu-
rückließ, sollte er niemals wiedersehen, sie wurden zum
Abdecken der Hühnerställe in der Nachbarschaft verwen-
det. Gern wäre Soutine in Chagalls komfortableres Atelier
eingezogen, wo eine Dachbodenluke helles Licht spende-
te: «Mein Fenster öffnete sich zum Himmel, das empfand
ich als geradezu poetisch», so Chagall. Den Wunsch seines
Landsmanns und Glaubensgenossen lehnte er mit der Be-

gründung ab, dass Soutine vagabundenhaft aussehe. Zeitgenossen beschrieben diesen als fleischgewordenes Elend: Seine Kleider waren von Farben verschmutzt, seine Schuhe löcherig, er ging gebeugt, hatte eine flache Nase, dicke Lippen, schwarze, ins rötliche Gesicht hängende Haarsträhnen, einen scheuen, misstrauischen Blick, picklige Haut und ein kindliches Lachen. Fehrle berichtete, Soutine habe eines Tages auf einem Ohr nichts mehr gehört. Man brachte ihn zum Arzt, der ein Wanzennest im Ohr diagnostizierte. Allein dieser Umstand lässt darauf schließen, dass die hygienischen Umstände ziemlich prekär waren.

Ob bei Sonnenschein oder strömendem Regen – man sah Soutine oft gleichmütig am Rinnstein entlangtappen. In gewissem Maße war er schon damals berühmt, nämlich als der «wahnsinnige Russe». Picasso kannte Soutine gut, er wohnte eine Zeitlang neben «La Ruche». Auch Georges Braque hatte sich in dem Haus einquartiert, und Fehrle verbrachte dort sein letztes Pariser Jahr. Fehrle schätzte Picasso sehr, hatte aber zum warmherzigeren Braque einen besseren Zugang. «Der Braque hat den Kubismus erfunden, nicht der Picasso», erklärte mir Fehrle, «ich war dabei.»

Er erzählte mir dann von Picassos Besuch in Schwäbisch Gmünd. Genau bringe ich es nicht mehr zusammen, aber es hörte sich ungefähr so an: Der Fotograf David Douglas Duncan, ein guter Freund Picassos und keineswegs arm, kaufte sich 1957 in Stuttgart einen Mercedes 300 SL mit Flügeltüren und dazu auch noch gleich einen Dackel namens Lump. Mit dem neuen Auto fuhr Duncan an die Côte d'Azur, um Picasso zu besuchen. Duncan berichtete: «Als ich bei Picasso ankam, sah sich Lump kurz um und dachte: ‹Das gefällt mir. Adios!› – und verließ mich, um mit Picasso zu leben.» Lump weilte fortan in Picassos Atelier als dessen ständiger Freund und wahrscheinlich größte Liebe.

Der Dackel, der genauso frech guckte wie sein Herrchen, durfte bei Tisch von handgemalten Picasso-Tellern essen oder es sich auf dem Schoß des Künstlers bequem machen. Als Duncan wenig später seinen Mercedes zu einer Generalüberholung nach Stuttgart chauffierte, saß Picasso, von dem Sportwagen ziemlich angetan, als Beifahrer auf dem Nebensitz und besuchte bei dieser Gelegenheit seinen Kollegen Fehrle, der immer Verbindung zu ihm gehalten hatte.

Picasso galt als Mann von monströsem Selbstvertrauen und geringem Einfühlungsvermögen. Als mir Fehrle die Begebenheit erzählte, wirkte er noch immer leicht verletzt: «Do isch der Picasso zwischen meine Figuren rumgelaufen, hat des ganze Steinzeugs angeguckt und dann g'sagt: Was, du hämmerst immer noch die gleiche mühselige Arbeit wie damals? Was du in einem Jahr machst, das mache ich in fünf Minuten!» Am 20. März 1973 starb Lump und keine drei Wochen darauf Picasso.

Ich konnte mich des Gefühls nicht erwehren, dass Fehrle, Sohn eines ordentlichen schwäbischen Gärtners, von den «genialen Chaoten» wie Picasso, Braque, Léger, Zadkine, Cendrars, Max Jakob, Modigliani, Chagall und wie sie alle hießen wohl leicht geringschätzig betrachtet wurde, auch wenn er mir noch so begeistert von der Vergangenheit erzählte. In ihren Kreisen galt er als Traditionalist und musste sich von den «Jungen Wilden» sogar verspotten lassen, weil er bei dem Bildhauer Auguste Rodin in Diensten war. Rodin galt als out, und so wechselte Fehrle bald zum angesagten Aristide Maillol. Der gab ihm als Lohn eine Figurine, die er mir stolz zeigte: «Lohn hots koin geba, dafür aber dieses Figürle, das heute einen Haufen Geld wert isch!»

Für Fehrle ging es mit Kriegsausbruch zurück nach Schwäbisch Gmünd. Für Soutine begann wenig später der bescheidene Erfolg. Ein Freund, der Maler Amedeo Modigliani, machte ihn 1916 mit Leopold Zborowski bekannt. Der aus Polen stammende Kunsthändler vermochte den amerikanischen Sammler Albert G. Barnes für Soutine zu interessieren. 1919 zog Soutine für drei Jahre in die südfranzösische Kleinstadt Céret, wo er Landschaften und kraftvolle Häuser malte, bei denen die komplett verschobenen Mauern sich gegenseitig Gewalt antun.

Mir als Koch eröffnete Soutine einen besonderen Zugang zum geschlachteten Tier. Vermutlich da er nicht genügend Geld hatte, um sich Studiomodelle leisten zu können, begann er um das Jahr 1924 Fleischbrocken, ganze Rinderhälften zu kaufen. Diese malte er so lange, bis sie fast in Verwesung übergingen, um sie schließlich jenseits allen Verfallsdatums zu verspeisen. Leopold Zborowski sagte einmal: «Ich muss sagen, Fleisch malt er gut, besonders wenn er hungrig ist. Haben Sie jemals seinen gierigen Rachen bemerkt? Nun, er kauft ein Stück rohes Fleisch und fastet zwei Tage bei seinem Anblick, ehe er anfängt zu malen. Sehen Sie sich das Rot an: Hat er nicht seinen ganzen kannibalischen Appetit in dieses Rot gelegt?» In der Tat, Soutines Rottöne leuchten fast magisch, und für mich ist er, was diese Farbe anbetrifft, der direkte Nachfolger Vittore Carpaccios. Dessen Rot strahlt jedoch längst nicht so, es ist härter, allerdings genauso geheimnisvoll. Schlimm, dass der Name «Carpaccio» heute für die meisten Leute nur für dünne Fleischscheiben steht und nicht mehr für die Kunst dieses Venezianers.

Hunger war sicher ein Grund, der Soutine zum Malen geschlachteter Tiere trieb, aber es gab noch andere Gründe. Als Einzelgänger, in gewissem Maße sogar Verstoßener, sah er im Tod und Leiden der Kreatur immer auch sich selbst. Es war ihm nicht gleichgültig, die blutigen Tiere an die Wand zu nageln, Hähne, Kaninchen und Fasane an Fleischerhaken zu befestigen, aber der Drang zur Realität ging ihm über alles, man könnte auch von einer Obsession sprechen. In Paris fahndete er in Metzgerläden nach Kalbsköpfen, denn er brauchte die Wirklichkeit, um seine Phantasie freizusetzen. Einmal durchstöberte er einen Geflügelladen nach dem anderen, um ein ganz bestimmtes Huhn zu finden. Dessen Hals sollte besonders lang sein, außerdem bevorzugte er Tiere mit bläulicher Haut. Ein Händler offerierte dem verwahrlosten und völlig farbverschmierten Künstler aus Mitleid ein besonders fettes Huhn. Doch so hungrig Soutine auch war, ihm ging es zuallererst um die Darstellung des Geschundenen und der Qual, deshalb bestand er auf einem ausgemergelten Gockel. Als er solch einen endlich aufgetrieben hatte, hob er, so ist überliefert, das Tier freudig hoch und rief aus: «Ich werde es gleich mit dem Schnabel an einem Nagel aufhängen, und in ein paar Tagen ist es dann so weit.»

Wollte Soutine einen Hering malen, ging er morgens zum Bahnhof, um am Bahnsteig den von Boulogne-sur-Mer eintreffenden Zug mit Fischen abzupassen. Entsprach die Ware nicht seinen Erwartungen – Soutine schaute sich im Louvre häufig die einzigartige «Forelle» von Courbet an –, erschien er am nächsten Morgen erneut am Bahnhof, um nach besseren Fischmodellen Ausschau zu halten. Bei aller eigenen Intuition nahm Soutine Rembrandt als sein Vorbild für das Malen großer Fleischstücke. Er fuhr eigens nach Amsterdam, um das berühmte Ochsenbild des Holländers aus dem Jahr 1655, diese Urgewalt, diese pastose Maltechnik und virtuose Pinselführung zu studieren.

Zu Lebzeiten des Künstlers wurden nur drei Ausstellungen mit seinen Werken organisiert. Ab 1922 kam er jedoch ganz passabel ins Geschäft. War der Erwerb eines Vermögens schon schwierig für ihn – es auszugeben, erwies sich

Chaim Soutine, «Geschlachteter Ochse» (1925)

als noch schwieriger. Er kaufte sich unzählige blaue Anzüge und Hüte und ließ sich stundenlang mit dem Taxi durch die Gegend fahren. Für die finanzielle Not anderer Kollegen brachte er keinerlei Verständnis auf, dazu war er ein zu großer Eigenbrötler. Die blauen Hüte blieben ihm wichtig: Noch im Juni 1940 spazierte er durch das von den Nazis besetzte Paris im festen Glauben, seine Kopfbedeckung wirke als Tarnkappe.

Ab 1941 war er jedoch ständig auf der Flucht vor den Nazis. Dadurch verschlechterte sich seine Gesundheit rapide, sein Magenleiden wurde immer schlimmer. Im Krankenhaus von Chinon wusste man nicht mehr weiter und überführte ihn, da er den Judenstern tragen musste, nach zweitägigen Irrfahrten auf versteckten Wegen nach Paris, wo man sich bessere Medizin für ihn erhoffte. Als er endlich in der Klinik eintraf, war es jedoch zu spät, er hatte bereits einen Magendurchbruch erlitten und starb noch während der Operation am 9. August 1943. Seine letzte Liebe Marie-Berthe Aurenche kaufte ihm eine Gruft im Friedhof Montparnasse, unweit der letzten Ruhestätte Baudelaires und anderer Größen. Außer Marie-Berthe, Jean Cocteau, Max Jacob und Pablo Picasso standen nur wenige Freunde an seiner Grube.

Die Stunden mit Jakob Wilhelm Fehrle in Schwäbisch Gmünd erlebte ich entrückt, wie ein Wunder. Während konzentriert gearbeitet wurde, hörte ich die Vorlesungen des Professors. Ich stellte Drahtgerippe für Gipsfiguren her. Mädchen und Frauen waren des Künstlers Leidenschaft. Ich übertrug die Proportionen seiner kleinen, zwanzig Zentimeter großen Tonmodelle auf eine Drahtkonstruktion. Das geschah mit einem riesigen Holzzirkel, der aufs kleine Modell eingestellt wurde und dann, je nachdem wie Fehrle die Größe definiert hatte, im Überschlag mit eins-zwei-drei-vier multipliziert wurde. Ich habe heute noch

Hunderte von Zeichnungen, die ich damals anfertigte. In meinen Träumen war ich von der Idee beseelt, als Bohemien in Paris zu leben, und befand mich in einem schwärmerischen Furor.

Als ich meinen Eltern eröffnete, ich wolle Künstler werden, der Professor werde mich in die Lehre nehmen und mir das Atelier auch später zur Verfügung stellen, brüllte mein Vater: «Brotlose Künste!» Er schickte mich stattdessen in eine Metzgerlehre, wo auch ich mit geschlachteten Tieren zu tun bekam, freilich auf ganz andere Art als mein Idol Chaim Soutine.

All das geht mir durch den Kopf, während ich auf einem Grabstein in der Nordwestecke des Montparnasse-Friedhofs hocke und über die bemooste Grabplatte Soutines sinniere. Geradezu körperlich bedrohlich ragt der hässliche Montparnasse-Turm über mir auf und holt mich unvermittelt wieder in die Gegenwart zurück. Ich habe Hunger, und die Bewältigung solcher Probleme kann man heutzutage einfach lösen. Ich hole mein Smartphone aus der Hosentasche, drücke daran herum und ein Fenster mit dem Michelin-Führer tut sich auf. Das Handy weiß besser als ich selbst, wo ich mich genau befinde. Ich tippe auf den Suchbutton «Restaurants in Ihrer Nähe». Tatsächlich meldet sich der Apparat mit einer Empfehlung. Es handelt sich um ein Restaurant mit einer Bib-Auszeichnung. Das bedeutet keinen Michelin-Stern, sondern eine Kategorie darunter, alles ist einfacher, preiswerter, aber nicht unbedingt schlechter. Mir ist dieser Restauranttyp eigentlich der liebste, man kann ungezwungen schmausen, muss keine stundenlange «Oper» über sich ergehen lassen. Meistens sind diese Läden von jungen Köchen und Wirtsleuten befeuert, die nicht irgendeinem kochkünstlerischen Wahn erlegen sind.

So ist es dann auch. Nur dreihundert Meter entfernt klettere ich auf dem Boulevard Edgar-Quinet die Stufen hoch, ziehe die Holztüre mit Glasfüllung nach außen und bin drin, im kleinsten kulinarischen Kosmos, den ich bisher erlebt habe. An weiß gedeckten Tischchen löffeln und stechen ungefähr ein Dutzend Leute auf ihre Teller ein. Ein wonnenhafter Anblick. Der Laden ist so gesteckt voll, dass ich fürchte, abgewiesen zu werden. Die junge Wirtin, schlank, groß, mit einem ländlich offenen Gesicht, dem nicht einmal mit Lippenstift nachgeholfen ist, nimmt mich an der Hand. Trotz der viereckigen Schlaubrille sieht sie aus, als hätte sie die Gemüse des Mittagsservices vor einer Stunde noch selbst geerntet. Madame fasst mich genauer ins Auge und macht sich ans Werk, um Platz zu schaffen. Ein einzelner Herr wird freundlich gefragt und dann an einen anderen Tisch umgetopft. Sie rückt die Tischchen, dass es an einen Aufruhr gemahnt. Sicherlich hat sie genügend Erfahrung, um zu wissen, dass man einen Gast von hundertzwanzig Kilo Lebendgewicht schon deshalb nicht die Türe weist, da er höchstwahrscheinlich nicht auf Diät ist. Ein Ecktischchen wird vorgezogen, und Vincent, die gastronomische Umsatzmaschine, dahinter festgeklemmt.

Da sitze ich nun und fixiere die großen Tafeln, auf welchen die Gerichte angeboten werden, die kaum mehr als zwanzig Euro kosten. Dafür gibt es in Zürich gerade mal eine Pizzaschnitte im Stehen. Was hier jedoch hingegriffelt ist, gerät mir zum Zündfunken eines gewaltigen Appetits. Mein Michelin-App hat mir verraten, dass in diesem kleinen «Kirschgarten», wie man den Restaurantnamen «La Cerisaie» ins Deutsche übersetzen könnte, die bodenständige Küche des Südwestens Frankreichs dargeboten wird. An den anderen Tischen gibt es das obligate Mittagsmenü, das um die zwanzig Euro kostet, und alle schieben es in ihre zufriedenen Mäuler hinein: Der eine beschäftigt sich noch mit seiner Pâté, zwei junge Frauen, chic als wären sie aus einem Dior-Schaufenster gefallen, löffeln bereits anmutig eine «Velouté».

Die Wirtin streckt mir eine Flasche Champagner entgegen, und ich beschließe, für heute Feierabend zu machen und mich voll und ganz der Frau anzuvertrauen. Sie empfiehlt mir ein Schneckenragout, dann eine Kürbissuppe mit gepökeltem Entenfleisch, und sie kommt näher an mein Ohr, als sie mir zuraunt, dass ihr Mann in der Küche noch ein einziges Rebhuhn in der Hinterhand bereithalte. Dass sie mich dessen offensichtlich für würdig hält, empfinde ich als Ritterschlag. So beginnt die Schwelgerei, und mich umgibt eine wunderbar harmonische Stimmung, die nur ein einziges Mal durch großes Gerumpel und Stühlerücken unterbrochen wird, als ich mich genötigt sehe, die Toilette aufzusuchen. Nach dem Champagner und zwei Gläsern Weißwein muss Platz für den «Rouge» geschaffen werden.

Schmausend geht's dahin, die Frauen werden mit jedem Glas Rotwein noch schöner, die Herren nehme ich längst nicht mehr wahr, und eine *Baba au Rhum* mit einem Süßwein gibt mir dann den Rest. Ich kann noch artig meine *Addition* begleichen und ein Taxi ordern. Die Rechnung bewegt sich logischerweise jenseits eines Mittagsmenüs. Mühsam erhebe ich mich, fühle mich jedoch nach zwei Schritten seltsam schwerelos. Madame hilft mir über die Schwelle, ich segele, als Sinnbild des sorglosen Bonvivants und ohne zu stürzen, pfeilgerade ins Taxi und würde dort am liebsten gleich einschlafen. Das Koma kann ich jedoch bis ins Hotelbett hinauszögern. Tja, und dann ward nachmittags um fünf tiefste Nacht bis zum nächsten Morgen.

Die Dichter und
ihre Kaffeehäuser

$\mathcal{W}$ahrlich, ich sage euch, dieses Café ist alles andere als ein Geheimtipp, denn es ist ohne jede Übertreibung weltbekannt. Trotzdem kennt keiner das «Les Deux Magots» wirklich. Das könnte daran liegen, dass die honorige Klientel aus High-Society-Touristen und Einheimischen sich den ganzen Sommer draußen an enge Tischchen quetscht und vorwiegend mit sich selbst beschäftigt ist. Sehen und gesehen werden, lautet die Devise. Doch wer sich im überdachten Freien niederlässt, hat zwar den Ausblick auf die sehr alte Kirche von Saint Germain und eine vielbefahrene Kreuzung, versäumt aber das Wichtigste, das sich im Inneren des Cafés abspielt.

Auf meinem E-Bike fahre ich in einem Affenzahn bis dicht an die Außentische auf dem Trottoir heran, schwinge mich, wenn auch nicht unbedingt artistisch, so doch geübt vom Sattel und befestige das futuristische Teil an einer Straßenlaterne. Die Aperitif-Society reckt die Köpfe, ich drücke mich unbekümmert an ihr vorbei nach innen. Ein flüchtiger Blick genügt, um festzustellen, dass das Café seinem Ruf gerecht wird. Schon auf einer Art Musikständer in der Nähe der Straßenlaterne konnte man lesen, was ein Cappuccino kostet. Siebeneurofuffzich schützen die Insassen vor Billigtouristen mehr als meterdicke Mauern. Im Inneren sitzen fast ausnahmslos Gäste, die wissen, dass die Investition sich lohnt. Ich lasse mich auf einem Stuhl in der Ecke nieder und schaue auf mein Handy. Die Homepage des Betriebs ist schnell gefunden, und es folgen diverse Kommentare von Gästen, die sich fast alle darum drehen, dass es hier zu teuer sei. Das weltberühmte Café kommt gerade mal auf sechzehn Bewertungen. Wer hier öfter zu Gast ist, verspürt offenbar keinen Drang, sich im Internet verbreiten zu müssen.

Ich bestelle mir ein spätes Frühstück, bestehend aus einem Café au Lait und einem Omelett mit Schinken, das macht laut Karte zusammen zwanzig Euro. Keine Frage, drei Eier zu Hause in die Pfanne gehauen kosten weniger, doch wie sagte meine Oma immer: «Du kannst alles billiger haben, aber dann ist es eben nicht so schön.» Ich selbst erwidere geizigen Gästen, die über die hohe Rechnung stöhnen: «Was auf Ihrem Teller liegt, ist praktisch umsonst, Sie bezahlen nur den guten Lohn des Personals.» Darin steckt mehr Wahrheit, als man meinen sollte.

Auf die Kellner werde ich noch zu sprechen kommen. Ich führe die Leinenserviette zum Mund und fühle mich sehr gut aufgehoben, fast hätte ich sagen wollen «heimisch». Das hört man ja öfter: «Ein Essen wie bei Muttern, ich fühle mich wie daheim.» Solche Sätze rieseln mir mit Grausen den Buckel hinunter, ich habe dann die schlimmsten Befürchtungen, wie es bei diesen Leuten daheim aussehen könnte. Denn am guten Essen ist auch die Einrichtung beteiligt. Viele Menschen leiden unter einer Krankheit, die gerne totgeschwiegen wird, sie nennt sich *horror vacui*, die Angst vor dem leeren Raum. Auch für mich war es ein langer Weg, bis ich mich von zugehängten Wänden befreien konnte. In «heimeligen» Gasthäusern, die früher einmal vom Architekten oder den Vorgängern der jetzigen Betreiber sehr schön gestaltet wurden, drängen sich häufig in Regalen überflüssige Gegenstände wie beispielsweise alte Kaffeemühlen, und die Wände sind mit Bildchen und sonstiger überflüssiger Deko zugepflastert. Dann ertappte ich mich immer bei dem Gedanken, dass hier ein kleiner Zimmerbrand die Rettung wäre.

Im Café «Les Deux Magots» findet man nichts von alledem. Die hohe Decke mit dezentem, linear gehaltenem Stuckwerk des 19. Jahrhunderts wird durch keinerlei Zierrat gestört. Stühle und Bänke sind in Mahagoni und mit weinrotem Leder bezogen. Hier herrscht absolute Klarheit, und über allem wachen an einer Säule in der Mitte zwei eindrucksvolle Figuren, die dem Etablissement als Namensgeber dienten: Die zwei Händler, eindeutig als Chinesen auszumachen, sind in stark nachgedunkeltem Grün und Rot gefasst. Beide Sitzfiguren schmückten bereits das gleichnamige Mode- und Textilgeschäft in der Rue de Buci, das von 1812 bis 1873 fernöstliche Waren anbot, die damals schwer angesagt waren. Danach zog man an die Kreuzung, wo die Saint-Germain-Kirche in den Himmel ragt, und um 1885 wechselte man vom Handelsgeschäft zur Gastronomie. So kam es zur Weiterführung als Café und Likörlokal.

Der Ausschank von Wein, Schnaps und alkoholischen Getränken aller Art zog naturgemäß alsbald Spezialisten an: Die Dichter Paul Verlaine und Arthur Rimbaud, beide autonome Alkoholiker, fanden sich ein, und mit dem berühmtesten Dichter des Symbolismus, Stéphane Malarmé, begründete das Haus seinen Ruf als Literaten- und Künstlercafé. Louis Aragon, André Gide, Jacques Prévert, Jean-Paul Sartre, die blitzgescheite Schriftstellerin und Feministin Simone de Beauvoir und vielerlei berühmte Künstler redeten sich unter der hohen hellen Decke die Köpfe heiß. Ganz klar, dass Ernest Hemingway im Bereich dieser feingeistigen Atmosphäre die zarten Denker durch seine Kriegsgeschichten und sein Machogehabe nicht immer amüsierte.

Der heutigen Kundschaft sieht man hingegen den Pazifismus schon von weitem an. Pariser der gehobenen Stände, durchwegs friedfertig, da weitgehend saturiert, vertragen sich untereinander bestens, und man erblickt darüber hinaus in Kompaniestärke Touristen von überall her. Sie sehen sich allesamt sortenrein ähnlich, sind stilvoll gekleidet und scheinen intelligent zu sein. Keine Frage, das «Les Deux Magots» wurde schon immer von Ausländern besucht, denen französische Kultur oder eine gewisse pariserische Bohème nicht fremd ist. Einmal geriet mir der kürzlich verstorbene Fritz J. Raddatz vor die Brille. In gebücktem Vorwärtsdrängen schlich er hurtig zur Kirche hinüber, natürlich nicht, um diese zu betreten. Er kratzte die Kurve in die Rue de l'Abbaye, als müsse er Verfolger abschütteln. Der ausgewiesene Literaturkenner im hellen Staubmantel und wehendem Kaschmirschal dürfte im «Les Deux Magots» Stammgast gewesen sein. Bestimmt sitzen auch jetzt, während ich mir einen «Chartreuse Vert» einflöße, um meinen Omelettemagen zu beruhigen, einige Berühmtheiten draußen vor der Tür. Die echten Promis erkennt man allerdings selten, sie verstecken sich hinter Sonnenbrillen und tarnen sich mit allerlei Hüten und Kappen.

Aber kehren wir wieder in den geschützten Raum zurück. Dort blinzelt die Sonne durch die raumhohen Scheiben, und ich genieße die freie Sicht. Nicht ins Freie, nein, der Innenraum bietet ein Panorama, das mich als Gastronomen begeistert. Ich beobachte eine resolute Dame im «Kleinen Schwarzen» und einen hoch aufgeschossenen eleganten Herrn, ebenfalls ganz in Schwarz, die Servicechefs. Beide haben die Herren Kellner im Visier – jawohl, es sind wirklich Herren! – und dirigieren sie mit Blicken und mit kleinen Gesten. Ich hebe leicht den Kopf, fixiere den Servicechef, und er reagiert sofort. Ein Kellner, den man übrigens keinesfalls mit *Garçon* sondern mit *Monsieur* anspricht, wird mit leichtem Kopfwenden in meine Richtung dirigiert, und ich bestelle einen Campari Soda, um entspannt in den Mittag hinüberzugleiten. Ich werde mit ausgesuchter Höflichkeit bedient. Vielleicht macht es Eindruck, dass ich fleißig die Seiten meines Moleskine-Notizbüchleins fülle.

Denn mehr noch als ein Hort der Kunst und der Gourmandise ist Paris eine literarische Stadt. Fast jeder französische Kellner weiß, was man sich unter Victor Hugo, Baudelaire oder Racine vorzustellen hat. Setze ich mich in ein Café und schreibe konzentriert in mein Notizbuch, verwandle ich mich vom nicht gerade hochgeschätzten Touristen in eine Respektsperson – und das trotz meiner wahrhaft katastrophalen Französischkenntnisse. Nachdem ich das herausgefunden hatte, ging ich auf Nummer sicher und legte immer zusätzlich ein kleines, abgegriffenes Buch aus meiner Bibliothek neben den Teller, um ja nicht als Restaurantkritiker verdächtigt zu werden. Es funktionierte, man nahm mir den Poeten offensichtlich ab. Oute ich mich jedoch als Koch oder Gastronom, so ist die Geringschätzung obligat.

In diesem weltläufigen Territorium bin ich allerdings eindeutig zu schlecht gekleidet. Es versteht sich von selbst, dass die Ober, deren Kollegen andernorts nicht selten in abgewetztem Outfit umherschleichen, tadellos geputzte Schuhe und ebenso gut sitzende Anzüge tragen. Man sieht ihnen an, dass sie gut verdienen und nicht im gastronomischen Prekariat tätig sind. Das dürfte manch einem Touristen im Fleecepullover Komplexe verursachen, und auch mir ist in meinen Bollerhosen nicht ganz wohl.

Im «Les Deux Magots»

Doch ich ernte keinerlei abschätzige Blicke des Personals. Selbst ein hereingestolperter teutonischer Schmerbauch, in dessen Siebenachteljeans ein VfB-T-Shirt steckt, wird hier generös, vielleicht aber auch mit einem Anflug von professioneller Distinktion und Mitleid bedient. Doch das unterstelle ich jetzt einfach mal, denn gespürt habe ich es noch nie. Als ich vierzehn Tage später vom Invalidendom kam, um erneut hier zu rasten, wurde ich mit meinem E-Bike jedenfalls sofort wiedererkannt.

Das Café vergibt übrigens seit 1933 einen Literatur- und Kunstpreis. Die Preisträger sind in Deutschland weitgehend unbekannt, aber sie haben für Frankreich insofern Bedeutung, als sie kritisch und mit scharfem Blick auf ihr Land schauen und für die Politiker alles andere als bequem sind. Zu erwähnen wäre der Zeichner Roland Topor und die Schriftstellerin Pauline Dreyfus, die einem verdienten Mann ein ganzes Buch widmete: Robert Badinter, der als Justizminister die Todesstrafe aus dem verkrusteten französischen Rechtswesen beseitigte. Das war, man glaubt es kaum, anno 1981.

Wer also glaubt, im «Les Deux Magots» schlürfen nur Flaneure, reiche Taugenichtse oder gehobene Touristen ihren Espresso, der geht fehl. Das Haus hat literarischen Geist und Stil und ist sich dessen auch bewusst.

Zwei, drei Häuser vom «Magots» entfernt, an der Ecke Boulevard Saint-Germain und Rue Saint-Benoît, stellt das «Café de Flore» seine Stühlchen ebenfalls unmittelbar an die Bordsteinkante. Die Pariser scheinen die würzige Abluft der Autos und Vespas zu genießen. Ich setze mich natürlich auch hier ins Innere, da atmet es sich leichter, und man spürt ein Lüftchen von Tradition durch den Raum wehen.

In den hohen, herrschaftlichen Wänden hängt gelebte Literaturgeschichte, aber nicht nur Schreiber und Denker verkehrten hier, sondern Künstler allgemein. Ich gehöre nicht zur Leserschaft von Modemagazinen, wenngleich ich Mode als Ausdruck der jeweiligen Zeitläufte für ein sehr interessantes Phänomen halte. Karl Lagerfeld sah ich im «Flore» einst in einer Ecke sitzen, den Modeschöpfer, der von manchen als abgehobener Exot, wenn nicht gar als Spinner bezeichnet wird. Doch dieser Mann verfügt ohne Zweifel über eine beachtliche Aura. In seiner Firma wird er «Monsieur Karl» genannt, ich würde ihn aber, ohne rot anzulaufen, jederzeit einen «Modefürsten» nennen, denn diesen Habitus füllt er locker aus. Er verbreitet zweifellos einen größeren Stardust als beispielsweise der Bildhauer Alberto Giacometti oder Pablo Picasso, die im «Cafe Flore» auch öfters ihr Lager aufschlugen. Soll ich weitermachen mit Namedropping? Yves Saint Laurent, Roman Polanski, Jean-Paul Sartre, Simone de Beauvoir, sie alle waren da.

Es gibt ja in allen großen Städten der Welt schöne Cafés, sitzt man jedoch im «Flore», erlebt man ein Lebensgefühl, das bei aller Globalisierung und Verflachung der nationalen Eigenheiten eindeutig signalisiert, dass man sich in Paris befindet. Allein die hohe Decke, die hohen Fenster, der dezente Stuck, die rote Lederpolsterung. Doch letztlich sind es die Gäste, welche den Flair ausmachen. Erstaunlicherweise sogar dann, wenn man sieht, dass die Franzosen offensichtlich in der Minderheit sind. Das Café ähnelt im Stil durchaus dem «Les deux Magots» und verdankt seinen Namen einer Skulptur, die früher auf der anderen Straßenseite stand: Die römische Göttin Flora sorgte für ein Erblühen des Cafés, das bereits 1887 seine Geschäfte aufnahm.

Nachdem das nachbarliche «Les deux Magots» bereits vor dem Krieg einen Literaturpreis ausgelobt hatte, musste selbstverständlich für das «Flore» auch einer her. Seit 1994 wird nun jedes Jahr im November der «Prix de Flore» an junge, vielversprechende Autoren vergeben. Im Zentrum stehen dabei Texte, die sich mit Konsumkritik und Fragen des Zeitgeists beschäftigen. Zu den Preisträgern gehören unter anderem Michel Houellebecq, der stets ungewöhnliche Gedanken liefert, die Welt verachtet und sich selbst auch nicht leiden kann, und die Schriftstellerin Virginie Despentes, Spezialistin für klare Ansagen, die – wen wundert's – mit dem Buch «Fick mich» für Furore sorgte.

Ich suche das «Café de Flore» immer dann auf, wenn ich mir ein bisschen Ruhe gönnen, meine Notizen überdenken oder mich aufwärmen möchte. Paris kann sehr zugig sein, nirgendwo war mir bisher so kalt wie in dieser Stadt, in der es angeblich so heiß hergeht. Betritt man das Café, so sieht man links in der Ecke eine Treppe, die sich in den ersten

Stock windet. Dort hinauf verziehe ich mich, und es umgibt mich die Ruhe eines Lesesaals.

Der Begriff des Kaffeehausdichters, speziell Wiener Provenienz, ist ja allgemein bekannt. In der Beletage des «Flore» bin ich von Menschen mit Laptops und Notizbüchern umgeben, früher hätte man auf vielen Tischen auch Manuskripte entdeckt. Cafés können eine wirklich kreative Atmosphäre schaffen. Auf mich wirkt es jedenfalls so, ich schreibe nicht gerne allein im stillen Kämmerlein, sondern bevorzugt in einer Art Konkurrenzsituation unter ähnlich gestrickten Leuten. Im «Café de Flore» saß ich übrigens schon über Stunden und wurde nie zum Verzehr gedrängt. Die Betreiber und der Service, sie sind sich der Tradition ihres Hauses bewusst, und der Schreiberling genießt einen Sonderstatus, jedenfalls wenn er sich gut benimmt, was immer mein Bemühen war.

Ich bin auch nicht der Einzige, der sich ins «Café de Flore» begibt, um sich aufzuwärmen. Simone de Beauvoir und Jean-Paul Sartre wurde es während des Zweiten Weltkriegs, als die beiden kein Brennmaterial für ihr Zuhause auftreiben konnten, zur Wohnstube. Sartre, eine Ikone des 6. Arrondissements, war nicht einmal einen Meter sechzig groß, er schielte, seine Lippen waren sinnlich und er war es wohl auch. Oft wird er als hässlich beschrieben, schaut man jedoch genauer hin, so zeigten Sartres Züge Humor, Witz, Charme, eine gewisse Grandezza und inneres Feuer. Bis ins hohe Alter liefen dem Philosophen junge Mädchen in Scharen nach, aber auch gestandene Frauen liebten ihn. Simone de Beauvoir soll über all die Umtriebe souverän hinweggesehen haben – auch sie hatte ihre Affären –, aber gleichgültig waren ihr Sartres Ausschweifungen nicht. Unglaublich, diese freie und «wilde» Ehe währte von der Studentenzeit bis ins Grab und überdauerte auch die Kriegswirren. Ohne

Jean-Paul Sartre und Simone de Beauvoir treffen sich im «Café de Flore» mit Redaktionskollegen von «Les Temps Modernes» (ca. 1950)

einen Schuss abgegeben zu haben, wurde Sartre im Zweiten Weltkrieg im Gefangenenlager «Stalag XII» bei Trier inhaftiert und kam durch Fälschung seiner Papiere frei.

Mit seiner geliebten «Castor», wie er die Beauvoir seit der Jugend nannte, bezog er Quartier im «Café de Flore». Im ersten Stock, weniger fußkalt als im Parterre, wurde geschrieben. Zu Mittag ging man einen Stock tiefer, um danach im ersten Stock weiterzuarbeiten. Bis zur 68er-Revolte führten beide im Grunde ein unpolitisches Leben, dann jedoch kämpfte das alte Paar mitten im Gewühl. Ich erinnere mich noch gut, wie Sartre nach Stammheim reiste, um Mitglieder der RAF zu besuchen. Mein Vater, ein eingefleischter Frankophiler, aber in erster Linie CDU-Stahlhelmer, tobte und war wegen der «Roten Socke» außer sich. Ich selbst fand damals die politischen Ideen der RAF nicht durchweg schlecht, deren Mittel aber indiskutabel.

Als Sartre mit dem Rechtsanwalt Klaus Croissant und Daniel Cohn-Bendit durch Stuttgart zog, wirkte er schon ziemlich hinfällig. Ich sah die Bilder im Fernsehen und hatte den Eindruck, dass er gar nicht mehr richtig durchblickte. Er sollte noch sechs Jahre zu leben haben. Simone de Beauvoir und seine jungen Verehrerinnen pflegten ihn liebevoll, als er immer moribunder wurde. Die Whiskyflasche, die sie ständig versteckten, fand er trotzdem. Am 15. April 1980 verstarb Jean-Paul Sartre mit 75 Jahren.

Die Beerdigung schaukelte sich zu einem *grand spectacle* hoch. Sartre, sein Leben lang keineswegs ohne Eitelkeit, hätte seine helle Freude daran gehabt. 4000 Fans begleiteten den Sarg, Leute hockten auf Grabkreuzen, standen auf der Friedhofsmauer, Kameraleute wurden verprügelt, Sanitäter kümmerten sich um Verletzte, und ein Mann wurde durch Nachdrängende versehentlich ins Grab geschubst. Die trauernde Simone de Beauvoir musste vor den Menschenmassen in Sicherheit gebracht werden.

Die Philosophin und der Philosoph – was bedeutete ihnen die Liebe? Intellektuelle Übereinstimmung? Braucht es dafür einen Trauschein? Für die Feministin Simone de Beauvoir kam Heiraten nicht in Frage und das Kinderkriegen lehnte sie kategorisch ab, da ihrer Meinung nach Mutterschaft die geschickteste Art sei, Frauen zu Sklavinnen zu machen. Ich denke, eine geistige Komplizenschaft wie zwischen den beiden kann inniger als jede Ehe sein. Und trotzdem sagte Beauvoir einmal zu Sartre: «Selbst wenn man mich neben Ihnen beerdigt, wird kein Weg von meiner Asche zu Ihren sterblichen Überresten führen.» Das unzertrennliche Paar siezte sich ein Leben lang.

Ein Wort noch zum Kaffeehausdichter, der Stimmengemurmel und Hintergrundgeräusche zum Schreiben benötigt. Jeder Dichter hat eine eigene Überlebensstrategie und dazu gehört auch, sich der Kälte des Bodens zu erwehren, die langsam die Knochen hochkriechen kann, bis das Hirn Lähmungen signalisiert. Die wunderbare Schriftstellerin Violette Leduc stellte sich deshalb immer eine Schüssel heißes Wasser unter den Tisch. Honoré de Balzac behalf sich damit, dass er seine Füße in einen Fußsack steckte. Man muss sich dieses Utensil wie einen riesigen Fellstrumpf vorstellen, in den beide Beine passen. Er schrieb übrigens nicht im Kaffeehaus, denn das wäre bei seinem Kaffeekonsum von sechzig Tassen täglich wohl zu kostspielig geworden.

Balzac verdanke ich meine Freizeitkleidung, oder besser gesagt, meine Arbeitskleidung als Autor. Er lief zu Hause stets in einer Dominikanerkutte herum und sah einem leicht ungewaschenen Mönch auch durchaus ähnlich. Ein Handwerker würde sich mit diesem Schlabberlook eher schwertun, aber ein Schriftsteller kann darin bestimmt gut arbeiten. Denn wer lange Zeit am Schreibtisch sitzt, für den ist es wichtig, dass nicht nur die Füße warm gehalten werden, sondern der ganze Körper auf Betriebstemperatur bleibt.

Ich ließ mir also von einer Schneiderin eine Dominikanerkutte nähen. Diese wärmte mich jedoch dermaßen, dass ich mich oft wie ein gekochtes Ei fühlte. Also bestellte ich mir im Internet zwei leichte Araberkaftane in Ibn-Saud-Kingsize. Mögen die Muselmanen zwar technologisch dem

Abendland unterlegen sein, in der Herrenmode waren sie schon vor tausend Jahren weiter als Armani heute. Kaftan oder Jemeniten-Rock ohne Gürtel: Nichts klemmt die Eingeweide ab, und man hat immer eine unergründliche Bella Figura. Als in meinem Restaurant einmal die göttliche Sängerin Jessye Norman aufkreuzte, hatte sie einen Seidenkaftan – oder soll ich gleich «-zelt» sagen? – um ihre geradezu fürstliche Figur gewandet, und ich fand die Lady hinreißend. Ich selbst bin mittlerweile zu Wickelröcken konvertiert.

Ohne jetzt größenwahnsinnig wirken zu wollen: Es gibt zwischen Balzac und mir außer der Arbeitskutte noch zwei weitere eklatante Gemeinsamkeiten. Erstens bin ich, ebenso wie er, ein Schwergewicht, und zweitens verlor Balzac beim Schreiben jede Essenslust. Er lebte ausschließlich von Kaffee und massenhaft Birnen. War jedoch ein Werk abgeschlossen, gönnte sich der Maniac eine Auszeit, und dann lief es genau andersherum, er haute mit Wolfsappetit rein, bis die Schwarte krachte. Das kommt mir irgendwie bekannt vor.

Der Mann, der das Pariser Leben, die Küche, das Wohlleben der Aristokratie und die Not der kleinen Leute so treffsicher beschreiben konnte, war selbst alles andere als ein Gourmet. Balzac gefiel sich als Chauvinist und zog mit großer Leidenschaft über die italienische Küche her, über die polnische sowieso. Angewidert schrieb er über Borschtsch, also Rote-Bete-Suppe, die er mit der Bezeichnung «Barkschz» verballhornte. Besonders gern ließ sich der Weltmeister des Vorurteils über die Deutschen und ihre Vorliebe für gewisse Essigsorten aus – gemeint war der Rheinwein. Seine Äußerungen über die englische Küche lagen ebenfalls außerhalb jeder Objektivität. Generell kannte sich Balzac mit Essen ganz gut aus und verwendete, um Menschen zu beschreiben, oft deftige Begriffe aus dem Küchendunst. So schrieb er über eine junge Bäuerin, dass sie ihn an einen saftigen Schinken erinnere, und über die Haut einer alten Frau, sie sei runzelig wie ein Kalbsbries. Dass er selbst aussah wie ein fettgefüllter Pansen, behielt er geflissentlich für sich.

Dienstpersonal konnte sich der ständig verschuldete Schriftsteller kaum leisten, und um sich über diesen Missstand hinwegzutrösten, vertrat er kurzerhand die Meinung, Köche und Köchinnen seien letztlich nichts anderes als angestellte Hausdiebe. Infolgedessen braute er sich seinen Kaffee selbst, und zwar mit einer sogenannten *Cafetière à la Dubelloy*. Man muss sich dieses Vehikel ungefähr wie die Aluminium-Espresso-Kocher vorstellen, mit denen italienische Mamas ihre Ehemänner umbringen. Balzac, mit seinem wahnhaften Kaffeetrinken, schaffte gerade mal einundfünfzig Lebensjahre.

Wer das im Grünen versteckte Häuschen Balzacs aufsuchen möchte, der fährt mit der Metro bis zur Station Avenue Président Kennedy. Zu Fuß geht es ungefähr zehn Minuten weiter in die Rue Raynouard Nr. 47, 75016 Paris. Die letzten Ziffern der Postleitzahl bezeichnen übrigens immer das Arrondissement, also in diesem Falle das sechzehnte, auf Höhe des Eiffelturms, jedoch am anderen Ufer zwischen Seine und Bois de Boulogne. Zu Balzacs Zeiten lag sein Häuschen in Passy, quasi auf dem Lande und fern der Pariser Steuerbehörde.

Und zum Schluss noch eine Rehabilitation der Rote-Bete-Suppe:

Borschtsch

Für vier Personen
1/2 l Fleischbrühe
1/2 l Rote Bete-Saft
1 Entenbrust
1/4 Weißkohl
1/2 TL geriebene Orangenschale
1 Rote Bete
1 Schalotte
1 Knoblauchzehe, fein gequetscht
1 TL geschroteten Koriander
2 EL Zitronensaft
1 Bund Dill
1 MS Piment
2 EL Crème fraîche
1 gehobelte Meerrettichstange (Stange schälen
und mit dem Messer dünne Schlangen abschaben)
Stärkemehl, Salz, Pfeffer

Die Entenbrust pfeffern, salzen und bei kleinem Feuer auf
der Hautseite sanft braten. Am Anfang ganz langsam, damit
das Fett genügend Zeit hat, aus dem Gewebe auszutreten.
Zwanzig Minuten sollte dieser Vorgang dauern. Dann erst
wird die Brust gewendet. Nach weiteren fünf Minuten ist die
Entenbrust rosa gebraten und die Haut trotzdem knusprig.
In dem ausgetretenen Fett werden die Schalotten und der
Knoblauch angedünstet. Mit der Brühe auffüllen, Koriander
und Piment dazu. Das Weißkraut wird in pfenniggroße Blätt-
chen geschnitten und kommt in die kochende Brühe. Die Rote
Bete schälen, roh belassen und auf einer Raffel fein reiben
und in die Brühe geben. Zehn Minuten kochen lassen, mit
Pfeffer und Salz und Zitronensaft abschmecken und mit Stär-
kemehl, das in etwas Wasser angerührt wurde, sämig abbinden.
Die Suppe in Tassen anrichten, einen Klacks Crème fraîche,
ein Dillbüschelchen und etwas abgeschabten Meerrettich
darauf drapieren.

Die Parks von Paris II –
Jardin Musée Rodin

Mich zog es vor Erschöpfung fast zu Boden, als ich nach langer Zeit wieder einmal die Rue de Varenne entlangspazierte und meine Fußreise zum Musée Rodin einfach kein Ende zu nehmen schien. Ich hatte im «Les Deux Magots» gefrühstückt und mich dann auf den Weg gemacht. Als mir nach einer halben Stunde bewusst wurde, dass ich die Entfernung völlig unterschätzt hatte, war es mit dem gemächlichen Schlendern vorbei. Wenn alles nach Plan verlaufen sollte und ich nach dem Besuch des Museums noch ein gutes Mittagessen ergattern wollte, musste ich langsam in einen raumgreifenden Trab fallen.

Nach einer weiteren Viertelstunde gelangte ich ins Zielgebiet. Von dem verwunschenen Schlösschen, in dem sich das Museum befinden sollte, sah ich zuerst gar nichts. Dafür war vor dem neu erbauten Eingang eine haushohe Glasfront errichtet, die offenbar gerade von zwei Busladungen Kulturbeflissener gestürmt wurde. Doch das Glück war mir hold und die hammelherdige Reisegruppe bereits im Abmarsch begriffen. Wie immer befand ich mich im Besitz eines Museumspasses für zwei Tage, inklusive Metro. Warum war ich damit eigentlich nicht bis zur Station Varenne gefahren, um dann dort gleich beim Rodin-Museum ans Tageslicht zu steigen?

Die Empfangshalle mit Museumsshop und allem, was ein Museum heute braucht, um Zusatzgeschäfte zu tätigen, ließ ich hinter mir und trat ins Freie. Bei einem Blick über die Schulter machte der Museumsshop einen fast herrschaftlichen Eindruck. Dieses Gebäude war noch vor hundert Jahren eine Kapelle gewesen. Auf dem Gelände befand sich damals ein Kloster für die Nonnen von Sacré-Cœur, und ein Kloster ohne Kirchlein ist wie ein Auto ohne Reifen. Der Orden hatte im 19. Jahrhundert das gegenüberliegende Hôtel Biron übernommen, jenes Schlösschen, das heute das Museum beherbergt. Mit dem Wort *Hôtel* ist übrigens im Sprachgebrauch des 17. Jahrhunderts das *Hôtel Particulier* gemeint, ein Stadtpalais. Auch Verwaltungsgebäude wurden so genannt. Aus dieser Zeit übrig geblieben ist der französische Begriff für Rathaus, *Hôtel de Ville*.

Die Ordensgemeinschaft hatte sich der Erziehung sogenannter höherer Töchter gewidmet. Mit Sacré-Cœur-Schwestern habe ich schon als Jugendlicher Erfahrungen gesammelt. Mein Vater fungierte eine Zeitlang als Testamentsverwalter einer Nonne, die sich in Pressbaum bei Wien die Knie wundgebetet hatte. Ich erinnere mich noch gut. Damals umrundete plissiertes, gestärktes Linnen das oftmals hübsche Gesicht der Schwestern. Mir fiel als Bub schon auf, welch zarte und helle Haut sie hatten. Es wird daran gelegen haben, dass allenfalls die Nase einen Sonnenstrahl abbekam. Wegen des steifen Schleiers konnten die Nonnen kaum den Kopf bewegen, geschweige denn nach rechts oder links schauen. Der Geradeausblick auf den heißgeliebten Jesus klappte jedoch vorzüglich. Meiner Schwester Vera wurden im Kloster und Internat Sacre Cœur in Bregenz die Leviten gelesen. Ich besuchte sie dort zwei Mal und war natürlich an ihren Mitschülerinnen wesentlich mehr interessiert als an den Nonnen.

Das Kloster in der Rue de Varenne, welches das heutige Musée Rodin beherbergt, fiel dem französischen Laizismus zum Opfer und wurde Anfang des 20. Jahrhunderts verstaatlicht. Das Gebäude geriet in Vergessenheit und rief schließlich ganz spezielle Hausbesetzer auf den Plan. Künstler nisteten sich ein, beispielsweise Jean Cocteau, Henri Matisse oder die Tänzerin Isadora Duncan. Clara Westhoff, die spätere Ehefrau von Rainer Maria Rilke, nahm sich hier ein Zimmer, um zwei Straßen weiter in der Rue de l'Université bei Rodin zu hospitieren. Rilke selbst bekam den Auftrag, über Rodin einen Bericht zu schreiben, und traf 1902 in der Rue de Varenne ein. Aus dem Bericht wurde ein Buch und Rilke für einige Zeit Sekretär des berühmten Künstlers. Auguste Rodins Atelier sah aus wie ein Steinbruch, überall lagen riesige Quader herum, so erfahre ich aus den Aufzeichnungen des Dichters. Eines Tages überredete Rilke den Meister, ebenfalls ins Hôtel Biron umzusiedeln. Rodin übernahm das Parterre, und so gerieten nach und nach seine Statuen in den vier Hektar großen Park.

Das berühmteste Werk, das dort bis heute geparkt wurde, dürften die «Bürger von Calais» sein, es handelt sich dabei um einen Guss von 1926. In Calais steht eine viel frühere Version aus dem Jahr 1895. Sehr beeindruckt hat mich auch die Skulptur des Honoré de Balzac. Rilke erging es ähnlich wie mir. Er schrieb in seinem Buch «Auguste Rodin»: «... und so ist auch der Balzac: Rodin hat ihm eine Größe gegeben, die vielleicht die Gestalt dieses Schriftstellers überragt. Er hat ihn im Grunde seines Wesens erfasst, aber er hat an den Grenzen seines Wesens nicht haltgemacht.»

Noch ein bekanntes Werk von Rodin ziert den Park, nämlich der berühmte «Denker». Viel kopiert und nie erreicht, sitzt er zwischen akkurat kupierten Buchsbaumkegeln und

Auguste Rodin in seinem Atelier (ca. 1903).
Rechts in Arbeit: die Skulptur Balzacs

stützt mit dem Ellenbogen seinen schweren Denkerkopf. In dem Park vereinigt sich gezähmte Natur mit Kunst. Die Natur gibt den Werken Rodins eine bessere Plattform, als es das Innere des Museums vermag. Natürlich findet der Interessierte dort eine Fülle an Handzeichnungen, Figurinen und wettersensiblen Statuen. Wer jedoch bei schönem Wetter für einen Euro Eintritt nur den Park erlustwandeln möchte, verschafft sich einen unvergesslichen Eindruck. Die kraftvollen Körper lassen erahnen, dass der Bildhauer mit seiner Meißelei, dem ständigen Schwingen des Hammers, dem Hantieren mit Gips und Drahtgerüsten keineswegs ein Sensibelchen war.

Rodins Elevinnen wurden ebenfalls alles andere als zartfühlend behandelt. Die hochtalentierte Camille Claudel wuchs über den Status als Studentin so lange hinaus, bis der Meister sich in Eifersüchteleien verbohrte. Ich habe ja schon erwähnt, dass der Nachbar meines Großvaters, der Bildhauer Jakob Wilhelm Fehrle, bei Rodin studiert hat. An Rilke bemängelte Rodin das schlechte Französisch. Der Poet arbeitete sich jedoch bald in die Sprache hinein und schrieb später sogar Gedichte auf Französisch. Trotzdem sah der handfeste Rodin in Rilke letztlich einen Faulenzer, wenn nicht sogar einen Maulhelden. Derartige Verdächtigungen sind Dichtern geläufig, denn geistiges Schaffen mit der Feder tritt nun einmal nicht so vehement und hörbar an den Tag wie Hammer und Meißel an einem Marmorklotz.

Das bunte Völkchen, welches damals das Hôtel Biron besetzt hielt, wurde von Staats wegen 1911 zum Auszug aufgefordert. Die Stadtverwaltung plante, in dem Gebäude eine gepflegte Verwaltungsheimstatt einzurichten, hatte aber die Rechnung ohne den Bildhauer gemacht. Der weigerte sich entschieden, das Feld zu räumen, und da sein Ansehen im ganzen Land inzwischen enorm gestiegen war, konnten seine Wünsche nicht einfach unter den Teppich gekehrt werden.

Rodins Vorschlag, das ganze Palais zu mieten, wurde angenommen. Er verfügte testamentarisch, dass nach seinem Ableben alle Skulpturen, auch diejenigen, welche den Park schmückten, verbleiben sollten, unter der Voraussetzung, dass ein Museum entstünde. So geschah es, und 1926 geriet das ganze Areal unter Denkmalschutz. Damit war Spekulanten oder geldgierigen Behörden ein Riegel vorgeschoben, und alles zeigt sich heute noch so wie damals. Der Garten hat sich über die Jahrzehnte zu einem Juwel ausgewachsen.

Man muss sich nicht wie ich die Füße platt tippeln, wie gesagt: Über die Metrostation Varenne lässt sich dieser schöne Ort leicht erreichen. Außer montags wird immer um zehn Uhr morgens geöffnet. In der Früh ist auch der Andrang geringer, und dem Genießer würde sich hinterher noch eine weitere Option auftun: Tritt der von schöner Kunst und von Gartenpracht Beschenkte nämlich aus dem Park und durch Pförtnerhaus und Museumsladen hindurch wieder in die Welt hinaus, so wird er etwas weiter links, auf der anderen Straßenseite, die Rundung eines fein behauenen Steinhauses mit den massiven Messingbuchstaben erkennen: «Restaurant l'Arpège». So schlicht von außen alles wirkt, im Inneren zelebriert der beste Gemüsekoch der Welt wahre Wunder aus eigener Gärtnerei. Schlag halb eins saß ich am Tisch.

Alain Passard, Sohn eines Musikers und selbst Saxophonist, hat den Mut aufgebracht, in der Drei-Sterne-Küche das Fleisch hintanzustellen. 1986 übernahm er von seinem Mentor Alain Senderens das Restaurant «L'Archestrate» in der Rue de Varenne, das er in «L'Arpège» umbenannte. Als ich ihn das erste Mal besuchte, befand sich das Lokal noch im alten Zustand. Ich erinnere mich an eine Bresse-Poularde im Salzmantel, die ich mir zusammen mit meiner Frau zu Gemüte führte.

Die Sitzverhältnisse in Paris sind oftmals sehr beengt und die Stühlchen für meinen Körperbau gemeingefährlich dünnfüßig. Aber wo Schatten, da ist auch Licht, und so kam ich damals im «L'Arpège» mit der Dame am Nebentisch in Kniekontakt. «Was machst du mit dem Knie, lieber Vincent?» – war das nicht einmal ein Nachkriegsschlager? Der unbeabsichtigte Flirt mit meiner Nachbarin nahm etwas Konstantes an, jedenfalls erhöhte die Dame beständig ihren Druck, und ich, damals noch jung, schön und voll im Saft, erfreute mich an der keuschen Erotik. Die Kellner vollbrachten beim Tranchieren des Hahns auf einem winzigen Abstelltischchen, sozusagen zwischen allen Stühlchen, eine Art Zirkusnummer. Das lenkte mich etwas von meiner Nachbarin ab, und mein Puls kam wieder einigermaßen in Ordnung, gerade noch rechtzeitig, bevor meine Frau Verdacht schöpfen konnte.

Irgendwann baute das berühmte Restaurant «Arpège» dann gründlich um. Bei unserem zweiten Besuch zeigte sich der Raum nicht gerade groß, jedoch recht angenehm und von einem Chic, den meine Frau «Lalique-Eleganz» nennt, benannt nach der Kristallglas-Manufaktur, welche sehr schöne Gläser und Objekte herstellt, die jedoch nicht immer dem modernen deutschen Geschmack entsprechen. Das haben wir den Franzosen voraus: Das Nachbeben der Bauhauszeit ist in Deutschland bis heute spürbar, was so manche Architekten und Innenarchitekten leider ignorieren.

Nach der Umgestaltung baute Alain Passard auch seine Küchenphilosophie um. Er legte sich einen tüchtigen Gärtner und eine eigene Gärtnerei zu, und die Ernte kommt seitdem auf die Teller des Restaurants. Als Vorspeise wurde uns warmer, bretonischer Hummer aufgetischt. Das Gemüse dominierte, und das ganze Gericht ruhte unter einer Art durchsichtiger, essbarer und natürlich schmeckender Gaze. Weiß der Teufel, wie der Meister das zustande gebracht hat, ich nehme an, es handelte sich um ein molekulares Experiment. Seltsam, wenn man sich nachhaltig an ein Essen erinnert, dann meist an einen Gag, der zum Geschmack des Gerichts oft herzlich wenig beigetragen hat.

Der Hauptgang wurde vom *Chef de Service* aufgetragen. Mit opernreifem Gestus, aber ohne den Overkill, der oft das Mittelmäßige antreibt, brachte er einen großen schwarzen Eisentopf. Den Deckelrand säumte ein kross gebackener Teigstreifen. Der schwere Deckel, dicht verschlossen und festgebacken, ließ sich zunächst nicht öffnen, doch der Ober erinnerte sich an den Physikunterricht, in dem es länderübergreifend in der jeweiligen Sprache heißt: «Gewaltig ist des Menschen Kraft, wenn er Gebrauch vom Hebel macht!» Der Deckel wurde also aufgewuchtet, und ein wunderbarer Duft umströmte uns. Ein Hahn wurde entnommen und tranchiert. Das Gemüsebett, auf dem der Vogel dem idealen Garpunkt entgegen gedünstet hatte, war voll gesogen von den Säften des Tieres. Das nenne ich königliche Ökumene, besser kann sich Tierisches und Pflanzliches nicht versöhnen.

Ein kleiner Nachsatz: Gemüse spielt in der französischen Küche immer noch eine untergeordnete Rolle. Alles dreht sich um Fisch, Ente, Entrecôtes, Filet Mignons möglichst blutig, Gigot d'Agneaus, also Lammkeulen, bis hin zu den grauenhaften Steak frites, welche der Bistro-Szene die zähe Geschäftsgrundlage verschaffen. In Blogs werden Alain Ducasse und insbesondere Alain Passard als Vorreiter der gemüseorientierten Küche regelrecht verhöhnt. Niemand bedenkt dabei, dass die Zubereitung von gutem Gemüse extrem aufwendig ist und hohe Lohnkosten verursacht. Und nichts ist heutzutage teurer als der Lohn. Für eine Taube zahlt man gerne 50 Euro, obwohl man sie letztlich, salopp formuliert, nur in den Ofen werfen muss. Auch in Deutschland ist vegetarische Spitzenküche immer noch dem Vorwurf ausgeliefert, dass die Materialkosten doch vergleichsweise gering seien. Bei Alain Passard kostet eine Gemüsevorspeise ungefähr achtzig Euro, und ich bin überzeugt, dass dem Küchenhelden kein großer Gewinn verbleibt.

Die Gebrüder Goncourt

Jede Zeit hat ihre starken Charaktere. Herausragende Menschen werden leicht verkannt, man schafft es ja nicht einmal, seinen Nachbarn richtig einzuschätzen. Die Brüder Edmond und Jules de Goncourt, wohnhaft im 16. Arrondissement, Boulevard de Montmorency 67, konnten oft das Fenster zum Hof nicht öffnen, weil im gegenüberliegenden Haus eine Werkstatt eingerichtet war. Ein immerwährendes Blöken rüttelte an den Nerven der beiden Schriftsteller, und sie wähnten auf der anderen Seite des Hofs einen Irren am kollabieren. Sein Name: Adolphe Sax. Er brachte es aber letztendlich zu weit mehr Ruhm als die beiden Schreiber, obwohl sie die Stifter des berühmten französischen Literaturpreises sind. Das Saxophon hat die Welt erobert, die Goncourts sind nur dem literarisch gebildeten Publikum vertraut.

Dabei kann man das Paris des 19. Jahrhunderts kaum besser ausforschen als mit den Tagebüchern der beiden Brüder. Edmond und Jules de Goncourt wurden in eine adelige Familie hineingeboren. Der Urgroßvater verfügte vor der Revolution bereits über ein beträchtliches Vermögen, Großvater und Vater schmälerten es nicht. Letzterer kämpfte unter Napoleon als Offizier, und die Mutter vererbte den Söhnen einen schönen Haufen Geld. Bis dahin hatten sich die Brüder freudlos mit Juristerei beschäftigt und legten diese Tätigkeit nach der Erbschaft sofort ad acta. Sie hatten sich schon immer für die schönen Dinge des Lebens, für Theater, Musik und vor allem Literatur interessiert. Beide verfügten über eine große Begabung für das Wesentliche, und ihre Schreiberei kann man heute noch überaus modern nennen. Kurze Sätze, prägnante Bilder und ein üppiger Wortschatz machen ihre Texte bis heute nicht nur zu einem Genuss, sondern für angehende Literaten auch zu einer wahren Fundgrube an treffenden Wörtern.

Die Brüder lebten trotz acht Jahren Altersunterschied von Anfang bis Ende unzertrennlich zusammen, schrieben gemeinsam und teilten sich sogar ihre Geliebten. Die beiden zerrissen sich das Maul über alles, was sie in Paris an gesellschaftlichem Leben als nennenswert betrachteten, ungeachtet dessen, ob es sich in- oder außerhalb der Betten abspielte. Sie waren die Urväter des Klatschjournalismus, ihre Texte lesen sich jedoch heute noch dermaßen geistreich, dass man keinerlei Parallelen zum Boulevard-Journalismus der Gegenwart ziehen kann. Lange Rede kurzer Sinn: Die Dichter ahnten nicht, was einem Sax-Krummhorn alles entfleuchen kann. Mit ihrem Nachbarn gaben sie sich deshalb nur kurz ab, ihr Augenmerk richteten sie mehr auf die sogenannte «bessere» Gesellschaft. Diese entlarvten sie schonungslos.

Schaut man sich heute die gehobenen Gesellschaftskreise an, vom Kulturleben ganz zu schweigen, so sind Stil und Klasse schwer auf dem Rückzug. Sprach man vor ungefähr hundert Jahren in Paris von *Décadence*, so wäre die Bedeutung dieses Wortes treffender für die heutige Zeit. Wer unter prominenten Zeitgenossen nach Geist und Esprit sucht, hat's nicht leicht. Das ist bei uns nicht anders als in Frankreich. Prominenz bedeutet heute, dass man allseits bekannt ist, und wo erreicht man diesen Status am besten? Im Fernsehen. Selbst die Politik treibt unaufhaltsam in Richtung Showgeschäft. An dieser Entwicklung sind sicher auch die kurzen Wahlintervalle schuld, die schnelle Scheinerfolge der Nachhaltigkeit opfern. So werden die meisten Politiker unserer Tage später höchstens als Marginalie durchs kollektive Gedächtnis geistern. Es wäre einfach, jetzt den Präsidenten François Hollande zu nennen. Auch Sarkozy mischt im *Toute Paris* noch mit und wird als zäher Kämpfer vielleicht sogar noch länger die Nase über Wasser halten. Dessen Vorgänger jedoch, Jacques Chirac, ist bereits aus den Köpfen des Publikums gefallen. Ich denke, dass nur diejenigen in Erinnerung bleiben werden, die auch wirklich Stellung bezogen und nicht nur dem Volke nach dem Maul geredet haben.

Auch über die Pariser Intellektuellen gäbe es viel zu lästern, stellvertretend nenne ich hier nur drei Buchstaben: BHL – Bernard-Henri Lévy. Er ist der Mitbegründer der «Nouvelle Philosophie», noch mehr aber ist er ein Partyhengst, und er würde sich auch sehr gut als Hauptdarsteller in B-Movies eignen. Erstaunlich, wie die Franzosen ihre philosophierenden und schwadronisierenden Intelligenzler lieben. Und wenn ich jetzt von «Franzosen» rede, dann stimmt das nicht, denn wer so pauschal spricht, meint meist die Pariser, die sowieso glauben, dass alles außerhalb der zentralen Region Île de France hinterm Mond lebt.

Mein Lieblingsphilosoph Michel Onfray stammt aus der Normandie und besuchte keine der wenigen Eliteschulen, welche die Intelligenzija der *Grande Nation* erscheinen lässt, als komme sie komplett aus demselben Reagenzglas. Onfray, der mit Abstand auf das Treiben der Hauptstadt blickt, entzieht sich jedem Glamour. Er gehört infolgedessen auch nicht zu den Medienlieblingen, wahrscheinlich deshalb, weil er nicht sagt, was das Publikum hören will. Er ist auf dem Feld der Philosophie deswegen mein persönlicher Held, denn er spricht und schreibt so, dass er seine Gedanken auch selbst versteht, und vor allem, dass ich sie verstehe, was bei vielen eitlen Philosophen nicht selbstverständlich ist. Ich gebe zu, ich bin etwas voreingenommen.

Was die Gebrüder Goncourt angeht, so würden sie bei der Pariser Prominenz von heute bestimmt den Beruf gewechselt und die Federhalter zum Fenster hinausgeschmissen haben. Wo sind eigentlich die stillen Leute mit Substanz geblieben? Nicht ganz still, sondern immer noch erfreulich deutlich zu vernehmen ist der geniale Charles Aznavour und natürlich auch die unvergleichliche Juliette Gréco. Sie hat das Paris noch erlebt, das ich so liebe und das nur noch zu finden ist, wenn man sich auf Spurensuche begibt. Für mich ist sie seit Jahren das markanteste Gesicht der Stadt, und sie verdankt ihre Berühmtheit, ihren Rang nicht nur den Massenmedien.

Manch einer wird sich an den Kopf greifen, wenn ich Michel Houllebecq für ein großes Kaliber halte. Viele urteilen über ihn, meist abfällig, aber fast keiner hat ihn gelesen. Ich glaube aber, er wird die Zeitläufte überdauern, schon deshalb, weil er so viele Feinde hat. Der Begriff des unverstandenen Genies ist zwar schon schwer angenagt, aber es gibt diese Genialität, die im Verborgenen gedeiht. Leute, die die übernächste Generation vielleicht gebührend feiern wird.

Doch Wahrsagerei ist ein riskantes Unterfangen, Zurückblicken ist leichter. Die Zeit ist ein wirklich ernst zu nehmender Faktor, und mit jedem Tag, der vergeht, rieselt irgendeine Berühmtheit durch das Sieb des Vergessens.

Der Besuch
auf dem Friedhof

«Ärgert dich dein Auge, so reiß es aus, ärgert dich deine Hand,
so hau sie ab, ärgert dich deine Zunge, so schneide sie ab,
und ärgert dich deine Vernunft, so werde katholisch.»
Heinrich Heine

Es gibt Leute, die gehen nicht gerne auf Friedhöfe. Doch zwischen den Gräbern und beim Lesen von Grabinschriften kann man Antworten finden, die man sich von Lebenden oft vergebens erhofft. Alle wollen irgendwohin und vergessen dabei völlig, woher sie kommen. Aber wie soll man wissen, wo vorne ist, wenn man nicht weiß, wo hinten ist? Oder anders gesagt: Orientierung bietet nicht selten die Vergangenheit.

Als südlich orientierter Mensch beurteile ich Städte stets nach ihren Friedhöfen. Friedhöfe sind für mich Lebenshilfe und regen mich zum Nachdenken an. Dazu müssen sie nicht unbedingt romantisch oder opulent sein und das Auge erfreuen. Man denke an die weichen, sattgrünen Wiesen in England und Amerika, auf denen schmucklose Leichensteine in den Himmel ragen, als wären sie pfeilgrad vom Allmächtigen ins Grün gerammt worden. Gerade dieser Last-Exit-Puritanismus löst bei mir starke Empfindungen aus. In katholischen Gegenden läuft es umgekehrt, dort wird manchmal der Abschied aus der Welt der Lebenden geradezu pompös demonstriert. Den Pariser Friedhof «Père Lachaise» könnte man, wenn man bösartig wäre, das Disneyland der Toten nennen. Aber auch auf dem Friedhof in Montmartre gibt es Insassen von Mausoleen, die ihren

Wunsch nach Unsterblichkeit ausleben, indem sie nicht in einem feuchten Grab ruhen, sondern in einem kleinen Schlösschen residieren. Standesgemäß warten sie die Auferstehung ab. Wenn es einen kleinteiligen architektonischen Protz gibt, dann auf den alten Pariser Friedhöfen. Die Bewohner hört man dort geradezu paukenschlagartig donnern: «Leute, es wird euch nicht gelingen, mich zu vergessen.»

Der Cimetière de Montmartre liegt nahe der Metrostation La Fourche, der man nur einen Steinwurf vom Touristen-Hotspot «Moulin Rouge» entfernt dem Untergrund entsteigt. Auf der Avenue de Saint-Ouen biegt man nach drei Straßen rechts zum Friedhof ab. Man geht durch ein großes Tor und kommt in eine Totenstadt, die wie vergleichbare Friedhöfe von Straßen durchzogen und nach Abteilungen sortiert ist; mit etwas Phantasie könnte man von Stadtteilen sprechen. Wer hier einen Bediensteten nach einem bestimmten Grab fragt, wird häufig unfreundlich verscheucht, und man braucht schon ein dickes Fell, um nicht frustriert wieder von dannen zu ziehen. Idealerweise hat man deshalb bereits im Internet den Lageplan studiert. Mein Ziel in der 27. Division suche ich allerdings nicht zum ersten Mal auf. Inmitten von Monumentalgräbern, die neugotischen und barocken Stil nachahmen, leuchtet eine weiße Marmorbüste. Auf einem hohen Sockel befestigt, grüßt sie mich ohne jedes Pathos von oben herab. Ich stehe am Grab von Heinrich Heine. Diese Ruhestätte, von einem Freundeskreis spendiert, entstand erst im Jahr 1901 und gilt als besonderes Schmuckstück. Auch viele Franzosen besuchen «ihren» Henri, und würde nicht gleich gegenüber François Truffaut liegen, wäre Heine sicher der Publikumsliebling in diesem Geviert. Jetzt sitze ich auf seinem Grabstein, neben mir ein frischer Blumenstrauß. Es ist sicher das dritte Mal, dass ich hierherkomme, und jedes Mal finde ich frische Blumen.

Auf Heines Grabstein lese ich die Klage des Heimatlosen:

Wo wird einst des Wandermüden
letzte Ruhestätte sein?
Unter Palmen in dem Süden?
Unter Linden an dem Rhein?

Werd' ich wo in einer Wüste
eingescharrt von fremder Hand?
Oder ruh' ich an der Küste
eines Meeres in dem Sand?

Immerhin! Mich wird umgeben
Gottes Himmel, dort wie hier,
und als Totenlampe schweben
nachts die Sterne über mir.

Für Heinrich Heine schwärmte ich schon in meiner Jugendzeit, ich empfand seine Schreibweise als sehr modern. Heute, dreißig Jahre später, muss ich das sogar noch bekräftigen. Auch den Mut, die krummen Dinge beim Namen zu nennen, würde man sich heute zumindest in den Boulevardmedien verstärkt wünschen. Heine musste wegen seiner Direktheit, wegen der Zensur nach Paris fliehen und wirkte dort als Korrespondent der «Augsburger Allgemeinen». Diese Zeitung kann man als die damals bedeutendste im deutschen Sprachraum bezeichnen. Sie erschien im Verlag Cotta, eine schwäbische Institution, gedruckt jedoch in Augsburg, da dort die Zensur weniger streng gehandhabt wurde als im Württembergischen. Ich muss an Christian Friedrich Daniel Schubart denken, einen Dichter, der aus

Heines Grab auf dem Cimetière de Montmartre

meiner Heimat stammt. Er schrieb vor der Zeit Heines in sanftem Tone, wie ungerecht es sei, württembergische Buben an die Engländer als Soldaten zu verkaufen, damit sie dann in Kolonialkriegen ihr Leben lassen mussten. Diese wenigen Sätze brachten Schubart zehn Jahre Gefängnis auf dem Hohenasperg ein, ein Hügel, den ich von meinem Restaurant täglich sehen kann und der mich ständig mahnt. Man nennt ihn im Schwäbischen den höchsten Berg der Welt: In einer Viertelstunde ist man droben, und bis man wieder im Tal ist, können Jahre vergehen.

«Lieber Heine», höre ich mich plötzlich sprechen und bemerke, dass die Leute mich komisch anschauen. Ich rede trotzdem weiter: «Lieber Heine, irgendwo bei Ihnen bin ich auf den Begriff ‹Weltkuddelmuddel› gestoßen. Heutzutage leben wir in einer Welt, die man ‹global› nennt, weil sich alles vermischt. Es ist nicht mehr nur Deutschland, das einen um den Schlaf bringt. Die ganze Welt ist ein mörderisches Tollhaus. Es ist wie zu Ihren Lebzeiten, dass man sich fragt, warum um Himmels willen es bei all dem Streben der Menschheit nach Frieden so viele Tote geben muss. Sind sie der Antrieb, damit sich die Welt weiterdreht? Sie als Schriftsteller und Journalist klagten über mangelnde Pressefreiheit, und dass die Wahrheit niederzuschreiben eine gefährliche Angelegenheit sein kann. Das ist auch heute noch so. Und mit der Humorlosigkeit ist es auch nicht anders als in Ihren Tagen, zwischen den Revolutionen von 1789 und 1848. Ja, die Obrigkeit versteht keinen Spaß und die Religionen sowieso nicht. Sie sprachen bereits von ‹Gotteswahnsinn› und dass man Gott, Sie nannten ihn den ‹Alten›, eigentlich wegsperren müsste.»

Mein Besuch bei Heine kommt gerade zur rechten Zeit. Es ist nicht lange her, dass die Redaktion der Zeitschrift «Charlie Hebdo» überfallen wurde. Heinrich Heine, in

Deutschland verhöhnt, verkannt und verboten, war 1831 gerade noch rechtzeitig geflohen, bevor die Häscher und Hüter deutschen Unrechts seiner habhaft werden konnten. Sein Verbrechen: Er hatte in deutlichen Worten die Wahrheit zu Papier gebracht. Das war vor knapp zweihundert Jahren, und bis heute gibt es fast nichts Gefährlicheres, als eine unbequeme Meinung zu äußern. Deshalb sollte man sich die Erinnerung an diesen Journalisten, Dichter und Schriftsteller immer bewahren. Gerade dann, wenn die Pressefreiheit bedroht wird.

Ein Kluger bemerkt alles.
Ein Dummer macht über alles eine Bemerkung.

Auf die Deutschen hatte Heine einen messerscharfen Blick. Seine klare Sicht aus dem Blickwinkel des unfreiwilligen Parisers auf die deutschen Verhältnisse verschafften ihm zu Lebzeiten schon einen guten Ruf und die Anerkennung französischer Kollegen, wie beispielsweise der Brüder Goncourt und der Pariser Intelligenzija. Heine sah in seiner Heimat einen «Teutomanismus» am Werke. Wie sehr diese Unart Deutschland im «Tausendjährigen Reich» der Nazizeit weit hinter den Rest der Menschheit stellen sollte, hätte er sich kaum ausmalen können. Es zu erleben, blieb dem Juden Heine gnädig erspart. Die Deutschen sprangen als Tiger und landeten als Bettvorleger in den Trümmern ihres Größenwahns. Dahingegangen war auch die gesamte jüdische Intelligenz, die aber bereits im 19. Jahrhundert unterdrückt und verfolgt wurde. In seiner historischen Komödie «Almansor» schrieb der Dichter 1821:

Es war ein Vorspiel nur. Dort wo man Bücher verbrennt,
verbrennt man auch am Ende Menschen.

184

Diese Worte kann man übrigens nicht als Prophezeiung deuten, denn die ersten Bücher waren bereits im vierten Jahrhundert nach Christus gen Himmel gelodert, und 1817 hatte Heinrich Heine von Bücherverbrennungen auf der Wartburg gehört. Nicht nur Werke reaktionärer, sondern auch jüdischer und französischer Autoren landeten damals in der Glut, darunter auch Napoleons «Code Civil», das Gesetzbuch der Franzosen, das auch in deutschen Territorien Geltung hatte und bis in unsere heutige Demokratie nachwirkt.

Mit seinem politischen Urteilsvermögen sorgte Heine bis in die Nazizeit für Verunsicherung. Seine Bücher wurden nicht nur wegen seines Judentums den Flammen übergeben, die Nazis verboten sie auch aus einem weiteren Grund: Er brachte seine Leser zum Nachdenken, Abwägen und In-Frage-Stellen. Hätte das deutsche Volk mehr Heine gelesen und nichts als Heine, hätten sich die Katastrophen des 20. Jahrhunderts dann vermeiden lassen? Dichter könnten Nationen retten, aber nur dann, wenn sie auch gelesen und verstanden werden.

Für geradlinige Leute wie Heine waren es schwierige Zeiten: Er fand sich in Paris von deutscher Seite ständigen Anfeindungen ausgesetzt. Er ließ sich aber nicht unterkriegen und hatte zum Glück vortreffliche Unterstützung. Es war die große Liebe zu seiner Frau Mathilde. Von des Dichters Arbeit hatte sie keine Ahnung. Aus ärmlichen Verhältnissen stammend, war in ihrer Kindheit kein Geld für die Schule aufzutreiben, und so blieben ihr die Buchstaben ein lebenslanges Geheimnis. Als Schulmeister rackerte sich Heine bei ihr vergeblich ab.

Gleichwohl entzückte Mathildes Intelligenz bei Einladungen, und ihre Schönheit überstrahlte so manchen öffentlichen Auftritt. Es gab jede Menge Leute in Paris, die

Heines Frau als unmoralisch diffamierten. Letztlich ist es mit Frauen immer noch so: Tanzen sie aus der Reihe, wird gerne die Moralkeule geschwungen. Die waschechte Pariserin Mathilde lebte auf wunderbare Weise frei von Scheinheiligkeit und Anpassung. Tat sie sich mit dem Lesen und Schreiben auch schwer, so hielt sie die «Waffen einer Frau» blitzblank. Mathildes inneres Feuer sorgte dafür, dass auch bei Heine die Glut nicht ausging. Ihr Temperament animierte Heine zu dem Kosenamen «Mathilde, der Hausvesuv».

Vielen Franzosen gilt Heine als französischer Dichter, ähnlich wie für die Österreicher Beethoven einer der ihren ist. Heine schrieb auf Französisch genauso brillant wie auf Deutsch. Er setzte sich für den Frieden ein und wurde schon deshalb kaum als Deutscher gehandelt. Einmal ging ihm jedoch der Gaul durch. In einem Gasthaus begann er, auf einen Studenten einzuprügeln, nur weil dieser sich über das ungleiche Paar mit achtzehn Jahren Altersunterschied lustig machte. Um der Ehefrau Satisfaction zu verschaffen, quälte er sich im Morgengrauen des nächsten Tages sogar durch ein Duell. Wer hätte ihm das zugetraut? Da glaubt man doch gerne der Überlieferung, er habe absichtlich in die Luft geschossen – oder war es der andere, der auch keine Lust hatte und sich unverrichteter Dinge vom Austragungsort entfernte?

Duelle sind ein zu hoher Preis, um den höchst zweifelhaften Begriff der Ehre zu verteidigen. Doch zurück zu Mathilde, die eigentlich Augustine-Crescence-Eugénie hieß: Er hatte sie bereits vor der katholischen Trauung in der Pfarrkirche St. Sulpice in ‹Mathilde› umgetauft. Könnte man den Beweggrund dafür in einer Art von Heimweh erahnen? Wahrscheinlich schon. Wobei sich «Crescence-Eugénie» zweifellos mondäner anhört als «Mathilde». Aber

Rue du Faubourg-Poissonnière 72.
Hier lebte Heine von September 1841 bis April 1846

mondän war Mathilde ohnehin. Es traf Heine sicherlich nicht unvorbereitet, dass Pariserinnen speziell, und tolle Frauen sowieso, sich nicht für Sparsamkeit eignen. Wer an den Haute-Couture-Auslagen der Faubourg St.-Honoré vorbeiläuft, ist auch logischerweise anderen Versuchungen ausgesetzt als eine Maid, die im Bayerischen Wald lebt.

Auch zu mir sagt man übrigens, ich hätte eine schwierige Frau, aber es sei die Frage erlaubt, welche Alternativen es gibt: Vielleicht eine rechtschaffen doofe Nuss, die nichts als schöne Socken stricken kann und gute Eintöpfe zustande bringt? Am Ende käme eine eheliche Tranfunzel doch recht teuer. Man bedenke, dass Biedersinn, flankiert von Hausmannskost, früher oder später den Mann aus dem Haus in die Arme einer Freundin treibt. Das geht dann richtig ins Geld.

Heine zeigte sich sein Leben lang immer großzügig. Das Wohlleben wurde ihm in die Wiege gelegt, er stammte aus einigermaßen vermögendem Hause und wurde vom Onkel viele Jahre unterstützt. Egal wie löchrig der Geldbeutel war, er folgte gerne dem leichten Sinn. Deshalb soll auch der Widerstand nur sehr gering gewesen sein, wenn Gattin Mathilde beim Traiteur getrüffelte Hühner, Hummercocktail oder sonstigen Gaumenkitzel orderte. Dass sie nicht höheren Ständen entstammte, hinderte sie keineswegs daran, verschwendungssüchtig zu sein. Mein Lieblingsrestaurant, das «Grand Véfour» in Paris, war auch das Lieblingslokal von Madame Heine. Ich rechne es mir hoch an, dass ich mich mit meiner Begeisterung für dieses Etablissement mit dem berühmten Ehepaar in guter Gesellschaft befinde. Wir verfügen offensichtlich über die gleichen Ansprüche an die Gastronomie, die man mit einem Zitat Oscar Wildes trefflich beschreiben könnte: «Wir haben einen ganz einfachen Geschmack, wir sind immer mit dem Besten zufrieden!»

Guy Martin
und das «Grand Véfour»

Es ist eine weitverbreitete Meinung, herausragende Menschen seien durch Protektion, Vorsehung, Planung oder Schicksal auf den Weg des Erfolgs gehoben worden. Das ist schon möglich, aber um eine Karriere in Gang zu setzen, braucht es trotzdem eine Initialzündung, Leidenschaft und eine gute Portion Hirnschmalz. Guy Martin, der Küchenchef des «Grand Véfour», kam 1957 als stinknormaler Schreihals in Bourg-Saint-Maurice zur Welt. Die Pariser nennen diese Gegend in den Bergen nahe der italienischen Grenze «Französisch-Sibirien». Menschen, die in Höhenlagen aufgewachsen sind, neigen nicht zu großen Sprüngen, sondern sie setzen wie beim Bergaufgehen einen Fuß vor den anderen. Man macht kleine Schritte, geht langsam und dafür ausdauernd voran. Und so tastete sich Guy Martin behutsam in die Berufswelt des Kochs hinein: 1976 begann er als Pizzabäcker.

Wie das Leben oft so spielt – man gelangt an einen Punkt, eine Gelegenheit oder Verlockung tut sich auf, und man folgt ihr intuitiv. Viele Menschen nehmen jedoch entscheidende Wegmarken gar nicht wahr, und so kann es passieren, dass sie zwar bestens abgesichert ihre Lebenszeit durchwandern, aber ihr eigentliches Talent nie zum Vorschein kommt, was man durchaus auch als «Nichtleben» bezeichnen könnte. Der junge Guy hatte einen offenen Blick auf die Welt. Mitten im Pizzen-Alltag schob sich ihm etwas vors Auge, das eine gedankliche Erschütterung auslöste. Esoteriker würden sagen, ihn packte die Erleuchtung, und zwar in Form eines dicken roten Buches. Es ist sicherlich keine Novität, dass man durch Bücher seinen Horizont erweitern kann.

Das Buch, das Guy Martin in die Hand fiel, steht in meiner Bibliothek gleich dreimal, zweimal auf Deutsch und einmal auf Französisch. Der Klotz von über tausend Seiten nennt sich «Ali-Bab». Vor dem Ersten Weltkrieg geschrieben, gibt es dieses Pariser Kochbuch, modern überarbeitet, heute noch im französischen Flammarion-Verlag. Die einzige Übersetzung ins Deutsche erschien 1950. Treibende Kraft zu dieser Rezeptsammlung war ein gewisser Henri Babinski. 1855 in Paris geboren, arbeitete der polnischstämmige Bergbauingenieur in Südfrankreich und lange Jahre in Französisch-Guyana. Er brachte es bis zum Direktor, um dann eines Tages seine Liebe zum Kochen zu entdecken.

Babinski gewann die besten Küchenchefs seiner Zeit als Mitarbeiter, und 1907 veröffentlichte er das Profikochbuch unter dem Pseudonym «Ali-Bab». Seinen eigentlichen Namen verschwieg er vielleicht deshalb, weil er von der Fachwelt nicht verspottet werden wollte. Alte Zünfte lassen sich die Zöpfe nicht gerne von neu Dazugekommenen abschneiden. Auch heute sind wir keineswegs frei von dieser Haltung, doch obwohl das Wort «Hobbykoch» irgendwie abwertend klingt, gelangen immer wieder Amateure, befeuert von Leidenschaft und Tatendrang, an die Spitze meines Berufes.

Genau so jemand ist Guy Martin. Mit Hilfe des Ali-Bab-Buchs und natürlich mit dem nötigen Talent ging seine Karriere ungestüm voran. Nach seinem Start als Pizzabäcker bekam er eine Anstellung in einem guten Restaurant der französischen Alpenstadt Annecy, um wenig später den Karrieresprung in ein Restaurant der Edelkette «Relais-Châteaux» zu schaffen. 1989 erkochte er sich zwei Sterne, 1991 gelang ihm der Sprung nach Paris ins «Grand Véfour», das zuvor durch den viel gerühmten Raymond Oliver in der ganzen Welt bekannt geworden war.

Raymond Oliver war seit 1948 Küchenchef im «Véfour», das Louis Vaudable, der Besitzer des berühmten «Maxim's», nach langen Jahren des Verfalls gleich nach dem Krieg gekauft hatte. Raymond Oliver zeigte seine Kunst als einer der Ersten auch im Fernsehen. Er veröffentlichte etliche Kochbücher und hielt bis 1980 den dritten Michelin-Stern. Die Colette, Édith Piaf und Jean Cocteau wohnten gleich in der Nachbarschaft. Letzterer nutzte das Restaurant als seine «Kantine» und saß fast jeden Mittag am Tisch neben dem Eingang. Colettes Freundin Marguerite Moreno, die große Schauspielerin der «Comédie Française», der Dramatiker Jean Giraudoux, der in München Germanistik studiert hatte, Kulturminister André Malraux, der desperate Schriftsteller Jean Genet und natürlich die famose Juliette Gréco arrondierten die Tafelrunden. Sacha Guitry, ebenfalls Dramatiker, aber auch Schauspieler, prägte nach einem ausufernden Menü den schlagwetternden Satz: «Wenn man eine hässliche Frau liebt, besteht keinerlei Grund, dass das aufhören sollte – ganz im Gegenteil. Man wird sie immer stärker lieben, denn – während Schönheit mit der Zeit nachlässt, nimmt Hässlichkeit ständig zu.»

Von langweiliger Klientel konnte in diesem Etablissement jedenfalls keine Rede sein. Es war eine Zeit, als die Intelligenzija noch zu genießen wusste und sich nicht, wie heute, oftmals ungenießbar gibt. Die Drei-Sterne-Restaurants waren von Künstlern oder zumindest Esskünstlern bevölkert. Allerdings: Die gehobene Gastronomie war zwar noch nie billig, aber früher doch nicht so übertrieben aufwendig und teuer wie heute, wo sich nur noch Finanzleute und Multimillionäre dort einfinden können.

Raymond Oliver übergab den Traditionsbetrieb in den achtziger Jahren an die Champagnerfirma Taittinger. Von Virginie Taittinger wurde ich zum ersten Mal dorthin eingeladen. Auf die Frage, wo sie so gut Deutsch gelernt habe, meinte sie schelmisch und ein wenig frivol: «Es gibt sehr nette deutsche Männer, die Sprache ist schwierig, aber im Bett lernt man schnell!» Diese blonde Schönheit, lustig und quirlig, habe ich meiner Lebtag nicht mehr vergessen, und unter anderem deshalb ist mir dieses Restaurant so ans Herz gewachsen. Kein Paris-Besuch, wo ich nicht dort einkehre. Zwar besitzt das Restaurant keine drei Michelin-Sterne mehr, doch ich bin überzeugt, dass Guy Martin in dieser Liga gut mitspielen könnte. Der Pomp und Schwulst, der sich allerdings mittlerweile in dieser Kategorie festgesetzt hat, ist allenfalls von Hotels mit guter finanzieller Ausstattung zu stemmen oder erfordert von den Betreibern einen erheblichen Einsatz, den man mit dem gedopten Spitzensport vergleichen kann. Hinzu kommt noch ein ziemlicher Ehrgeiz, gepaart mit modischem Bewusstsein. Mit der Vernunft eines bodenständigen Patrons lässt sich das nur schwer vereinbaren.

Während ich diese Zeilen schreibe, meldet der sympathische Drei-Sterne-Chef Marc Meneau des Restaurants «L'Espérance» in Vezelay Insolvenz an, und der dänische Starkoch Martin Bentzen starb nach Aussagen seiner Schwester an Stress. Was soll ich dazu sagen? Koch ist der schönste Beruf, den man sich vorstellen kann, solange man wirklich naturreine Waren verarbeiten kann und leidenschaftliche Gäste hat. Die Tendenz der Medien, jeden Beruf

*Restaurant «Grand Véfour»: Hier speisten schon
die Revolutionäre*

in Rankinglisten zu pressen, sollte einen Koch nicht beeindrucken.

Wer heute das «Grand Véfour» betritt, spürt die Tradition, erlebt das gediegene Kochen, den kompetenten, liebenswürdigen Service. Das alles kommt nicht von ungefähr, der Laden ist eben schon sehr lange im Rennen und hat schlimmste Zeiten, aber auch Jahre der Euphorie überlebt. 1784 wurde das Restaurant als «Café de Chartres» gegründet, 1820 übernahm es Jean Véfour. Zu diesem Zeitpunkt hatten illustre Gäste das Restaurant bereits geadelt. Hier speisten die Revolutionäre wie Marat, Robespierre und Danton. Das mag ich am französischen Volk: Wenn es ums Essen geht, herrscht Waffenstillstand, und es kommt kein Neid auf. Man stelle sich einmal vor, Rudi Dutschke wäre seinerzeit bei mir Stammgast gewesen!

Grimod de la Reynière berichtete in seinem Restaurantführer über den Speisezettel des «Véfour»; Erwähnung fanden Hühnersalat in Mayonnaise, einfache Côtelettes de mouton, und Merlanfilet in Weißwein. Kurz nach der Revolution, als Napoleon noch Schlachten gewann, gab es «Getrüffeltes Huhn Marengo», das mit Krebsschwänzen garniert wurde und an die Schlacht bei Marengo erinnert. Der Leibkoch des Kaisers hatte damals angeblich in den Topf geworfen, was er im Umland ergattern konnte, und es fanden sich eben nur ein Huhn und etliche Krebse. Bei diesem Gericht taten sich im «Véfour» auch Victor Hugo, George Sand und Chopin gütlich, und auch Heinrich Heine mit Gattin Mathilde fand sich, wie erwähnt, an diesen Tischen gerne ein. Heute sitzt man noch so wie damals unter den bemalten hohen Decken im Empirestil, und die Einrichtung im Stile Ludwigs XVI. trägt dazu bei, dass man meint, es würden noch Poesie und Melodie all dieser Berühmtheiten aus der Täfelung klingen.

Die Weihnacht
wird zum Tag

In den Tagen vor Weihnachten geht der Koch durch die Hölle. Gemildert wird dieser Hades nur dadurch, dass man wegen des Dauerkochens keine Gelegenheit findet, um Geschenke zu kaufen. Kochen ist bestimmt nervenschonender. Und kleine Fluchten können, müssen aber nicht immer gelingen.

Ein Wochenende in Paris ist zum Beispiel eine solche Flucht. Mein Hotel nennt sich sinnigerweise «Hidden Hotel», also «Verstecktes Hotel». Es befindet sich in der Nähe des Triumphbogens. Um dorthin zu gelangen, sind die Champs-Élysées kaum zu umgehen. Anders gestrickte Zeitgenossen mögen die weihnachtliche Ausschmückung dieser Straße als Pforte zum Paradies empfinden, aber wer hier nicht vom Glauben abkommt, der kann wahrscheinlich auch Himmel und Hölle nicht mehr unterscheiden.

Es ist Sonntag, und die beginnende Dämmerung steigert den Lichterglanz, der sich in hohen Bögen über die fußballfeldbreite Straße spannt. Alle Niedervoltbirnchen, die China je produziert hat, scheinen sich hier ineinander verschlungen zu haben. Die Nacht wird zum Tag. Unter dem elektrischen Firmament quetscht sich auf dem Pflaster eine Menschelei, die meine Frankophilie gehörig durcheinanderrüttelt. Auf Höhe der Metrostation «Roosevelt» hat es auch einen Bandoneon-Spieler kalt erwischt; mit schwarzer Blindenbrille und Signalbinde am Arm scheint er sich bei den Klängen der Melodie «Autumn Leaves» verirrt zu haben. Niemand hört hin, niemand gibt Geld, der stoische Musiker nimmt dies generös hin. Doch der Klang meines Euros, der in der Pappschachtel landet, zaubert ein verzagtes Lächeln um seinen Mund. Der Bettler sitzt da wie ein leibhaftiger Appell an mich, in dieser Konsumhölle nicht länger zu verweilen als nötig.

Ich schlage also einen rettenden Haken in die Avenue Matignon. Nach zweihundert Metern geht es rechts ab in die Rue du Faubourg Saint-Honoré. Wer sich auskennt und nur einen schmalen Geldbeutel sein Eigen nennt, der sollte diese Gegend um den Élysée-Palast meiden. Hier werden Normalsterbliche in den Schaufensterauslagen in aller Deutlichkeit darauf hingewiesen, dass sie arme Teufel sind – was auch der Grund dafür sein wird, dass sich die Leute nicht gegenseitig auf die Füße treten. Die Gegend wirkt schlicht und dabei so *sophisticated*, dass sich Weihnachtsdeko erübrigt.

Es ist schon kalt, und die vor Dekaden lädierten Grundfesten meines Körpers melden sich stechend. Mein Knöchel, dieser vom Wetterbericht unbeeinflusste Barometer, sagt mir, dass Schnee fallen wird. Bald, vielleicht schon morgen. Ich hab nichts dagegen – am liebsten so viel, um den Verkehr lahmzulegen, denn ein autofreies Paris stelle ich mir angenehm vor. Noch aber schneit es nicht, und ich hebe plötzlich ungeduldig die Hand, um ein Taxi zu stoppen. In Richtung des Chauffeurs röchelnd: «Hidden Hotel, Rue de l'Arc de Triomphe, bitte!» Der Triumphbogen ist leicht zu finden, aber dann wird es ein bisschen kompliziert. Zweimal umrunden wir den riesigen, vierspurigen Kreisverkehr, dann findet der Fahrer endlich das Loch, die

Notre-Dame, von der Pont de la Tournelle aus gesehen

Avenue Carnot. Dann rechts, dann links in die kleine Straße mit dem großen Namen Arc de Triomphe. Wir sind da,
das «Hidden Hotel» heißt zu Recht so.

Dort angekommen, zwänge ich mich in den engen Aufzug, lege mich in meinem Zimmer gleich aufs Bett und
grüble. Paris ist zur Weihnachtszeit genauso Xmas-be-
scheuert wie jede andere Großstadt in der westlichen Welt.
Das hätte mir eigentlich schon zu Hause einfallen müssen.
Trost können da nur zwei Dinge spenden: Das eine ist ein
Restaurantbesuch – eine Therapie, die bei mir immer funktioniert. Also male ich mir aus, was wohl das Restaurant
«Lasserre» zum Abendmenü servieren wird. Die guten Restaurants in Paris haben schon oft meine Stimmung gerettet.

Der zweite und weitaus wichtigere Trostspender ist meine Frau, sie war schon immer meine Retterin. Ist sie bei mir, wünsche ich mir, allein zu sein, und bin ich alleine, sehne ich mich nach ihr. Dieses System, ähnlich einem Zweikomponentenkleber, funktioniert selbst nach 38 Ehejahren noch. In einer Stunde wird sie mit dem TGV eintreffen. Mit Glanz in den Augen sehe ich dem Abend entgegen. Alleine essen, bei Selbstgesprächen löffeln, kann sehr erholsam sein, aber das Wahre ist es nicht!

Dann klopft es an der Tür, und ich werde aus meinen Tagträumereien katapultiert. Das ruhige Zimmer steht unvermittelt unter Strom. Meine Frau könnte man auch Madame 1000 Volt nennen: «Nein, in diesem Fleecepullover gehst du mir nicht aus dem Haus. Hier, Jackett und Krawatte!» Sie reicht mir den Strick, bei dessen Anblick ich schon Schweißausbrüche bekomme. Dann macht sie sich im Bad frisch und kräht: «Ein noch kleineres Hotel konntest du wohl nicht finden, ich krieg hier ja Platzangst.» Schleppend entgegne ich: «Gleich sind wir ja im ‹Lasserre›, und ein Glas Champagner wird die Welt bestimmt vergrößern!»

So ist es dann auch. Nach dem Aperitif wird eine Flasche Chambolle-Musigny ausgeschenkt, Makkaroni mit Trüffelleber dazu gereicht. Langoustines mit Gemüseperlen in Orangen-Nage leiten zur Ente über, die am Tisch tranchiert und von einer Flasche Bordeaux Sociando-Mallet begleitet wird. Die Ente kommt mit den berühmten Pommes soufflées. Essen ist wunderbar friedensstiftend und in dieser gehobenen Art alles andere als alltäglich. Und mit meiner Frau zusammen wird dies alles noch viel schöner. Ich muss gestehen, dass jeder zusätzliche Mitesser mich überfordert, denn ich esse grundsätzlich immer das, was meine Frau bestellt. Und beide haben wir einen ganz einfachen Geschmack: Hauptsache, es ist richtig gut.

Die berühmten Pommes soufflées
des Restaurants «Lasserre»

Ich schiebe noch ein köstliches Dessert nach und spüre mit Macht, dass alles gut ist, spüre deutlich: Ich bin höchst angenehm weihnachtsumnachtet. Man muss nicht immer im Sommer verreisen. Meine kleine Flucht, oder nennen wir es Luftveränderung, bewirkte einiges. Heißt es nicht, dass man den Kopf ausräumen, im Kopf Platz schaffen, ihn durchlüften müsse? Dazu taugt für mich eine Parisreise immer. Diesmal als Weihnachtsgeschenk an mich selbst. *Merci*, Paris!

Die Pariser Passagen

Ein Regentag in Paris. Was tun, wenn die relevanten Museen bereits abgeklappert sind? Der Schriftsteller und Philosoph Walter Benjamin würde zum Flanieren raten. Flanieren im Stil des 19. Jahrhunderts vielleicht. Die Schweizer nennen es *lädeli*, also Schaufenster gucken. Zweifellos ist der Flaneur der Beobachter des Marktes, er hat Marktmacht und nutzt sie reichlich, aber meist falsch, ganz besonders, wenn es um Lebensmittel geht.

«Die Flanerie», merkt Benjamin an, «hätte sich nur schwerlich ohne die Passagen so entwickeln können.» Die ersten Passagen entstanden in Paris kurz nach der Revolution, helle, glasüberdachte Vorläufer der heutigen Shopping-Malls. Ab 1820 brach ein wahrer Boom aus, 1828 zählte man 137 Passagen. Inzwischen sind es nur noch 24; Orte, in denen man auch bei nassem Wetter trockenen Fußes lustwandeln und sich wie vor hundert Jahren in bewegtem Müßiggang mondäner Zerstreuung hingeben kann. Der alte Stadtkern von Paris hingegen war sehr eng verschachtelt, keineswegs konnte man gefahrlos umherschlendern. Der Fußgänger hatte nur wenig Schutz vor Fuhrwerken, Staub und Kot. Die überdachten Galerien zu bauen, wurde erst durch die Stadtsanierung des Barons Haussmann ermöglicht, der die Straßen und Gehwege verbreiterte.

Ein kleiner Schlenker zur baumgesäumten Champs-Élysées, die damals auch entstand. Man war sich schon bewusst, dass Bäume in der Stadt die Luft verbessern, ganz zu schweigen davon, dass der Schatten- und Schutzsuchende für jeden Baum dankbar sein kann. Allerdings nicht immer. Dem ungarisch-österreichischen Dichter Ödön von Horváth («Geschichten aus dem Wienerwald») prophezeite eine Wahrsagerin, dass er von einem Baum erschlagen werde. So kam es auch. Beim Flanieren unter den Platanen der Champs geriet der vor sich hin sinnierende Dichter in starkes Windgeflüster, ein Baum wurde entwurzelt und erschlug den braven Mann. In den Einkaufs-Galerien befand man sich auf wesentlich sichererem Terrain.

In der «Neuen Rundschau», eine Literaturzeitschrift des S. Fischer Verlages, die ich ab dem Jahrgang 1903 von meinem Großvater geerbt habe, erschien 1967 in Heft 4 Benjamins «Flaneurtext». Er schreibt darin: «‹Die Passagen, eine neuere Erfindung des industriellen Luxus›, sagt ein illustrierter Pariser Führer von 1852, ‹sind glasgedeckte, marmorgetäfelte Gänge durch ganze Häusermassen. Zu beiden Seiten dieser Gänge, die ihr Licht von oben erhalten, laufen die elegantesten Warenläden hin, sodass eine solche Passage eine Stadt, eine Welt im Kleinen ist.› In dieser Welt ist der Flaneur zu Hause. Er verhilft ‹dem Lieblingsaufenthalte der Spaziergänger und der Raucher, dem Tummelplatz aller möglichen kleinen Metiers›, zu seinem Chronisten und seinem Philosophen. Sich selber aber verhilft er dort zu dem unfehlbaren Heilmittel gegen die Langeweile, wie sie unter dem Basilikenblick einer saturierten Reaktion leicht gedeiht.

Die Passagen sind ein Mittelding zwischen Straße und Interieur. Die Passage wird zur Wohnung des Flaneurs, der zwischen Häuserfronten so wie der Bürger in seinen vier

Wänden zu Hause ist. Ihm sind die glänzenden, emaillierten Firmenschilder so gut und besser als der Wandschmuck, wie im Salon dem Bürger ein Ölgemälde; Mauern sind das Schreibpult, gegen das er seinen Notizblock stemmt; Zeitungskioske sind seine Bibliotheken und die Caféterrassen Erker, von denen aus er nach getaner Arbeit auf sein Hauswesen heruntersieht. Dass das Leben in seiner ganzen Vielfalt, in seinem unerschöpflichen Reichtum an Variationen erst zwischen den grauen Pflastersteinen und vor dem grauen Hintergrunde der Despotie gedeiht, das war der politische Hintergedanke, dem die Physiologien angehörten.»

Walter Benjamin lebte seit der Machtergreifung der Nationalsozialisten in Paris. Er nahm die Passagen, die Ladenstraßen und überdachten Verbindungen zwischen den Häusern als Sinngerüst für seine zentrale und wichtigste Arbeit und nannte sie «Passagenwerk». Es wurde 1927 begonnen und blieb wegen seines Freitods 1940 unvollendet.

Benjamin war nicht nur Schreiber, sondern in Paris Suchender und Flaneur, denn was aus der Feder fließen soll, all diese Gedanken, kann man nur aus dem Ärmel schütteln, wenn man vorher etwas in ihn hineingetan hat. Sichfortbewegen und Reisen ist, wenn man daraus Nutzen ziehen will, immer eine Kopfsache. So gibt es in den Passagengängen viel zu sehen und zu erleben. Sie beherbergen auch meist interessante Geschäfte, Bars und Restaurants.

Die Distanz zum Mitmenschen geht unter den vielen Flaneuren in gewissem Maße verloren. Die Menschen in der Masse fühlen sich unbeobachtet, und so mancher glaubt sich in der Herde sehr sicher, wenn nicht gar selbstsicher. Dies waren ideale Voraussetzungen für den Beobachter Benjamin, der so das Geschehen mit scharfem Blick von außen sezieren konnte. Mit dem «Passagenwerk» versuchte

Place de la Bastille

er über Jahre, die Weltformel des 19. Jahrhunderts zu fixieren, hinter das Augenscheinliche zu blicken. Generell ist ja jeder Mensch auf der Erde nur Passagier, Walter Benjamin empfand dies umso mehr, da er nicht nur hatte emigrieren müssen, sondern 1939 interniert wurde, im Süden Frankreichs freikam und unter schlimmsten Umständen die Grenze nach Spanien überwand. Anderntags erfuhr er, dass er wieder ins Vichyfrankreich zurückgeschickt werden sollte. Dem Tod im KZ kam er zuvor, indem er sich verzweifelt in Portbou in der Nacht vom 26. auf den 27. September 1940 das Leben nahm.

Will man in Paris auf dem Asphalt «botanisieren», wie es Benjamin zufolge zum Habitus des Flaneurs gehört, so sollte man auf alle Fälle die Galeries du Palais Royale, nicht weit vom Louvre entfernt, aufsuchen. Im Grunde ist der langgestreckte Platz eine Passage, ein Durchgang unter Arkaden, um in Richtung Norden zur Nationalbibliothek oder zur Börse zu gelangen. Bei schönem Wetter könnte man auch in der Mitte unter den Platanenparallelen ausschreiten.

Beim Restaurant «Grand Véfour» tritt man durch das Portal auf die Rue des Petits-Champs, um leicht rechts in die Rue Vivienne einzubiegen. Nach hundert Metern sieht man links die alte Nationalbibliothek, die sich exakt Bibliothèque National «Site Richelieu» nennt. Dieser Tresor wertvollster alter Bücher sorgt an einem trüben Regentag für Erhellung. Jedenfalls geht es mir so, obwohl ich mir die französische Literatur nur in Übersetzungen zuführen kann. Der geniale Finanzminister des Sonnenkönigs Ludwig XIV. Jean-Baptiste Colbert ließ die Bibliothek 1666 erbauen. Das Gebäude zieht sich geschätzte dreihundert Meter in klassizistischer Bauweise die Rue Vivienne entlang. Durch ein hohes Eisengittertor tritt man auf einen kleinen Hof. Im Inneren entdecke ich noch einen rechteckigen Innenhof, bestimmt größer als ein Tennisplatz. Die Bücher sind auf 16 000 Quadratmetern untergebracht, und der Lesesaal ist wirklich sehenswert. Ein rundes Glasoval in ungefähr 10 Meter Höhe spendet zum Lesen genügend Tageslicht. Die riesige Glasfläche wird von hohen Gußeisensäulen getragen, und schon der Gedanke an Geistesriesen wie Voltaire, Montesquieu, Denis Diderot oder Victor Hugo, die hier ihr Hirn zum Dampfen brachten, löst in mir eine Vibration aus.

An diesem Ort spürt man, welch enormen Stellenwert die Literatur für das französische Nationalgefühl hat. Das wird einem vollends klar, wenn man sich im Osten der Stadt die von François Mitterrand in den Boden gerammten vier Riesentürme der neuen Nationalbibliothek anschaut. Sie nennt sich zur Unterscheidung von der alten Bibliothèque National «Site Mitterrand».

Ich flaniere weiter und bin hundert Meter entfernt am Eingang zur Galerie Vivienne. Sie wurde 1823 erbaut und ist nahezu original erhalten. Dem Boden, mit Mosaiken gesprenkelt, wachsen links und rechts klassizistisch gerahmte Schaufenster nach oben zum Licht. Ich frage mich, wie die Glasabdeckungen in luftiger Höhe so sauber gehalten werden können. In Augenhöhe reihen sich Modegeschäfte, kleine Cafés oder Teesalons aneinander, all das gibt es reichlich, was der gehobene Flaneur zu schätzen weiß. Es ist eine Stätte der gehobenen Lebensart, ein Wink direkt aus dem 19. Jahrhundert. Sie vermittelt wie eine Schatulle voll Juwelen Schutzbedürftigkeit, als wäre es ein Museum. Deshalb werden die Gänge dieses Denkmals um sieben Uhr am Abend mit Gittern verschlossen.

Von dort geht man noch weiter nördlich auf die Rue Réaumur zu, an der die Börse, der Andachtsort des Geldes, angesiedelt ist, die ein wenig der Akropolis ähnelt. Die Rue Réaumur wird überquert, und es geht in der Rue Vivienne weiter bis zur Rue Saint-Marc, in die man rechts hineinläuft, um an der Hausnummer 10 den Eingang zur Passage des Panoramas zu finden. Ich schlendere hindurch und stehe unvermittelt unter einer großen Glaskuppel. Wenn man von einem Tempel des Einkaufens spricht, dann gehört dieser Ort dazu. Die Passage des Panoramas ist ziemlich alt. 1799 errichtet, selbstverständlich unter Denkmalschutz, ein wahres Panoptikum im ursprünglichen Sinne. Die Schaufenster sind so aufgeteilt, dass viele die Historie des alten Paris abbilden. In brütender Sommerhitze ist der Aufenthalt hier nicht unbedingt zu empfehlen, aber bei Regenwetter kann man sich hier einige Stunden verlustieren.

Die Gesichter
einer Stadt

$\mathcal{D}$as Gesicht der Stadt Paris zeichnet sich nicht nur durch historische Gebäude, prunkvolle Fassaden, Paläste und Triumphbogen mit langen Sichtachsen aus. Es sind auch die ausdrucksstarken Physiognomien der Bewohner. Da wäre die schimpfende Concièrge, der abgehärmt die Lippen abhandengekommen sind, der Kellner mit der Schmalzfrisur, Juden mit Hüten und Schläfenlocken, markante Gesichter aus aller Herren Länder. Im Quartier Latin trifft man auf versponnene Brillenträger, die somnambul dahinschleichen und ob der Probleme der Welt die Stirn in Falten legen. Da wäre aber auch die scheinbar große weite Welt, Damen, die sich ausschließlich um ihre Schönheit kümmern, oder die testosterongesteuerten Politiker, die man in den teuren Restaurants antreffen kann.

Das geistige Leben erscheint jedoch, wie anderswo auch, nicht mehr so ausgeprägt zu sein wie in den Tagen Gertrude Steins, Jean Cocteaus oder Pablo Picassos. Oder man denke an den wunderbar hilfsbereiten Ezra Pound, der überlegenste Geist der *Americans in Paris*. Er korrigierte Hemingways Texte, half armen Schriftstellern mit Geld und Klamotten und griff Notleidenden unter die Arme. Gertrude Stein konnte ihn nicht so richtig leiden. Mit Kollegen, die ihr überlegen oder ihr zumindest ebenbürtig waren, vertrug sie sich schlecht. James Joyce beäugte sie auch recht eifersüchtig.

Stein unterhielt einen lebhaften Salon, in dem sich die literarische und die Kunstwelt traf. Dort führte sie ein strenges Regiment: Ihren Ansichten musste Folge geleistet werden. Sie hatte sich 1903, vom Elternhaus einigermaßen gut ausgestattet, mit ihrem Bruder Leo in der Rue de Fleurus Nummer 27 niedergelassen. Als die moderne Kunst sich vom Fauvismus, der «Wilden Malerei», und dem Expressionismus eines Paul Cézanne auf den Kubismus zubewegte, folgte Gertrude Stein mit Begeisterung dieser Richtung.

Nachdem Leo Stein, mit dem sie ein Herz und eine Seele gewesen war, sich eine eigene Wohnung gesucht hatte, sahen die Geschwister sich kaum noch. Dafür trat Alice B. Toklas in das Leben der damals noch völlig unbedeutenden Dichterin, die sich jedoch einen sehr guten Ruf als Kunstkennerin gemacht hatte. Toklas regelte den Haushalt, transkribierte die Texte der Dichterin, fungierte als Sekretärin, Geliebte, und sie führte eine ausgezeichnete Küche. Ihr Kochbuch ist nicht nur wegen der Anekdoten, sondern auch wegen der Rezepte und ihren intelligenten Ansichten zu Kochvorgängen wirklich lesenswert.

Die Wohnung in der Rue de Fleurus, ganz in der Nähe der Kirche Saint Sulpice und des Jardin de Luxembourg, geriet immer mehr zu einer Kunstgalerie, und auch die Küche der Toklas sorgte dafür, dass sich hier Künstler trafen, die größtenteils Weltruhm erlangten. Da wäre zuerst Picasso, dem die Stein zu Bekanntheit verhalf, Henri Matisse gehörte dazu, Ernest Hemingway, Sherwood Anderson, F. Scott Fitzgerald, George Braque, Juan Gris. Man reibt sich die Augen, welche Bedeutung Paris als Kunststadt erlangte. In der Zeit zwischen den Kriegen hatte die Stadt ihre geistige Blüte, und die fand auf der *Rive Gauche* statt, auf der Seite des Seineufers, an der die Sorbonne angesiedelt ist. Oberflächlich könnte man behaupten, in unserer Zeit sei davon herzlich wenig zu spüren. Vielleicht sitzen die treibenden Kräfte unserer Tage auch tatsächlich im Silicon Valley und nicht mehr in den Cafés und Salons der Stadt oder der Nationalbibliothek.

Zu den Gesichtern der Stadt, des heutigen Paris, gehört auch ein Deutscher, den ich bereits kurz erwähnt habe. Mir kam der herausgeputzte Faun mit dem gepuderten Pferdeschwanz und dem vielen Blech an den Fingern erstmals in einer Boulevardzeitschrift vor Augen, als ich im Wartezimmer meines Zahnarztes ausharren musste. Mein Urteil über den Exzentriker, keineswegs günstig, stand sofort fest. Eine Großmacht auf dieser Welt sind zweifelsohne die Vorurteile, und ich gestehe, dass ich davon keineswegs frei bin. Zu Hause berichtete ich meiner Frau von dem Mann, der nie ohne Vatermörderkragen ans Licht und wahrscheinlich sogar mit Sonnenbrille zu Bett geht. Ich lästerte erheblich.

Elisabeth fuhr mir jedoch schwer übers Maul: Ich hätte ja keine Ahnung! Auf Youtube zeigte sie mir kleine Filmchen über den Modeguru. Etwas zu laut dachte ich, dass die Haute Couture ja kein Mensch brauche, woraufhin meine Frau entgegnete, die Welt benötige auch keinen Richard Wagner oder Picasso zum Überleben, und – das war dann der Gipfel – «auch den guten Koch braucht es nicht zum Überleben». Ihr gnadenloses Fazit lautete sinngemäß: Fast alles Schöne ist nicht lebensnotwendig, aber gerade das, was über die Bedürfnisse eines Tieres hinausgeht, also das Überflüssige, genau das macht ein erfülltes Menschenleben im Sinne des Humanismus aus, der im Übrigen immer mehr zurückgedrängt wird. Basta!

Bei meinem nächsten Paris-Besuch schaute ich in der

*Gertrude Stein (rechts) und Alice B. Toklas
in der Rue de Fleurus. Foto von Man Ray (1922)*

Rue du Faubourg Saint-Honoré 21 vorbei. Das Schaufenster von Chanel flößte mir Respekt ein, aber was ich da zu
sehen bekam, brachte mich ins Grübeln. In diese schmal
geschnittenen Kleider passen doch keine Frauen, dachte
ich mir, allenfalls Pubertierende kann man damit ausstaf-
fieren, also weibliche Wesen, die mir genauso gut gefallen wie schlanke Giraffen, nämlich sehr, aber ich brauche
sie nicht in meiner Nähe. Für Mode kann ich mich einfach
wenig begeistern. Was mich selbst betrifft: Ich kann anzie-
hen, was ich will, und ist es noch so speziell und aufwendig
geschneidert – chic wirkt an mir allenfalls die Sonnenbrille.

Trotz dieser Handicaps habe ich mittlerweile von meiner Frau gelernt, Haute Couture als Kunst anzusehen.

Wie wir ja inzwischen wissen, darf Kunst alles. Früher stand sie für Erkenntnis – man betrachtete eine Landschaft und wusste darüber Bescheid. Die Gemälde erzählten eine Geschichte. Man studierte ein Porträt und konnte sich in die Person hineinversetzen, vorausgesetzt, kein Stümper, sondern ein Meister hatte das Werk geschaffen. Dann kamen die modernen Zeiten. Die Leinwand blieb leer, beispielsweise weiß und brut. Es ging nun nicht mehr um die Darstellung, sondern um etwas, in das Kunstexperten jede Menge hineininterpretieren konnten. Zog der Künstler mit einem Teppichmesser einen langen Schnitt durch die Oberfläche, dann trat der verwirrende Umstand ein, dass nun gut und gern eine Million Dollar für den Keilrahmen fällig sein konnten. Man darf jedoch nicht glauben, dass Sammler, die dafür ihr Konto abräumen, blöd seien, mitnichten, sondern sie sehen und verstehen etwas, das der x-beliebige Nachbar nicht sehen und nicht verstehen kann. Sie sind besondere Menschen, aber beenden wir lieber diesen Diskurs, denn darüber haben sich schon viele Leute erfolglos gezankt.

In Deutschland genießt Karl Lagerfeld jede Menge Unverständnis, und ich sollte vielleicht anmerken, dass mehrheitliches Unverständnis mich immer animiert, dagegenzuhalten, und zwar aus dem einfachen Grund, dass sich die Massen schon häufig geirrt haben. Wenn jemand wie Lagerfeld dann auch noch großen Erfolg hat, springt unabdingbar die Boulevardpresse aufs Trittbrett, und der Neid ist nicht mehr weit. Der Dramatiker John von Düffel, ein Mann der Hochkultur und am Deutschen Theater in Berlin tätig, sieht in Lagerfeld einen modernen Oscar Wilde. Beide teilen den geschliffenen Witz, der von manchem als

Bedrohung empfunden wird, aber auch das opulente Ego, welches den Erfolg als Selbstverständlichkeit ansieht und dem es nur noch um das «Darüber hinaus» geht. Und vor allem die Devise: Nicht nur Kunst schaffen, sondern sie leben.

Dieser Einschätzung kann ich rundum zustimmen, wenngleich der Pariser Modeschöpfer mit Geld zweifellos besser umzugehen weiß, als der Dichter aus Irland. Der luzide und trotzdem völlig abgebrannte Oscar Wilde wohnte die drei letzten Lebensjahre im Pariser Hotel «D'Alsace» in der Rue des Beaux Arts Nummer 13 und wurde bis zu seinem Tode von dem generösen Hotelier Jean Dupoirier umsorgt. Wilde blieb ihm eine große Summe schuldig, was seinen Gönner jedoch nicht kümmerte. Das «D'Alsace» hatte schon immer einen guten Ruf und erlesene Gäste, die legendäre Sängerin Mistinguett wohnte dort, außerdem Mata Hari, Katharine Hepburn, Jorge Luis Borges, Salvador Dalí, Fürstin Gracia, Frank Sinatra, Elizabeth Taylor und Richard Burton.

Kurz vor Wildes Tod erfüllte sein Freund Robert Ross ein Versprechen. Er fand einen irischen Geistlichen und organisierte eine Nottaufe. Der Dichter, wegen seiner Homosexualität ein Leben lang geächtet, wurde in seinem Zimmer in der Rue des Beaux Arts in die katholische Kirche aufgenommen und kommentierte das so: «Die katholische Kirche ist die einzige, in der es sich gut sterben lässt.» Auf Umwegen gelangte der Leichnam Wildes auf den Promi-Friedhof Père Lachaise. Ein zwanzig Tonnen schwerer Stein aus Derbyshire ziert nun das Grab. Das Monument ist inzwischen mit einer Glasplatte geschützt, denn Verehrer und Verehrerinnen des Dichters drückten ständig ihre rot bemalten Lippen auf den Stein. In unmittelbarer Nachbarschaft hat sich eine weitere Grabstätte gegen Fans zu erwehren, dort ruht der Doors-Sänger Jim Morrison. Das «D'Alsace» gibt es noch, aber die Zeiten sind natürlich fortgeschritten. Nun nennt es sich schlicht und kurz «L'Hotel» und ist total renoviert. Fünf Sterne hat die luxuriöse Herberge und dementsprechend sind die prominenten Gäste. Das Oscar-Wilde-Zimmer gibt es in restauriertem Glanz nach wie vor.

Zurück zu Karl Lagerfeld, der seit Jahrzehnten nicht zu altern und immer gleich auszusehen scheint. Dieses hochintelligente Fossil, dieses Konversationsgenie, hat mit seiner knatternden Argumentation auf Französisch wie auf Deutsch, seinem «schwadrosophieren» wie John von Düffel es in seinem Buch «KL – Gespräch über die Unsterblichkeit» nennt, fünfzig Jahre Mediendschungel überlebt. Politisch korrekt war Lagerfeld nie, und nachdem er das achtzigste Jahr überschritten hat, sollte Unkorrektheit auch unbedingt gestattet sein. Es ist wichtig, auf die Alten zu hören, die nichts mehr zu verlieren haben und nichts mehr gewinnen wollen. Die Alten, in allen Kulturen hoch verehrt, geachtet und um Rat gefragt, sie gelten heute meist wenig.

Die Frauen
und die Bücher

$\mathcal{N}$immt man vom Parc René-Vivani den mittleren Ausgang nach Westen und überqueren die Rue Saint-Julien-Le Pauvre, so gelangen wir in eine kurze Gasse, die parallel zum Quai de Montebello verläuft. Hier entdeckte ich den berühmten Buchladen «Shakespeare and Company». Er nimmt zwischen einer Garageneinfahrt und dem Bistro «Le Petit Châtelet» eine ziemlich breite Front ein. Krabbelkästen stehen auf dem Trottoir, und es treiben sich jede Menge junger Leute vor dem renovierten, aber schmucklosen Haus herum. Ich kann nur jedem Buchhändler raten, sich diese Höhle einmal anzuschauen. Es werden ja bekanntlich enorme Anstrengungen unternommen, um die Leser von den Elektronikmedien wegzulocken, Buchläden werden zu Treffs, Cafés, Kneipen, Strick- und Häkelhöllen. Im wabernden Räucherstäbchendunst wird gerne vergessen, dass es eigentlich nur um eines gehen sollte: um Literatur. Wer reich werden will, muss sowieso die Branche wechseln.

Hier bei «Shakespeare and Company» werden keinerlei Hilfsprogramme bemüht, um die Leute zu überrumpeln, nein, hier geht es rund um die Uhr um englische Literatur. Als ich das Geschäft eines Montags betrat, bekam ich allerdings ein bisschen Platzangst. Die Regale sind dermaßen vollgestopft, dass im Gedränge fast kein Durchkommen

war und ich mich zum Rückzug entschloss. Eine Angestellte, Amerikanerin, kam mir entgegen und strahlte mich
an. Verdattert erkundigte ich mich nach den Werken von
James Joyce, und sie führte mich zu einer Ecke, die ganz
dem irischen Autor gewidmet war.

Schon als ich den Ort der hunderttausend Bücher betrat,
waren mir die freundlichen und quirligen Verkäuferinnen
aufgefallen. Befeuert werden sie von der jungen Chefin, die
seit 2002 mit ihrer Équipe den Laden schmeißt. Selten habe
ich so ein begeistertes Personal beobachten können. Die
jungen Leute wollen nicht nur Bücher verkaufen, sondern
sie sind in sie und das ganze Drumherum richtig vernarrt,
geradezu aufgekratzt, wie man das bei frisch Verliebten beobachten kann.

Mich erinnert das deutlich an meinen eigenen Betrieb:
Die letzten zehn Jahre habe ich unentwegt und beharrlich
nach Mitarbeitern Ausschau gehalten, die nicht nur einen
Job suchen, sondern sich zur Gastronomie wirklich berufen fühlen. Deshalb beginnen bei mir Einstellungsgesprä-
che immer mit der provozierenden Frage: «Würden Sie bei
uns auch arbeiten, wenn es die ersten drei Monate gar keinen Lohn gäbe?» Antwortet mein Gegenüber mit leuchten-
den Augen und einem klaren Ja, dann entgegne ich sofort:
«Prima, Sie bekommen natürlich trotzdem Geld und mehr
als in vergleichbaren Restaurants.» Ich beobachte jedoch
bei jungen Leuten zunehmend, dass sie mit angezogener
Handbremse in ihr Berufsleben starten. Es gibt blutjunge
Eleven, deren erste und wichtigste Frage lautet: «Wie sieht
es denn mit der betrieblichen Altersversorgung aus?» Am
liebsten würde ich so jemanden am Hintern packen und
in hohem Bogen zur Türe hinausbefördern. Mit der Ge-
lassenheit des Alters raune ich jedoch: «Machen Sie es wie
Jesus, bleiben Sie bei Mami, bis Sie dreißig sind, dann kön-

nen Sie vielleicht als Erbe den vorzeitigen Ruhestand anpeilen.»

Junge Menschen gefallen sich heute oft in der Attitüde der Coolness, sie wollen mit lockerem Gebein und überlegenem Gestus Solariumsbräune vorzeigen. Beim Wort «cool» wird mir aber immer ganz heiß, und es geht mir buchstäblich der Hut hoch. Was meinen Beruf, aber auch meine Spinnereien angeht, brenne ich immer, mal mehr, mal weniger. Und genauso sind die Leute bei «Shakespeare and Company» gestrickt. Natürlich habe ich dort zwei Bücher gekauft, zwar nicht Joyce, den ich schon auf Deutsch anstrengend finde, aber ohne ein Buch den Laden zu verlassen, geht gar nicht. Übrigens findet man dort auch jede Menge Trivialliteratur, meist gebraucht und ziemlich billig. Beim Hinausgehen beäugt mich die Chefin Sylvia Whitman. Sie hat 2006 endgültig das Ruder von ihrem Vater George Whitman übernommen, einem ganz großen Büchernarren.

Begonnen hat alles vor dem Ersten Weltkrieg. 1915 eröffnete Adrienne Monnier zusammen mit ihrer Freundin Suzanne Bonniere in der Rue de l'Odéon eine Buchhandlung für französische Literatur: «La Maison des Amis des Livres». Sie organisierte Lesungen und bot eine literarische Heimat für Colette, André Gide, Paul Valéry, Jules Romains, André Breton, André Gide, Léon-Paul Fargue und Paul Claudel; auch Rainer Maria Rilke kam immer wieder mal vorbei. Nicht nur Franzosen, die ganze Elite der Weltliteratur vor dem Zweiten Weltkrieg gab sich hier ein Stelldichein: Ernest Hemingway, Ezra Pound, T. S. Eliot, Thornton Wilder und selbstverständlich auch James Joyce und die Fotografin Gisèle Freund, deren Grab ich extra auf dem Montparnasse-Friedhof besucht habe.

Adrienne Monnier hatte Ansichten, die verblüffend aktuell klingen. Sie beklagte, dass Bücher unter ihrem Wert verkauft werden, verurteilte die Preisnachlässe und die Tatsache, dass selbst Neuerscheinungen nach kurzer Zeit verramscht werden. Sie gab auch Eigenproduktionen heraus und war Autorin. Berühmt wurden Monniers «Cahiers» (Notizbücher), die Nummer 5 habe ich sogar in meinem Regal stehen. Diese Hefte, man könnte auch sagen Bulletins, berichteten über Neuigkeiten aus dem französischen Literaturbetrieb.

Adrienne Monnier war eine sehr intelligente und umfassend gebildete Frau. Mit Walter Benjamin pflegte sie besonders engen Umgang und äußerte sich später mitfühlend über sein Schicksal als Emigrant: «Er war ein echter, ein großer Jude, ein Weiser Israels. Für den Dichter kommt es einer Heimsuchung gleich, die den Malern und Musikern erspart bleibt, dass er, will er außerhalb des eigenen Sprachraums gelesen werden, durch die Übersetzung hindurchmuss. Diese Prüfung kann in keinem Falle positiv für ihn ausfallen: Die Früchte seiner Arbeit verderben, er wird seiner wertvollsten Güter beraubt und gleicht dem Emigranten, der auf feindlicher Erde mit oft riskanten Mitteln sein Leben neu beginnen muss.» Als ich diese Zeilen las, war mir klar, dass ich mich mit Benjamin genauer befassen würde.

Eines Tages im Jahr 1919 betrat eine junge Amerikanerin Adriennes Geschäft und erlag sowohl dessen Bann als auch der Ausstrahlung der Besitzerin. Das Fräulein hieß Sylvia Beach und verfolgte eigentlich den Plan, in New York City einen Buchladen mit angeschlossener Leihbücherei zu eröffnen. Sie verliebte sich jedoch in das geistige Leben und den Zauber von Paris. Unter der Obhut von Adrienne Monnier begann sie zunächst in der Rue Dupuytren Nummer 8 mit einer englischsprachigen Leihbücherei und Buchhand-

Rue de la Bûcherie 37

lung. Zwei Jahre später verlegte sie ihr Geschäft in die Rue
de l'Odéon, gegenüber von Adrienne. Die umtriebige Sylvia Beach nannte ihren Laden «Shakespeare and Company»
und wurde zur zentralen Gestalt der sogenannten «Lost
Generation». Die Dichterin und Kunstsammlerin Gertrude Stein prägte diesen Begriff aus gutem Grund: Die jungen amerikanischen Literaten und Intellektuellen, die sich
nach dem Ersten Weltkrieg zahlreich in Paris eingefunden
hatten, waren in der Tat eine «Verlorene Generation». Viele
von ihnen waren Kriegsteilnehmer und litten an den Folgen des grausamen Krieges. Für ihn hatten sie die schöns-
ten Jahre ihrer Jugend gegeben.

Ernest Hemingway, der bis zum Ende des Zweiten Weltkriegs ständiger Gast bei «Shakespeare and Company» war, habe ich an anderer Stelle dieses Buches als schießwütig und brutal dargestellt. Ich vermute, auch er litt an den Folgen seiner Kriegserlebnisse. Hemingway hatte sich mit neunzehn Jahren im Ersten Weltkrieg als Rotkreuz-Fahrer gemeldet und wurde an der italienischen Front eingesetzt. Am 8. Juli 1918 trafen ihn inmitten der zweiten Piave-Schlacht in Venetien mehrere Granatsplitter, die ihm im Feldlazarett aus dem Bein operiert wurden. Wir können uns mittlerweile, aufgrund der Berichte von Afghanistan-Veteranen einigermaßen vorstellen, welche Traumata Kriegserfahrungen und Todesangst hervorrufen. Und wenn ich mir die reaktionär-deftige Polterei der Generation meines Vaters vor Augen halte, dieses unsägliche «Gelobt sei, was hart macht» und ähnliche Stammtischsprüche, so empfinde ich auch das als Nachbeben der Schützengrabenangst.

«Shakespeare and Company» ist auch deshalb so berühmt, weil Sylvia Beach die Erstveröffentlichung von James Joyce' «Ulysses» im Eigenverlag herausbrachte – niemand sonst hatte das gewagt. Das Abenteuer brachte die Buchhändlerin an den Rande des Ruins. Joyce hat sich später, von Erfolg getragen und gut situiert, nicht mehr an Sylvia Beachs Hilfe erinnert. Auch das Gedächtnis von Geistesgrößen hat seine Lücken.

Adrienne Monnier schloss ihre Buchhandlung «La Maison des Amis des Livres» 1951 aus gesundheitlichen Gründen. Geradlinig wie sie immer gewesen war, setzte sie, unheilbar krank, im Juni 1955 ihrem Leben ein Ende. Sylvia Beach hatte «Shakespeare and Company» während der deutschen Besatzung geschlossen und nach dem Zweiten Weltkrieg nicht wieder eröffnet. Zwanzig Jahre Bücherrackern und die Internierung durch die Deutschen dürften sie zermürbt haben. Literaturbegeisterte Menschen sehen im Handel mit Büchern eine Art von Kulturarbeit, einen Service des Geistvollen und Schönen. Die bittere Wahrheit aber ist, dass Bücher verdammt schwer sind. Man muss sie alle ins Geschäft hineinschleppen und in die Regale stemmen, und dabei weiß man nicht einmal, ob es genügend Käufer gibt, welche die Bücher zum Laden wieder hinaustragen. Kurzum: «Finie la Guerre» auch an der Bücherfront.

Zur Wiederauferstehung von «Shakespeare and Company» kam es durch den Amerikaner George Whitman. Am heutigen Standort in der Rue de la Bûcherie betrieb er seit 1951 eine Buchhandlung unter der Firmierung «Le Mistral». Damit bezog er sich nicht auf den steifen Wind, der die Baumwipfel des Rhonetals in Richtung Paris biegt. Der frankophile Whitman schrieb sich vielmehr den berühmten, und im Süden Frankreichs besonders verehrten Dichter Frédéric Mistral aufs Schild. Dessen Verdienst galt dem Erhalt der provenzalischen Sprache und einem gewissen Widerstand, gegen das bis heute zentralistische Frankreich mit Paris als Nabel – nicht unbedingt als Nabel der Welt, aber der *Grande Nation*, was so ziemlich aufs Gleiche rauskommt.

Zwei Jahre nach Sylvia Beachs Tod, 1962, führte Whitman die Tradition weiter. Der engagierte Bücherfreund änderte den Firmennamen «Le Mistral» in «Shakespeare and Company». Auch seine Buchhandlung war in den fünfziger und sechziger Jahren des 20. Jahrhunderts eine literarische Institution und wurde zum Treffpunkt einer neuen Generation von Schriftstellern, der Beat-Generation. Allen Ginsberg, William S. Burroughs und auch Henry Miller besuchten sie. In jüngster Zeit spielte Woody Allens Film «Midnight in Paris» unter anderem dort.

Und noch eine Besonderheit: Auf den staubigen Büchern ruht und schnurrt in dem Laden stets eine Katze. Seit vielen Jahrzehnten ist dies so. Die Katzen tragen immer den Namen Kitty. Lässt man sich das Signet der Buchhandlung in die erworbenen Bücher stempeln, kann man deshalb zwischen einem Katzenstempel und einem Stempel mit der Büste Shakespeares wählen. Ganz verträumten Paristouristen wird noch ein spezielles Parfüm ins Buch gesprüht, sodass man sich zu Hause noch den Duft der Stadt in die Nase ziehen kann: «If you'd like to add an aromatic French touch to your book, we can spray a dash of perfume onto its pages. We use a heavenly scent by Astier de Villatte, perfect infusing paper, both old or new.»

Die Parks von Paris III –
Square Jean XXIII
und Square René Viviani

Gleich hinter Notre-Dame, in Richtung Île Saint-Louis, kann man rechts vor der Brücke gut die Füße hochlegen. Der kleine Park dort nennt sich Square Jean XXIII nach dem herzensguten Papst Johannes XXIII. Als ich in den frühen sechziger Jahren des letzten Jahrhunderts (das hört sich an, als sei ich eine steinalte Mumie) Schüler im Internat war, wurde dieser Papst bei den Klosterschwestern als Idol verehrt. Ein echter Ladykiller, dieser kleine dicke Bauernsohn mit der großen Nase, der sich nach Urteil der damaligen Kurie als äußerst stur und rückwärtsgewandt erwies. Dies, wo man doch weiß, dass die Kurie, also die Verwaltungsorgane des Vatikans, normalerweise als Bremsmaschinist des Fortschritts aktenkundig ist. Die Priester mussten auf seine Anweisung hin wieder den untertassenartigen Hut tragen. Manchmal sieht man in Italien noch diese Kopftracht, die mich immer entzückt. Genauso begeistert war ich immer, wenn mich der Abt von Neresheim in meinem Restaurant besuchte und mit seiner schwarzen Soutane alle Blicke auf sich zog. Als hoffnungsloser Romantiker bin ich der Meinung, das Wichtigste an einer Religion sind die Rituale und äußerlichen Attribute.

Ich erinnere mich noch sehr gut, wie ich mit meiner Frau in den achtziger Jahren zum ersten Mal Notre-Dame besucht habe. Es war Sonntag gegen zehn Uhr, die Kathedrale, die bis zu zehntausend Gläubige und Nichtgläubige fasst, gesteckt voll. Kardinal Jean-Marie Lustiger donnerte von der Kanzel herab, und wir waren geradezu überwältigt von dieser biblischen Wucht. Im Bereich des Altars verharrten noch mindestens sechs weitere Priester, die später an Nebenaltären geheimnisvolle Verrichtungen ausübten. Sicherlich sechzig Ministranten in roten Röckchen reihten sich vor dem Chorgestühl. Das Volk war hingerissen.

Lustigers Predigten erfreuten sich im ganzen Land heftigen Zuspruchs und erschienen zum Teil auch in Buchform. Der Mann hatte wirklich etwas zu sagen, vielleicht weil er auf ein bewegtes Leben zurückblicken konnte. Als Kind polnischer Juden, die Ende des Ersten Weltkriegs nach Frankreich emigriert waren, trug er ursprünglich den Vornamen Aron. Die Eltern versäumten es, auch vor dem Vichyregime zu flüchten, und gerieten in die Fänge der französischen Miliz. Die Deutschen transportierten sie nach Auschwitz, wo die Mutter zu Tode kam. Der kleine Aron überlebte bei einer Familie in Orléans. Er konvertierte zum Katholizismus, bekam den Namen Jean-Marie, studierte an der Sorbonne und arbeitete danach ein Jahr als Mechaniker im Süden Frankreichs. Zum Priester wurde er 1954 geweiht, Ende der siebziger Jahre zum Bischof von Orléans ernannt. Dann ging es Schlag auf Schlag, er avancierte zum Erzbischof und schließlich zum Kardinal. So viel zu einem mittellosen, polnischen Judenbub, der kraft seiner Energie, seines Verstandes, seines Einfühlungsvermögens und seines eigenen Schicksals zu einem Volkshelden aufstieg, auch bei den Leuten, die auf der Schattenseite des Lebens ihre Bahn ziehen müssen. Seine Beliebtheit setzte sich über alle soziale Schichten hinweg.

Obwohl ich nicht gläubig bin, faszinierte mich der Mann.

Meine Frau und ich standen da, die Morgensonne schien durch die riesige Rosette der Westfront, die größte Europas. Sie besprenkelte ein Hochamt, welches eine wesentlich bessere Performance bot, als es eine Oper je könnte. Lustigers Rhetorik traf uns ins Mark. Wir verstanden kaum ein Wort, doch die Sprachmelodie, der Duktus, die faszinierte Woge der Gläubigen, dieses Massenphänomen, das auch jeder kennt, der einmal ein volles Fußballstadion besucht hat, das ging richtig in die Knochen. Der Weihrauch tat sein Übriges, er erweiterte mir das Hirn, als hätte ich einen Joint geraucht.

Keine Frage, der Zauber dieses Erlebnisses, überhaupt der unergründliche Charme dieser Stadt hängt auch mit dem Katholizismus zusammen. Ein protestantisches Gemeinwesen sähe ganz anders aus, würde sich anders anfühlen, hätte einen völlig anderen Groove. Auch das Judentum hat seine Spuren nicht nur im Marais hinterlassen und zum Esprit der Stadt beigetragen.

Paris zieht Menschen aus der ganzen Welt, vor allem aus den ehemaligen französischen Kolonien an, und sie alle prägen diese Stadt, verändern ihr Antlitz. Wer mit der Metro in die nördlichen Arrondissements oder gar zur weltberühmten ehemaligen Abteikirche Saint-Denis fährt, darf sich nicht wundern, wenn er als einzig Hellhäutiger dort das Trottoir entlanggeht. Diese Kathedrale könnte man, ohne groß zu übertreiben, als die Stammkirche der Christenheit nördlich der Alpen bezeichnen, allenfalls mit dem Kloster Cluny im Burgund vergleichbar. Seit 564 n. Chr. sind hier die französischen Könige begraben. Aber die Welt dreht sich immer weiter, und wer hätte gedacht, dass diese Gegend heutzutage von muslimischen Einwanderern dominiert wird und dass die vielen dunklen Gesichter im Pariser Norden auch zum Charme der Stadt beitragen? Wobei man die teilweise blutigen Konflikte nicht verschweigen darf, die hier leider immer wieder aufbrechen. Ich hoffe, dass Zeiten kommen werden, wo sich alles vermengt und endlich einmal Ruhe herrscht. Allerdings werde ich das nicht mehr erleben.

Solcherlei Gedanken habe ich, als ich in dem kleinen Park hinter Notre-Dame meine Marschblasen kurierte, Schuhe und Strümpfe ausziehe und in anhaltendem Dösen versacke. Kann mir einer sagen, was er will, für mein Lebensglück spielt es eine wichtige Rolle, historische Orte aufzusuchen. Was hat dieses Fleckchen Erde, auf dem ich mich gerade wattig und zäh in die moderne Welt zurückarbeite, schon alles gesehen! Die Île de la Cité, dieses kleine Eiland, auf dem das gotische Monstrum steht, ankert mitten im Fluss und ist die Keimzelle der Stadt. Hier dockten Schiffer und Fischer vom Stamm der Parisi zweihundert Jahre vor Christi Geburt an. Später siedelten am anderen Ufer die Römer.

Eigentlich habe ich die Insel nur durchquert, um dem Autolärm zu entgehen und schonend an mein heutiges Ziel zu kommen. Ich will meine *Tour des Parcs* noch um eine Besonderheit bereichern. Also raus aus der Stille und gleich rechts auf die Fußgängerbrücke zugesteuert. Nicht geradeaus zur Île de Saint-Louis, sondern wirklich scharf rechts auf die Pont de L'Archêveché, um die Seine zum Quai de la Tournelle zu überqueren. Neulich habe ich gelesen, diese für den Autoverkehr nur einspurige Brücke sei einsturzgefährdet. Auf beiden Seiten flanschen unzählige Liebespaare massive Schlösser ans Geländer, annähernd dreißigtausend sollen es mittlerweile sein, sodass die schmale Brücke einige Tonnen Metall zusätzlich tragen muss. Wenn eine Liebe auf solch tönernen Füßen steht, dass man sie wegschließen muss, dann wird es wohl kaum einen günstigen

Blick vom linken Seineufer unter der Petit Pont auf Notre-Dame

Ausgang nehmen. Inzwischen ist diese Sitte aber verboten, und dem Einsturz ist Einhalt geboten.

Am Ende der Brücke überquere ich einen Zebrastreifen und gehe auf dem Quai de la Tournelle in Richtung Westen, bis er in den Quai de Montebello übergeht und ich mich auf gleicher Höhe mit Notre-Dame befinde. Rechts von mir verknäueln sich die Touristen vor dem Eingang der Kathedrale, links davon tut sich der Square René Viviani auf. Dort ist es spürbar ruhiger. Ich erhebe meinen Blick, um die Besonderheit dieses Platzes in mich aufzunehmen. Hier steht nämlich der älteste Baum von Paris, eine Robinie. Der königliche Hofgärtner Jean Robin hat sie 1601 gepflanzt, er selbst soll diese Baumart aus Amerika nach Europa gebracht haben. Im 18. Jahrhundert benannte sie der Botaniker Carl von Linné deshalb nach ihm.

Der Baum, ein richtig alter Knacker, wird mittlerweile von Betonpfeilern gestützt, die gnädigerweise mit Efeu überwachsen sind. Er könnte als Sinnbild beharrlichen Alterns dienen. Der Baum ist zwar ein Krüppel, aber jedes Jahr treiben beharrlich und forsch hellgrüne Triebe aus dem uralten Holz.

Tiefer in den Park hinein, stößt man auf Gemäuer, dagegen ist die Robinie ein junger Spund. Hier steht die kleine Kirche Saint-Julien-le-Pauvre. Ums Jahr 1150 erbaut, überdauerte sie die Zeiten vielleicht deshalb, weil sie unscheinbar hinter Bäumen und Gebüsch verborgen liegt. Hinzu kommt noch die gewaltige Dominanz von Notre-Dame, welche in dieser Gegend alle Blicke auf sich zieht. Das kleine Kirchlein ist eine der wenigen erhaltenen romanischen Kirchen in Paris. Mittlerweile wird sie von einer melkitisch-griechisch-katholischen Gemeinde genutzt. Was ich nicht wusste: Solche Glaubensrichtungen nennt man «Rituskirchen», eine der 24 römisch-katholischen Teilkirchen, die dem Papst unterstehen.

Dort, wo die Kirche steht, kreuzten sich einst zwei wichtige römische Straßen. Die eine führte ins Burgund, die andere nach Orleans. Die Kirche wurde im 6. Jahrhundert von Julianus Hospitator gegründet, er wurde auch «Julian der Arme» genannt. Der Schutzpatron der Pilger betrieb ursprünglich in der Provence eine Herberge, pflegte Kranke und gestrandete Reisende. Dieser Gastwirt der Frühzeit pflegte noch die saubere Ethik, den Bedürftigen kein Geld abzuknöpfen. Gustave Flaubert wurde durch den Besuch dieser Kirche zu einem märchenhaften Text angeregt: «Die Legende von Sankt Julian dem Gastfreien».

Das Kirchlein, lange vergessen und der Garten drumherum völlig verlottert, erlebte 1921 eine besondere Wiederentdeckung. Die Dadaisten um André Breton, Paul Éluard, Tristan Tzara und Louis Aragon beschlossen, man müsse die Lehre des Dadaismus – Raus aus den Hütten! – auch unter freiem Himmel deklamieren. Der Hinterhof um den Chor der Kirche, eine wahre Schutthalde, wurde aufgeräumt. In strömendem Regen, es goss wirklich aus Kübeln, fanden die Reden zur Zertrümmerung der bisherigen Kunst statt. Man propagierte vor zweihundert nässetriefenden Anhängern den Unsinn als wahre Kunst, wollte diesen aber keinesfalls mit Blödsinn verwechselt wissen. Der Maler Hans Arp sagte sinngemäß, Dada sei unsinnig wie die Natur, und Dada sei gegen Kunst. Solcherlei Töne hörte man hinter dieser alten Kirche, und von dort breitete sich diese Bewegung immer mehr aus.

Es entstand übrigens auch ein Kochbuch des italienischen Dadaisten Marinetti: «Filippo Tommaso Marinettis Manifest der futuristischen Küche». Die Kreationen, die darin vorgestellt wurden, würden sogar heute noch die jungen wilden Köche und Jünger der Molekularküche zum Staunen bringen. Marinetti empfahl beispielsweise, ein Gericht mit Reißnägeln abzuschmecken.

Pfullingen – Paris

Sonntagnachmittag. Pfullingen, ein kleines Städtchen am Rande der Schwäbischen Alb, brütet in der Sommerhitze wie ausgestorben vor sich hin. Wie so oft bei kleinen und auch großen Städten muss man sich durch die äußeren Bollwerke merkantiler Hässlichkeit kämpfen, um dann, fast verzweifelt, doch noch ein wenig verwundert das Schöne zu finden.

In der Nähe des Klostergartens sind die Verunstaltungen der zurückgelassenen Investorenarchitektur schnell vergessen. Im Garten selbst, gleich vor dem Sprechgitter und den Resten des gotischen Klosters, sitzt eine Dame und liest einem bunten Häuflein Literaturinteressierter mit lauter Stimme vor. Ich mache von dem symbolkräftigen Ort ein Pflichtfoto und schleiche mich mit meiner Frau ums Eck. Hier darf nicht gestört werden. Diese Maxime atmet der Ort seit achthundert Jahren aus.

Wie doch die verflossene Zeit so manches in ein verklärtes Licht rückt, wie wir uns das Vergangene schön ausmalen! Damals, im 13. Jahrhundert, wurde den Nonnen unter den strengen Regeln der Klara von Assisi einiges abverlangt. Die Klarissinnen schliefen auf einem Strohsack, allenfalls durch eine Wolldecke geschützt. Beim Eintritt in das Kloster wurden ihnen die Haare abgeschnitten. Eine weiße

Haube, die bis zu den Schultern reichte, verdeckte die Verunstaltung. Die Kutte, durch einen Strick gerafft, berührte fast den Boden. Am vierten und sechsten Tag der Woche blieb die Küche kalt, rohe Äpfel und Birnen mussten den Schwestern reichen. In der Fastenzeit war es dann völlig zappenduster, und man darf annehmen, dass alle Nonnen unter Mangelerscheinungen litten. Leute wie ich, also ein Koch, wurden nicht benötigt, allenfalls gab es einen Beichtvater, der nach Ausübung seines Amtes schleunigst wieder zu verschwinden hatte. Es war eine besondere Form von Folter mit dem Versprechen, dass im Himmel später dann alles ganz anders laufen würde.

Welch ein Wahnsinn: Man ging mit dem Einbruch der Dunkelheit zu Bett, um kurz nach Mitternacht zum Beten aus dem Schlaf gerissen zu werden. Danach warf sich die Klosterschwester noch einmal aufs harte Strohlager, um gegen halb drei Uhr wiederum in der Klosterkirche in die Knie zu gehen. Nach solcherlei Salbungen der Seele schlurfte sie wiederum zurück auf den Strohsack, um dann gegen vier Uhr morgens alles noch einmal zu wiederholen. Man schritt barfuß, selbst im Winter bei schlimmstem Glatteis, und die Lebenserwartung, wen wundert's, betrug trotz der Fürsorge des Allmächtigen nur etwa achtundzwanzig Jahre. Frauen, die in das Pfullinger Kloster eintraten, hatten nahezu keine Chance mehr, ihre Entscheidung und ihr Leben zu ändern. Selbst die letzte Reise auf den Friedhof war festgelegt. Jede Insassin bekam innerhalb der Klostermauern ihren Parkplatz, von dem aus die Seele in den Himmel zu entschwinden hatte. Man glaube ja nicht, dass die Novizinnen ausnahmslos freiwillig solch ein Leben wählten. Ich wusste durch die Tätigkeit meines Vaters als Tierarzt, dass Mädchen auf dem Bauernhof häufig unerwünscht waren und nur allzu oft in Klöster abgeschoben wurden.

Ansammlungen von mehreren Frauen sollen ja angeblich ein Quell des Quasselns sein, und vielleicht hatte sich die Ordensgründerin deshalb noch etwas Spezielles ausgedacht: Innerhalb des Klosters galt praktisch absolutes Sprechverbot. Und nun kommen wir, bevor uns dieses Thema nach Paris entführt, zum berühmten Sprechgitter, das – einmalig in Europa – in Pfullingen noch erhalten ist. Die Ordensregel dieses Schweigeklosters sah zwei Redefenster vor. Eines befand sich in der Kirche und hatte ein kleines Türchen, durch das der Priester den Schwestern die Oblate der Eucharistie auf die Zunge zu legen hatte. Ein zweites Gitter sorgte für die Verbindung zur Außenwelt. Da von dem Kloster nicht mehr viel übrig ist, steht das gotische Sprechgitter nun isoliert im Feien, sozusagen als solitäres Fragment und als Mahnmal für alle Leute mit Redezwang. Dieses zweite Sprechgitter lag ursprünglich an der Außenmauer des Klosters. Eigentlich ist es kein Gitter, sondern eher eine grob geschmiedete Eisenplatte mit Löchern. Sie ist so gefertigt, dass man nur miteinander reden, sich aber nicht sehen konnte.

Ich wandle mit meiner Frau durch das Grün dieses Ortes, der mich zum Nachdenken zwingt. Einen Steinwurf vom Sprechgitter flirrt durch sonnenbesprenkelte Eichenblätter die Fassade eines mächtigen Hauses, welches die Hinterlassenschaft eines gewissen Günther Neske beherbergt. Hier befand sich bis 1993 der Neske Verlag, die geistige Heimat von Leuten wie Martin Heidegger, Ernst Bloch, Walter Jens, Ernst und Gretha Jünger und so weiter. Der Verleger konnte auf seine Lebensleistung und die Riege seiner Autoren stolz sein. Einen Autor jedoch hatte er nicht einfangen können: Paul Celan.

Nun nähern wir uns so langsam dem intellektuellen Bodennebel der Stadt Paris. Von dem besagten Sprechgitter in

Pfullingen gibt es bis heute eine Schwarz-Weiß-Postkarte. Günther Neske hatte sie einem Brief mit dem Expedierdatum 3. Juni 1957 beigegeben. Der Brief galt dem Dichter Paul Celan, der in Paris lebte und den Neske für sein Haus gewinnen wollte. Eine Antwort erfolgte alsbald, und es kam zu einem wohlwollenden Hin und Her. Letztendlich wollte sich Celan, wahrscheinlich aus Gründen einer besseren Verbreitung seiner Bücher und seines Rufs, lieber dem großen S. Fischer Verlag anvertrauen. Die Postkarte mit dem Sprechgitter jedoch blieb dem Dichter fest im Kopf, um diesem wenig später als Gedicht von Weltrang wieder zu entweichen.

SPRACHGITTER

Augenrund zwischen den Stäben.

Flimmertier Lid
rudert nach oben,
gibt einen Blick frei.

Iris, Schwimmerin, traumlos und trüb:
der Himmel, herzgrau, muss nah sein.

Schräg, in der eisernen Tülle,
der blakende Span.
Am Lichtsinn
errätst du die Seele.

(Wär ich wie du. Wärst du wie ich.
Standen wir nicht
unter einem Passat?
Wir sind Fremde.)

Die Fliesen. Darauf,
dicht beieinander, die beiden
herzgrauen Lachen:
zwei
Mundvoll Schweigen.

Die Gedichte Celans kann man nicht so einfach in sich hinein lesen, man muss sie sich erarbeiten. «Zwangsjacken-
schön» nannte er selbst die Liebe, die man ihnen angedei-
hen lassen solle.

1920 in Czernowitz geboren, wurde Celan als junger
Jude in die Welt der Nazis geworfen. Mutter und Vater star-
ben im Lager. Celan bewegte sich innerhalb der Kulturen
der untergegangenen Donaumonarchie, Deutschlands und
Frankreichs und zwischen allen Stühlen einer grausamen
Zeit. Als er dieses Gedicht schrieb, lag das Ende des Zweiten Weltkriegs noch nicht lange zurück. Er sah und spürte
noch die Verwundungen, welche die Stadt Paris durch die
Deutschen hatte erleiden müssen. Er sah und erlebte noch
das kriegsgeschundene Paris, welches ein Schiff im Stadt-
wappen führt, ein Segler, der schwankend durch die Zeiten
schlingert, aber aufgrund seiner inneren Kraft nicht unter-
geht.

AUF HOHER SEE

Paris, das Schifflein. Liegt im Glas vor Anker:
So halt ich mit dir Tafel, trink dir zu.
Ich trink so lange, bis Paris in seiner Träne schwimmt,
so lange, bis es Kurs nimmt auf den fernen Schleier,
der uns die Welt verhüllt, wo jedes Du ein Ast ist,
an dem ich hänge als ein Blatt, das schweigt und schwebt.

Schaut man auf den Stadtplan, so kann man die beiden Inseln in der Seine durchaus als ankernde Schiffe und als allegorisches Bild deuten. Da wäre vom Louvre aus gesehen zuerst die Île de la Cité, auf der die Kathedrale Notre-Dame in den Himmel ragt. Über eine Brücke geht es weiter flußaufwärts auf die Île de Saint-Louis. Bevor man überwechselt, könnte der ermüdete Tourist rechts vor der Brücke in einen kleinen Park entweichen. Unter schattenspendenden Bäumen lässt sich hier gut durchschnaufen.

Über die Brücke hinweg jedoch bietet sich gleich vorne die «Brasserie de l'Isle Saint-Louis» an. Vor dem Eingang kann man sich zu einem Getränk niederlassen und einen herrlichen Blick auf die Kathedrale werfen. Als ich mich auf den Weg zur Toilette mache, beglückwünsche ich mich, hier kein Essen bestellt zu haben. Eine Horde Amerikaner mampft selig Steak frites von dicken Tellern auf rot kariertem Elsasstischtuch. Ganz klar, der Hungrige schaut nicht so genau hin, und selbst ich, der selektive Schnabulierer, kenne keine Furcht, sollte mein Blutzuckerspiegel zu weit in den Keller sacken. Aber so weit bin ich noch nicht, ich reiße mich zusammen, zahle meinen Café au Lait und durchquere die Insel auf der Rue Saint-Louis en Île. Mein Weg führt am berühmten Eisladen «Berthillon» vorbei. Dort habe ich mir einmal eine Dreiviertelstunde lang die Füße in den Bauch gestanden, mein Sohn wollte unbedingt eine Tütenwaffel mit Eiscreme. Die lange Warteschlange suggerierte ihm offenbar, dass so viele Leute, geduldig wie die Schafe, nicht irren können. Sie irrten aber doch. In meiner Verzweiflung warf ich damals meine Eistüte in die Seine und hoffte, die Fische nicht zu vergiften. Nun stürme ich an dem Laden schnurstracks vorbei und gehe die Straße weiter bis zur übernächsten Kreuzung. Rechts fällt mein Blick auf die Brücke, die zum Quai de la Tournelle führt.

An der Ecke grüßt das «Café L'Escale». Ich drücke mir die Nase an der großen Schaufensterscheibe platt. Das Interieur ist seit den fünfziger Jahren unverändert: beige-brauner Mosaikboden, Tresen in der Mitte, Lampen, die die Himmelsrichtungen anzeigen. Celans Augenmerk galt aber seinerzeit nicht dem Interieur, sondern seiner Geliebten Brigitta Eisenreich, die er an diesem Ort traf. «L'Escale» ist nicht leicht ins Deutsche zu übersetzen, es bedeutet so etwas wie «Zwischenhafen», in dem ein Schiff auf einer langen Reise haltmachen kann.

Auf einer Tafel werden «Boeuf Bourguignon» und Würste aus Montbéliard angeboten. Schmatz! Ich kämpfe mit der Selbstbeherrschung, denn ich habe bereits woanders reserviert. Das «L'Escale» ist offensichtlich ein ungewöhnliches Café, das sich nicht nur seiner kleinen Fleischgerichte, sondern auch außergewöhnlicher Kuchen rühmt. Das Etablissement dient in gewisser Hinsicht als Versorgungsstation für Einheimische, die hier auf der Insel wohnen. George Moustaki verkehrte hier oft.

Ich kann mir gut vorstellen, wie sie da sitzen, vor dreiundsechzig Jahren, Paul Celan und Brigitta Eisenreich. Wie sie miteinander reden und in zaghafter Annäherung die Hände ineinanderlegen. Ich sehe sie ganz klar vor mir. Beide verlassen das Lokal. Ich meine zu beobachten, wie der Dichter zum Himmel blickt, dessen Farbe er mit «herbstzeitlos» weiht. Sie gehen umschlungen zur Brücke, die sich hinüber zum anderen Flussufer spannt. Er deutet auf das dunkle Wasser, und das Liebespaar steigt die Treppe hinab zum Kai. Schwere Ringe sind in die Quader der Uferbefestigung eingelassen. Celan hebt sie an, und beide lauschen auf den Klang, als eisenschwer der Ring an den Stein knallt. Ich stehe nun mitten auf der Brücke und bin ganz wirr im Kopf. Wache ich oder träume ich? Vor einiger Zeit habe ich das Buch «Celans Kreidestern» gelesen. So erfuhr ich von Brigitta Eisenreich, die neun Jahre lang seine Geliebte war. Aus seiner Traurigkeit konnte sie ihm ebenso wenig helfen wie seine Frau Gisèle de Lestrange.

Bis in unsere Tage lässt sich bei Dichtern und vielen Männern, die von der Öffentlichkeit beäugt werden, ein ausgeprägter Narzissmus diagnostizieren. Celan bildete da keine Ausnahme, verdient jedoch mildernde Umstände. Er war liebesstark und höchst sensibel, Letzteres vorwiegend zu sich selbst. Der Dichter musste aber auch durch schwere Prüfungen gehen. Von der Nazizeit will ich hier gar nicht reden, sondern mehr von den Nachbeben dieses größten Unglücks aller Zeiten. Fischt man in den schwarzen Wassern der fünfziger Jahre, muss die Gruppe 47 genannt werden. 1952 labte sich dieses selbsternannte Dichtertribunal an Celan mit Verunglimpfung, als der seine später berühmt gewordene «Todesfuge» vortrug. Ignorant und überheblich, verstanden die anwesenden Kollegen die Größe seiner Dichtkunst nicht, und mit dem leicht ostjüdischen Singsang seiner Vortragsweise kamen sie erst recht nicht zu Rande. Früher flüchteten sich Diskutanten, denen nichts mehr einfiel, in ein Lied. Die ganz offensichtlich verunsicherten Herren Dichter, darunter Hans Werner Richter, Siegfried Lenz und Walter Jens, retteten sich ins Gelächter.

Verstört schrieb die österreichische Schriftstellerin Ingeborg Bachmann danach in ihr Tagebuch: «Am zweiten Abend wollte ich abreisen, weil ein Gespräch, dessen Voraussetzungen ich nicht kannte, mich plötzlich denken ließ, ich sei unter deutsche Nazis gefallen (…) Am zweiten Tag wollte ich abreisen, am dritten Tag las ich ein paar Gedichte vor, vor Aufregung am Ersticken …» Hier sollte nicht verschwiegen werden, dass Ingeborg Bachmann und Paul Celan jahrelang eine dramatische Liebesbeziehung pflegten.

Eisenring am Seineufer

Ich gehe nun vollends auf die Brücke und schaue den Fluss hinab, an Notre-Dame vorbei in Richtung Eiffelturm, dort biegt sich eine sehr schöne Brücke über den Fluss. Es ist die schon erwähnte Bir-Hakeim. Ein Stück weiter folgt die Pont Mirabeau. Vermutlich hat sich Paul Celan am 20. April 1970 von dieser Brücke in die Seine gestürzt. Nicht weit entfernt, in der Avenue Émile Zola, hatte er zuletzt gewohnt. Die Umstände und das genaue Datum seines Todes sind allerdings nicht geklärt. Sein Leichnam wurde am 1. Mai 1970 bei Courbevoie, zehn Kilometer flussabwärts von Paris, aus dem Fluss geborgen. Am 12. Mai 1970 wurde Paul Celan südlich von Paris auf dem Cimetière Parisien de Thiais beigesetzt.

Ich wende mich ab, um auf andere Gedanken zu kommen. Auf der anderen Straßenseite, dem Quai de la Tournelle Nr. 15, sehe ich das Restaurant «Tour d'Argent». Über dieses hochelegante Lokal habe ich schon öfters geschrieben, 1974 war ich das erste Mal mit meiner Frau dort, um die berühmte Ente zu essen. Das Tier wurde am Tisch tranchiert und seine Gebeine in eine silberne Spindelpresse hineingedrückt. Dann wurde gekurbelt und gepresst und aus dem herausströmenden Saft die Sauce bereitet. Ich wollte mir eigentlich auch so ein Gerät kaufen, aber dessen Preise bewegen sich in der Nähe eines Mittelklassewagens.

Ich wechsle die Straßenseite, rechts von mir zeigt der Weinladen des «Tour d'Argent» seltene Bordeauxweine im Schaufenster, links befindet sich der Eingang des Restaurants. Mein Ziel liegt aber ungefähr dreihundert Meter weiter. Der beginnende Boulevard-Saint-Germain wird überquert, und auf der Rue du Cardinal Lemoine geht es weiter, bis auf der rechten Seite bei der Hausnummer 10 unauffällig das «Bistro des Gastronomes» ins Bild rutscht.

Ich hatte mir das schon einige Tage zuvor ausgespäht

und für heute Abend einen Platz reserviert. Eine freundliche junge Frau weist mir einen kleinen Tisch am Fenster zu, ich murmle nur «Un verre du Champagne», und schon geht's los. Es steht nicht viel auf der Karte. Der Koch heißt Cédric Lefèvre, hat im «Hotel Crillon» und bei anderen Weltmeistern gekocht, um sich hier in seinem eigenen Laden mit erstklassigen Produkten zu beschäftigen, ursprünglich und reduziert. Irgendwann wird er auch im Guide Michelin zu finden sein, und wenn er nur mit einem symbolischen Gäbelchen geehrt wird, was mir auch völlig genügt. Wie gesagt, für die meisten Drei-Sterne-Lokale fehlen mir der Nerv und die Geduld. Erstklassige Küchen mit allem Brimborium gibt es genügend, was fehlt, ist Gastronomie der Mittelklasse, Bistroküche mit gutem handwerklichem Ethos. Die fünf zuletzt von mir besuchten Pariser Bistros kochten lieblos. Und fast jedes Mal sah ich einen Koch umherschleichen, dessen Jacke nicht frischfleckig vom Tagesgeschäft versaut, sondern abgestanden, altfleckig und vergilbt mir den Appetit verdarb.

Guck dir stets die Kneipen von hinten an, und du weißt, was dich erwartet. Mein Vater, von dem ich die Feinschmeckerei gelernt habe, kontrollierte, wenn möglich, immer gerne, was sich im Hinterhof so an Kisten oder Müll stapelte. Andere gehen auf die Toilette, um eine Lokalität zu prüfen. Letzteres sollte man sich in Frankreich verkneifen, sonst verhungert man. Das war jetzt vielleicht ein bisschen bösartig, es ist nämlich alles wesentlich besser geworden, aber womöglich erst, seit darüber EU-Richtlinien wachen. Das «Bistro des Gastronomes» jedoch ist diesbezüglich über jeden Verdacht erhaben, dort ist es blitzsauber. Der Laden ist schlicht eingerichtet, die Farben Schwarz und Rot herrschen vor und verströmen eine wohltuende Strenge mit fast japanischer Anmutung. Statt Tischdecken glänzt

Manchmal tut es auch ein Leihrad, 22 000 davon stehen im Stadtgebiet zur Verfügung

eine schwarze Marmorplatte, die mit schönen Gläsern und einer weißen Stoffserviette hergerichtet ist. Aus einer kleinen Vase schauen freudig einige frische Blumen.

Zusammen mit meinem sind fünf Tische besetzt. Ich gucke aus dem Fenster und keine hundert Meter von mir, vorne am Kai schiebt sich die Touristen-Magma an der Seine entlang. Mein Bistro, unwesentlich ums Eck, bietet eine Insel der Ruhe. Das Servierfräulein kommt mit einem Glas «Bourgogne Aligoté» und der Vorspeise, einem Coulis von Palourdemuscheln mit grüner Zwiebelsauce. Das Essen ist ein wahres Gedicht, endlich mal in Paris wieder ein Volltreffer! So etwas Gutes habe ich schon lange nicht mehr verspeist. Auch einen «Aligoté» habe ich seit Ewigkeiten nicht getrunken, er gilt als unterste Etage des burgundischen Weißweins. Sage niemand, ich wäre nicht randvoll von Vorurteilen. Mein Blick schweift zum Fenster, und es tritt der Zustand ein, den jeder Wirt als Sternstunde verbuchen kann, dass nämlich der Gast seinen eigenen Alltag vergisst und sich auf alles wohlwollend einlässt, was um ihn herum geschieht.

Draußen auf dem Gehweg stürmt eine junge Frau vorbei, eine Schönheit um die vierzig. Potzblitz, das lässt mich doch glatt für einen Moment mein Essen vernachlässigen. Sandfarbenes Modellkleid, todschick, ganz die erfolgreiche Geschäftsfrau, die durch die Mühle des Arbeitstags gedreht jetzt womöglich mit schlechtem Gewissen nach Hause zu den Kindern stürzt. So stellte ich mir das vor und habe wahrscheinlich nicht schlecht geraten.

Seit Jahrzehnten vernimmt man aus den besseren Kreisen Frankreichs – von Coco Chanel über Simone de Beauvoir bis hin zur eloquenten Philosophin Elisabeth Badinter – den Leitspruch: Bloß weg mit den alten Traditionen, den mütterlichen Idealen! Coco Chanels Befreiung der Frau lief über die Mode. Simone de Beauvoir und ihre Nachfolgerin Elisabeth Badinter werteten die Mutterliebe als ein kulturelles Konstrukt. Die emanzipierte Frau habe das nicht nötig, sie solle lieber nach höheren Aufgaben streben, sprich: beruflicher und gesellschaftlicher Anerkennung. Tatsächlich gehen die meisten Französinnen heute nach dem Kinderkriegen schnell wieder in den Beruf zurück. Doch berufstätige Frauen leiden in Frankreich unter enormem Stress. 60 Prozent aller französischer Frauen zwischen 25 und 49 Jahren mit zwei Kindern kämpfen an zwei Fronten: Ungefähr drei Stunden täglich schuften sie nach ihrer beruflichen Arbeit im trauten Heim. Die Männer hingegen bleiben länger im Büro, bauen ihre Karrierenetzwerke aus und gönnen sich so manche Freizeitfreuden.

Die in Paris lebende Autorin Tanja Kuchenbecker, die vor einiger Zeit das Buch «Gluckenmafia gegen Karrierehühner» herausbrachte, beurteilt Frankreich aus Sicht einer Deutschen: «Weil in Frankreich oft noch die Machos das Sagen haben, führen die Frauen ein Leben im Hamsterrad. Sie müssen Geliebte, Hausfrau, Mutter und Miternährer sein. Daher rennen sie den ganzen Tag hin und her, sollen dabei noch gut aussehen – und sie, und dafür möchte ich sie jetzt alle küssen, machen das alles ziemlich klaglos.» Im Klappentext des Buchs findet man noch diese Sätze: «In Frankreich gilt es als normal, dass Frauen berufstätig sind, auch wenn sie Kinder haben. Die Gesellschaft, die Kultur und nicht zuletzt die Betreuungsangebote signalisieren: Hier lebt man nicht für die Kinder, sondern mit ihnen. Nicht die Eltern passen sich den Kindern an, sondern umgekehrt. Das sorgt für mehr Leichtigkeit im Umgang mit dem Nachwuchs. Ein besseres Modell? Jedenfalls eines, das offenbar für eine höhere Geburtenrate sorgt. Frankreich hält den europäischen Geburtenrekord.»

Nach den Palourdes-Muscheln mit den phantastisch in leichtem Teig gebackenen Zwiebeln, die sich auf einem hellgrünen Samtteppich mit kräftigem Meeresaroma eingefunden haben, folgen Schnecken in kräftiger Jus mit geschmorten Mischpilzen. Übrigens waren mir bei der Speisenauswahl nirgendwo hohe Preise aufgefallen. Ich bitte um ein Glas Rotwein, und mir wird aus einer Flasche Bordeaux «Château Cantemerle» ausgeschenkt. Das Etikett erkenne ich schon von weitem, und der Jahrgang interessiert mich nicht allzu sehr, denn «Cantemerle» ist nie ganz schlecht. Spätestens jetzt ist meine Hochachtung vor dem Koch so weit gestiegen, dass ich salutieren möchte. Das Fleischgericht wird aufgetragen, ein «Buvette de Boeuf». In Deutschland kommt so etwas ins Gulasch, die Österreicher bereiten ein Spezial-Siedfleisch daraus. Es ist aus der Flanke des Rinds geschnitten, ein bestimmtes Segment der Bauchrippen. Ziemlich fransig-lederig, muss man es in kleinen Schnitten gegen die Faser abschneiden. Das Fleisch vor mir ist hocharomatisch, allerdings für Milchzahngourmets erschreckend nah an der Natur, die bekanntlich nie sanft, sondern meist herb und direkt den Menschlein entgegentritt. Ich fühle mich sauwohl, und das Dessert trägt dazu genauso bei wie die zwei doppelten «Vieille Prune». Langsam wird mir richtig heimelig, oder bezeichne ich diesen paradiesischen Zustand besser mit dem wunderbar altmodischen Wörtchen «beschickert»?

Der weitere Verlauf des Abends ist weniger berichtenswert. Das hübsche Servierfräulein ist durch ihr Herumwirbeln im Lokal rotwangiger und noch hübscher anzuschauen. Vielleicht liegt es auch nicht an ihrem Zustand, sondern an dem meinigen. Ich gehöre zu den Männern – und ich muss mich jetzt endlich mal selbst loben, wenn es sonst niemand tut –, die mit jedem Gläschen Wein und Schnaps erträglicher werden, und das kann man bei Gott nicht von jedem Macho behaupten. Tschüs, Taxi, Zimmerschlüssel, noch ein paar Gedanken zu Celan und darüber, dass ich mich glücklich schätzen kann, in heutigen Zeiten zu leben.

Maigret und sein Kalbsragout

Vor vielen Jahren las ich mit großer Freude die Maigret-Romane von Georges Simenon. Die Schreibkunst des Belgiers, der mit zwanzig Jahren nach Paris übergesiedelt war, gelangte dann durch einen Zufall wieder in mein Bewusstsein. Ein Freund, der von meinem Interesse an Paul Celan wusste, kam mit einem vergilbten Taschenbuch an. Der Titel: «Hier irrt Maigret». Es war 1955 bei Kiepenheuer und Witsch erschienen, Paul Celan hatte es übersetzt.

Die Spur der Erkenntnis führte also über Celan nach Paris und als Allererstes an den Platz, an dem sich der reale Georges Simenon, aber auch sein Kommissar Maigret im Roman die Nerven stärkte. Die Rede ist von der Place Dauphine und dem Restaurant «Chez Paul». Und so, als hätte ich noch einen gewaltigen Tritt nötig gehabt, verfestigte sich die Idee, dass in diesem Buch keinesfalls der gute alte Maigret fehlen dürfe. Und dafür sorgte ein Ausflug ins Bayerische.

Eines Tages nämlich bekam ich ein Engagement im «Jazzclub Birdland» im oberbayerischen Neuburg. Für Norddeutsche oder musikalische Laien hört sich dieser Ort vielleicht etwas hausbacken an, aber Achtung Leute: Neuburg, an der glasklaren Donau gelegen, ist eine über die Maßen schöne Stadt, und der «Jazzclub Birdland» international hoch angesehen. So ziemlich jeder Jazzweltmeister hat in der dreißigjährigen Geschichte dieses Clubs dort schon Konzerte gegeben.

Auf dem Kirchplatz angekommen, hangelte ich mich mit meiner Basstrompete den Jazzkeller hinunter. Unten empfing mich der Hausherr Manfred Rehm. Es wurde ein bisschen herumgetutet, was man gemeinhin «Sound-check» nennt. Danach fand ich mich in Manfreds Büro ein. Ich weiß nicht, wie wir darauf kamen, aber der Jazz-impresario erwies sich als ausgefuchster Paris-Kenner. So fügte sich eines zum anderen und mündete schließlich in einem begeisterten Gespräch über Georges Simenon, über Kommissar Maigret und den Ort, an dem er Kraft für seine Ermittlungen sammelte. «Du musst unbedingt zur Place Dauphine und dann schnurstracks ins ‹Chez Paul›.» Man-fred, auch ‹Manne› genannt, darf man nicht widersprechen. Ich fügte mich drei Wochen später seiner Anweisung.

Ganz in der Nähe des Platzes habe ich die Pont Neuf schon oft überquert. Obwohl sie «Neue Brücke» heißt, ist sie die älteste Brücke über die Seine. Sie wurde 1607 fer-tiggestellt und trägt noch einen anderen Namen: «Tränen-brücke». Heinrich der Dritte, der Sohn von Katharina von Medici, musste bei der Einweihung weinen, denn am Tag zuvor hatten sich seine beiden Liebhaber beim Duell ge-genseitig erstochen.

Die Brücke ist zweigeteilt, sie stützt sich nämlich auf einen Ausläufer der Place Dauphine. So kann man zu dem Platz gelangen, indem man mitten auf der Brücke abbiegt und durch ein enges, kurzes Gässchen geht. Ich kam aus der anderen Richtung, quasi von der Kathedrale Notre-Dame, und schnürte am Quai des Orfèvre entlang. Auch heute noch haben die Pariser Kriminaler dort, wie einst Maigret, ihre Kommandantur. An ihr vorbei, nahm ich die kleine

Steigung zur Place Dauphine, und der Geist Neuburgs verband sich mit wirklich gutem Essen. Das Restaurant «Chez Paul», Place Dauphine 15, erfreut sich bis heute eines guten Rufs, ich konnte gerade noch einen Platz für mich ergattern. Auf der Terrasse mit Blick auf den von Platanen beschatteten Platz strahlten die Tische in weißem Leinen, und die Weingläser funkelten einladend. Sanftes Klackern von Boulekugeln wehte heran, und von der Pont-Neuf-Brücke grüßte die rote Abenddämmerung herüber.

Zuerst wurde eine kalte Melonensuppe serviert. Mit etwas Ingwer befeuert, hatte sie die nötige Schärfe, um mir größten Appetit zu verschaffen. Ich nahm dann als weiteren Auftakt eine Pâté Maison und als Hauptspeise gebackenen Kalbskopf. Als Dessert, wenn ich mich recht erinnere, erfreute mich eine «Baba au Rhum». Und damit nichts im Hals stecken blieb, flößte ich mir so viel weißen Burgunder «Saint Aubin» ein, dass meine Äuglein immer gemächlicher durch die friedliche Szenerie des Platzes schweiften. Dreißig Meter weiter Richtung Pont Neuf ragt ein Schild in die Idylle: «Hotel Henri IV». Das ist natürlich kein feudaler Laden, wohl aber etwas für Romantiker. Die Zimmer sind klein, sauber, und das Allerschönste ist, dass es abends mitten in Paris kaum einen ruhigeren Platz gibt als die Place Dauphine. Die Metapher, im «Auge des Hurrikans» zu verweilen, also in der absoluten Stille, trifft auf diesen Ort wirklich zu.

Georges Simenon wohnte allerdings komfortabler, nämlich im Haus 21 an der Place des Vosges, dem ganz von Arkaden umgebenen Renaissance-Carré im Viertel Marais. Ich ließ es mir nicht nehmen, einmal im «Hotel Pavillon de la Reine» zu nächtigen, das hinter den Nord-Arkaden liegt und seinen Gästen nicht nur grün bewachsene Hinterhöfe, sondern auch versteckt gehaltene feine Pariser Lebensart offenbart. Ich erinnere mich, dort eine sehr ruhige Nacht verbracht zu haben. Vom Hotel aus quer über den Platz findet man das Restaurant «Ambroisie», darüber muss ich separat noch ein Wörtchen beisteuern.

Es ist nicht weit hergeholt, wenn man in dem Pfeifenraucher Maigret das Alter Ego seines Autors erkennt. Simenon hatte übrigens, ebenso wie sein Romanheld, eine Vorliebe für «Blanquette de Veau», also helles, von Rahm verzärteltes Kalbsragout. Im Schwäbischen kennt man diese Spezialität als «Eingemachtes Kalbfleisch», und ich nehme an, es ist ein Überbleibsel der Napoleonischen Besatzungszeit, die großen Einfluss auf Baden-Württemberg hatte. Wobei das Wort «Einmach» aus der österreichischen Küche stammt und womöglich Einzug in den schwäbischen Sprachschatz hielt, als Österreich heim ins Reich geholt wurde. Im amtlichen Lexikon der Österreichischen Küche, kurz «Der Duch» genannt, wird «Eingemachtes Kalbfleisch» haarscharf mit «Blanquette de Veau» betitelt. Und um das nun abzuschließen: Im «Stuttgarter Kochbuch für alle Stände» von 1856 findet man unter der Nummer 408 ein «Blanquette vom Kalbfleisch». Mit der Küche ist es wie mit den Königshäusern: Alle sind miteinander verwandt.

Dieses Maigret-Ragout-Gericht hatte ich im «Chez Paul» auf der Karte zu finden gehofft, obwohl man sich mit Wunschvorstellungen niemals lange aufhalten sollte, denn gute Küche ist eigenwillig und hat sich letztlich nicht nach dem Esser zu richten. Sie sollte dem folgen, was die Natur gerade an saisonalem Angebot bietet. Die Vorlieben, die Launen, die Lust des Kochs will ich dabei jedoch nicht unerwähnt lassen. Hat der Koch wirklich Appetit auf ein ganz bestimmtes Gericht, dann wird er es auch mit Hingabe herstellen.

Ich war mit meinem Kalbskopf optimal versorgt worden.

Nach einem Mokka und einer moderaten Rechnung machte ich mich auf den Weg zum Mittagsschlaf. Ich spazierte also wieder zurück zum Quai des Orfèvres und an den unzähligen Polizeiautos entlang. Eigentlich wollte ich den Wachhabenden am Portal fragen, ob er hier den Nachlass von Kommissar Maigret bewacht, der «Flic» jedoch guckte recht grimmig, und mit schlechtem Französisch macht man sich in Paris sowieso keine Freunde.

Und hier noch das Rezept von Maigrets Lieblingsspeise. Helles Kalbsragout, das ich ihm zu Ehren in unten stehende Fasson gebracht habe.

Blanquette de Veau

Für 2 Personen
Zutaten:
6 Schalotten
600 g Kalbfleisch von der Schulter
4 EL Butter
2 EL Mehl
200 ml Brühe
3 Zweiglein Thymian
1 MS Curry
1/4 l Weißwein
100 g Crème double
Etwas Salz und Pfeffer

Zubereitung:
Die Schalotten in feine Würfel schneiden. Das Kalbfleisch ebenfalls in Würfel von ca. 4 Zentimeter schneiden. Die Butter in einem Topf erhitzen, Schalotten mit dem Kalbfleisch rundum anschwitzen. Das alles geschieht bei geringem Feuer, es sollte nichts bräunen und das Ragout hell bleiben. Etwas Salz, Pfeffer und Thymian dazu. Wirklich nur mit wenig Curry würzen, er darf später keinesfalls zu erschmecken sein.

Nun kommt der Deckel auf den Topf und es wird eine Stunde lang sanft gesotten. Immer wieder nachschauen, ob am Topfboden genügend Fond am Kochen ist. Der Fond, der aus dem Fleisch getreten ist, sollte nicht höher als einen Zentimeter stehen. Alles wird gut werden, und nichts wird anbrennen, wenn wir das Feuer ganz klein halten. Köchelt es im Topf kaum wahrnehmbar, so herrschen dort annähernd hundert Grad. Kocht es wie verrückt und will dauernd anbrennen, ist die Fachkraft am Herd mehr Feuerwehrmann als Köchin oder Koch und im Topf wird es weder heißer, noch wird es schneller gar. Ist das Fleisch trotz aller Bemühungen trocken, löschen wir mit Weißwein ab. Eilige verwenden am besten einen Dampfkochtopf, welcher sich für dieses Gericht sehr gut eignet. Nach einer halben Stunde kann man sich mit einer Gabel ein Stück Fleisch erpicken, fällt es leicht wieder ab, ist das Ragout fertig. Ein zweites Mal bei einem möglichst durchwachsenen Stück prüfen. Wer beim Kochen nicht nascht, wird es nie zu etwas bringen, sagte einmal ein Lehrmeister zu mir. Brav wie ich bin, habe ich das mein Leben lang eifrig befolgt, was man, so wie ich aussehe, wohl gerne glaubt.
Ist das Fleisch weich, rühren wir das Mehl noch mit etwas Weißwein an und vermengen es im Topf. Ganz edel wird die Angelegenheit, wenn wir nun das gesamte Gericht auf ein Sieb schütten, die austretende Sauce mit dem Stabmixer schaumig quirlen und wieder zum Fleisch zurückgeben. Jetzt noch Butternudeln dazu und es gibt kein Halten mehr.

Zurück zur Place des Vosges, wo Georges Simenon in den zwanziger Jahren eine Zeitlang wohnte. Das Restaurant «L'Ambroisie» von Bernard Pacaud ist für mich ein Wallfahrtsort. Beim ersten Mal fand ich es kaum, denn der ganze Platz, in der Mitte ein Park, ist ringsum mit einem Ensemble von aneinander gereihten Renaissancepalästen gesäumt. Man erläuft sich das Carré von jeweils sicherlich drei- bis vierhundert Metern unter Arkaden und läuft und läuft. Man kommt an schicken Galerien vorbei, kleinen

Bistros und Cafés. Drei Mal habe ich dieses Restaurant besucht, und jedes Mal war es dasselbe. Ich bin so lange gelaufen, bis ich den Namen des Restaurants in Augenhöhe auf eine Steinplatte gemeißelt finden konnte. Unauffälliger könnte man kein Restaurant bewerben.

Die hohe, zweiflüglige Eingangstüre ist von zwei Lorbeerbäumchen gesäumt, und links hinter der Türe – oder sage ich besser: Portal? – werde ich von einer jungen Dame empfangen. Ich nenne meinen Namen, und sie muss nicht einmal im Reservierungsbuch nachschauen, sie hat die Gäste auswendig im Kopf. Die Dame geht voraus und führt mich an den Tisch. Meine Augen schweifen zur Kassettendecke in acht Metern Höhe. Es könnte einem schwindlig werden: reiner Renaissance-Stil, an den Wänden teuerste Gobelins. Die Herren Ober stehen parat, als würde ich eine Ehrenkompanie abschreiten. Selbst mir verlangen sie ein wenig Respekt ab. Ich kann mir gut vorstellen, dass jungen oder unerfahrenen Gästen dabei das Herz in die Hosentasche rutscht.

Das Interieur, die Atmosphäre, der Habitus des unaufgeregten Empfangs, alles ist perfekt inszeniert, ohne dass man abgehobene Absichten dahinter erkennt. Man erlebt hier die absoluten Höhen der Tafelkultur in einer Souveränität, die dafürspricht, dass in diesen Räumen eine solche *Tour d'Horizon* der Normalfall ist. Mit dem Essen ist es dasselbe. Drei astreine Michelin-Sterne, und doch ist Pacaud ein Koch, der seine Gäste ohne jede Zauberei bezaubert. Auf den Tellern ist absolut nichts Überflüssiges zu finden, nirgends diese verdammten Accessoires, mit denen verunsicherte «Weltmeister» oft ihre Teller aufhübschen und ihre Kreativität unter Beweis stellen wollen.

Einmal geriet ich hier mit Frau und Tochter in leichte Unstimmigkeiten. Nicht das erste Mal, dass uns das in feu-

Restaurant «L'Ambroisie»

dalen Restaurants passierte. Manchmal sind wir allesamt so aufgekratzt, die Frauen laut und ich dann immer flüsternd: «Schreit doch nicht so, die Leute schauen schon!» Es schaut aber gar niemand, die Atmosphäre ist rundum entspannt, höchstens ich bin etwas verkrampft wegen meiner hohen Erwartungshaltung. Ich wurde noch nie enttäuscht.

Bernard Pacaud, 1947 in Lyon geboren, steht immer noch jeden Tag selbst in der Küche. Beim Verlassen des Lokals konnte ich einmal einen Blick auf ihn erhaschen. Dieser erdgepolte Mann betritt niemals den Gastraum, er zeigt sich nicht. Den Geist der Lyoner Küche hat er immer noch in sich, er kommt aus einer Tradition, die sich durch die legendäre Köchin Eugénie Brazier auf viele bekannte Meister der französischen Küche übertrug. Bei Mère Brazier, wie sie liebevoll genannt wurde, lernte auch Paul Bocuse. Bernard Pacaud verändert die Produkte kaum, ist in seinem Kreativitätsdrang maßvoll und ignoriert grundsätzlich Moden. Ihm geht es allein um den Genuss und die Verfeinerung seiner Kochweise, nicht um spektakuläre Neuerfindungen. Sein Purismus setzt sich auch bei der Tischkultur fort. Silberbesteck von der Pariser Manufaktur Odiot liegt neben schlichtem, hochfeinem Porzellan aus Limoges, das speziell für das Ambiente des Gastraumes angefertigt wurde.

Ein Restaurant ohne Fenster kann ich mir eigentlich kaum vorstellen. Umso mehr ist es verwunderlich, dass ich mich hier so wohl fühle. Ich erinnere mich immer gerne an die aristokratische Geborgenheit, die gediegene Einrichtung, an die Diskretion, die feine Art der gedeckten Farben und den spektakulären Blumenschmuck. Wie die *Feuillantine de langoustines aux graines sésame, Sauce Curry*, die tranchierte Ente, das *Pigeonneau aux épices en cocotte lutée*, die *Tarte fine sablée au chocolat, Glace à la vanille Bourbon* geschmeckt haben, das lässt sich leicht erraten.

Fa-Raon et Kléopatre

Kleine Ouvertüre

Bereits der Taxifahrer, der uns vom Gare de l'Est in die Rue du Faubourg Saint-Honoré 110 chauffiert, sorgt für Unvergessliches. Er kennt das Hotel nicht, und ich bin buchstäblich von den Socken. Das einzige Palasthotel in Paris, das nicht dem Prinzen von Brunei oder einem orientalischen Fürsten gehört, das «Le Bristol» – er kennt es nicht! Nun ja, wir haben die Hausnummer und als wir uns dieser nähern, ruft er entzückt aus: ‹Sie sagten ‹Le Brischtl›, aber Sie meinen das Hotel ‹Le Bristoll!›» Mit der Betonung auf der Endsilbe. Ich verfluche meinen schwäbischen Slang und verhalte mich ganz still.

Egal, in welcher entlegenen Ecke der Welt ich herumtigerte, es dauert keinen Wimpernschlag, bis ein schwäbischer Freudenruf ertönt: «Ja, send Sie auch doo»! Eine typische Begrüßung, wenn man beispielsweise am Südpol hinter einer Eisscholle auf einen Schwaben trifft. Sie denken, lieber Leser, der Südpol sei ein zu krasses Beispiel, aber dem ist nicht so. Der Extremfall tritt erst ein, wenn man in Paris ein Hotel betritt, das für eine Übernachtung 900 Euro berechnet und aus gutem Grund keine Rabatte gewährt. Am Desk des «Le Bristol» werde ich von zwei hier angestellten Landsleuten zwar nicht angewiehert, dafür aber gepflegt Schwäbisch und in gedämpftem *sotto voce* willkommen geheißen.

Bevor jetzt jemand aufstöhnt und die Verschwender-
keule schwingt: Die Übernachtung im Hotel «Le Bristol» in
der Rue de Faubourg Saint-Honoré, also das Zimmer und
das Bett und das Bad und so weiter, kosten eigentlich fast
gar nichts, man muss in erster Linie die Annehmlichkei-
ten, das phantastische Personal, also den Service bezahlen.
Freilich, es gibt Leute, die einen Kurzurlaub in solch einem
Etablissement gerne für drei Wochen Campingplatz tauschen. Mir genügt eine unvergessliche Nacht. Jedem das
Seine, und um für mich zu sprechen: À la longue zählt nur
das, was hängen bleibt, was unvergesslich ist. Derartige
Eckpfeiler des Erlebens sind oft kurz und heftig, dafür aber
für immer ins Gehirn eingebrannt.

Einchecken konnte ich noch nie leiden, derlei Unum-
gänglichkeiten langweilen mich kolossal. Meine Frau kann
das besser, und während sie mitten in den Formalitäten
steckt, unterhalte ich mich mit dem jüngeren der beiden
Herrn. Er ist nicht nur Schwabe, er ist sogar Schwäbisch-
Gmünder, stammt also aus derselben Stadt wie ich. Der
wackere Schwabe liebt seine dunkle Concierge-Uniform
und erzählt mir, er habe in «Brenners Parkhotel» in Baden-
Baden gelernt; seine Liebe zu Frankreich habe ihn nach Paris geführt. Es dauert nur wenige Minuten, schon kommt
der zweite Schwabe aus der Deckung. Er stellt sich mir auch
als Schwäbisch-Gmünder vor. Im «Le Bristol» ist er schon
einige Zeit beschäftigt, zuvor arbeitete er in London im
«The Connaught» und im «Claridge's» – feinere Arbeits-
möglichkeiten dürfte es weltweit kaum geben. Die Konversation verläuft ganz ungezwungen und ohne lautes Hallo,
wie man das von wirklich professionellen Mitarbeitern der
Spitzenhotellerie eben erwartet. Über den Empfang mit
heimatlichen Tönen bin ich fast erschrocken: dass in Paris
jemand Schwäbisch mit mir spricht, kommt mir eigenartig

Hotel «Le Bristol»

vor. Eher würde ich erwarten, dass mir auf einem Feuerwehrfest in Degerloch auf Kisuaheli zugeprostet wird.

Rein touristisch kann man meinen Besuch in diesem Hotel eigentlich nicht nennen. Tochter und Gattin waren der Ansicht, wenn ich schon meinen Schreibzwang mit einem Paris-Buch ausleben müsse, dann sei dieses Buch ohne die Erwähnung der Burmakatzen Fa-Raon und Kléopatre wertlos. Die beiden Tiere mit dem seidigen Fell und den hellblauen Augen sind die eigentlichen Empfangschefs des «Le Bristol». Sie haben sogar ein eigenes «Büro» gleich in der Nähe des Empfangstresens. Dessen Wände sind bemalt – ein wahrer Farbenrausch, mit dickem Pinsel aufgetragen. Letztlich wurden aber rundherum nur wenige Worte ineinander verknäult, darunter «Chat» und «Le Bristol», und ich habe mir sagen lassen, dass ein berühmter Künstler dafür Hand angelegt hat.

Als unsere kleine Reisegruppe, Frau, Tochter und meine Wenigkeit, von den beiden wackeren Schwaben zum Aufzug geleitet wird, kommen wir tatsächlich am, wie der Berliner sagt, «Chef von det Janze» vorbei: Der alte Kater Fa-Raon, womöglich ein direkter Nachfahre Tutanchamuns, grüßt uns. Ehrlich gesagt, so wie er da unter einem Empire-Sessel auf poliertem Champagnerkalkstein liegt, lässt er sich, von meinem Anblick entsetzlich gelangweilt, nur zu einem kurzen Kopfanheben herab. Ich habe jedoch auch meinen Stolz, wende den Blick ab und lasse ihn über meterhohe Blumenbuketts schweifen, vorbei an hohen Säulen, allesamt aus funkelnd poliertem Kalkstein. Der Lift erweist sich als modern restauriertes Fin-de-Siècle-Utensil, er trägt uns in den sechsten Stock. In Paris sind die obersten Stockwerke immer die hellsten und die ruhigsten, aber gäbe es keinen Aufzug, wäre mir das finsterste Souterrain, weil kraftsparend, lieber. Unser Raum erstrahlt im hellen Sonnenschein, Wände, Möbel und auch das riesige Bad sind ebenso freudig in leicht abgetöntem Weiß.

Ein Bediensteter schleppt einen ziemlich großen Koffer ins Zimmer. Den packe ich zuerst aus. Zu meinem elektrischen Klappfahrrad habe ich inzwischen eine Art Liebesbeziehung entwickelt. Seitdem ich dieses Ding habe, bin ich kaum noch einen Schritt gelaufen, mittlerweile habe ich in Paris an die tausend Kilometer per Fahrrad zurückgelegt und musste dabei nicht einmal in die Pedale treten, sondern einfach nur am Gasgriff drehen. Auf diese Weise habe ich diese weitläufige Stadt erst richtig kennengelernt. In drei Minuten ist das Vehikel zusammengebaut, und meine Frau besteht darauf, dass es aus dem Zimmer verschwindet. Ich schiebe also meinen Liebling den edlen Flur entlang

Einer der Empfangschefs des Hotels «Le Bristol»

und fahre mit dem Aufzug wieder zum Empfang. Unten angekommen, wird mir das Rad eilfertig entwunden. Ein junger Herr in Paradeuniform besteht darauf, dass er es zu versorgen habe. Gegen Service hatte ich noch nie etwas einzuwenden.

Wir machen wir uns frisch und suchen den Garten auf, um eine Kleinigkeit zu essen. Hier herrscht völlige Ruhe, denn die sieben Meter hohen Stockwerke ringsum schützen völlig gegen den Lärm der Großstadt. Wir sitzen unter kleinen weißen Sonnenschirmen inmitten von Blumenbeeten und befinden uns in einer anderen, wunderschön geordneten Welt. Die Serviererinnen und Kellner in schmucken Uniformen sind kompetent, zurückhaltend und sofort zur Stelle, wenn man sie benötigt. Ich fühle mich wie im Paradies, und es erfreut mich, die vielfältigen Facetten meines Berufs zu beobachten.

Man könnte nun meinen, ich bin ja Koch und der Service

hat mit meinem Beruf wenig zu tun. Dem ist ganz und gar nicht so. Was nützt ein tüchtiger Koch, wenn gutes Essen schlecht transportiert wird? Letztlich ist für das Wohlbefinden des Restaurantgastes der Service wichtiger als die Küche. Fühlt man sich mit einer Serviererin wohl, von einem Kellner gut versorgt, produziert das Hirn gewisse Glückgefühle, die den Mangel der Speise durchaus ein wenig ausgleichen können. Hier im «Le Bristol» vereinigt sich jedoch das Optimale von Küche und Service. Nur unter solchen Umständen ist große Spitzengastronomie möglich. In Deutschland redet alles ausschließlich vom Kochen, die Wertschätzung für guten Service ist in Frankreich um einiges ausgeprägter. Hier sind Gäste und Personal eine Einheit, die Kellner werden von den Gästen ebenso höflich geachtet wie umgekehrt.

Da sitze ich nun und denke: «Kellner, was für ein schöner Beruf!» Übt man ihn aus wirklicher Berufung aus, ist er an Abwechslung kaum zu überbieten. Schafft man es jedoch nicht, sich die nötigen psychologischen Feinheiten anzueignen, kann er frustrierend sein. Früher gab es den Begriff «Servierkunst», und in diese Richtung sollten wir uns wieder bewegen und dafür auch ein bisschen Geld ausgeben. Natürlich geht es im Leben die meiste Zeit ums Sattwerden, aber ein Leben ohne Festtage ist kein gutes Leben.

Anderntags essen wir mittags im Restaurant von «Le Bristol», dem «Epicure». Es ist äußerst geschmackvoll in gedeckten Farben eingerichtet. Das Tafelsilber funkelt, der Blumenschmuck ist überwältigend. Drei Michelin-Sterne nennt das Lokal sein Eigen. Ich habe ja schon in immer neuen Varianten behauptet: «Ich esse in keinem Sternelokal mehr!», aber bis man mein Alter erreicht hat, hat man auch viel Unsinn geredet. Insgesamt ist es jedoch schon so, dass mir gerade in Deutschland die Sterneesserei oft zu anstrengend und langatmig ist. Es liegt vielleicht manchmal auch an den Gästen. Das Publikum hier im «Epicure» ist sehr pariserisch, was auch bedeutet, dass gutes Essen kein Event mit Endlosschleife ist, sondern der geübte Gourmet will in einem bestimmten Rhythmus essen, und der ist nicht so sakral-langatmig wie in Deutschland.

Im «Epicure» ist das «Amuse-Bouche» mit Radieschengelee unterlegt, und es folgen verschiedene Vorspeisen wie zum Beispiel Cannelloni mit Trüffeln gefüllt. Als Hauptgang wird für die ganze Familie eine Art Fußball aufgetragen. Die Riesenkugel sitzt in einer Silberschale, welche von silbernen Hühnerfüßen gestützt wird. Das «Bressehuhn in der Schweinsblase» wird uns gezeigt. Der Oberkellner pikst am Serviertisch in die prall gespannte Blase, schneidet sie auf, entnimmt und tranchiert das Huhn. Köstliche Champagnersauce begleitet das zarte Geflügel. Das darauf folgende Dessert kann man getrost als eine heitere Orgie bezeichnen. Ein kleines Gläschen Süßwein schließt das Mittagessen ab, und eine wohlige Trägheit überkommt mich. Frau und Tochter blasen jedoch zum Aufbruch, sie haben noch einiges vor.

Im Foyer treffe ich wieder auf meine beiden Concierges aus der Heimat. Ich will sie noch ein bisschen ausfragen, aber die Herren sind diskret. Im «Le Bristol» verkehren keine Neureichen, erfahre ich jedoch, hier will der Gast unauffällig umsorgt werden. Um die Zukunft der beiden Landsleute mache ich mir keine Sorgen. Ihr schöner Beruf wird sie womöglich noch um die ganze Welt führen. Ein bisschen beneide ich die jungen Leute, die nicht nur davon reden, dass die Welt dem Tüchtigen offen steht, sondern auch die Gelegenheiten am Schopfe packten.

Galliera Museum
bei der Place d'Iéna

Schon immer habe ich mich für gekonntes Handwerk interessiert. Besonders bei Mode wirkt Qualität auf mich sehr augenfällig. Den Sinn für feine Stoffe und deren Verarbeitung verdanke ich meiner Ausbildung. In der Lehre hatte ich nicht nur das Kochen zu erlernen, sondern musste der Chefin beim Waschen und auch beim Mangeln der Tischwäsche helfen. Sie nahm mich am freien Tag oft als eine Art Taschenträger mit nach Basel. In teuren Modegeschäften bekam ich, auf Barockstühlchen sitzend, Champagner offeriert, bis mir schwindelig wurde. Die Chefin galt offensichtlich als gute Kundin und hielt in Haute Couture-Geschäften das Personal auf Trab. Sie war groß, schlank, blond, für meine Augen meistens wohltuend dekolletiert, kurzum eine sehr elegante, weltläufige Erscheinung. Ein bisschen dauerverliebt folgte ich gerne ihren Erklärungen, und so konnte es nicht unterbleiben, dass ich über Moiré-stoffe, Mousseline, Doubleface, Rohseide und Atlasseide, über Rips oder Alpakawolle unterrichtet wurde. Als ich viel später meine Frau kennenlernte, die einige Zeit in einer Baumwoll- und Leinenweberei gearbeitet hatte, ging es mit dem Modethema pfeilgrad weiter.

Es ist der letzte Vormittag unseres Paris-Besuchs. Bei dieser Kurzreise mit Frau und Tochter steht vor der Heimfahrt mit dem Nachmittagszug das Galliera-Modemuseum auf der Agenda. Wir besteigen ein Taxi zur Place d'Iéna. Dort angekommen, besorgt Madame die Eintrittskarten, derweil fotografiere ich das herrschaftliche Palais. In unserer Ehe hat es sich gut eingespielt, dass sie gerne das Organisatorische übernimmt und ich ihr nur noch hinterherträumen muss. Am Einlass muss ich durch einen Metallscanner, und mein Taschenmesser löst prompt Alarm aus. Die Zeiten scheinen dahin, wo ein rechter Kerl so etwas bei sich zu führen hatte. Der Concierge fordert mich auf, es der Kassenwartin zur Aufbewahrung zu geben. Das ist mir zu blöd, ich latsche einfach weiter, der Wachhund am Scanner hat mich wegen einer nachdrängenden Damengruppe sowieso aus den Augen verloren.

In den Ausstellungsräumen, unter acht Meter hohen Decken, umgibt mich dann eine dunkel gedämpfte Atmosphäre. Wie Schemen sehe ich unzählige Frauen vor den Vitrinen. Ich scheine das einzige männliche Wesen hier zu sein, doch ich fühle mich überhaupt nicht fehl am Platz, im Gegenteil: Ich erfreue mich an den Kreationen der Modeschöpferin Jeanne Lanvin. Kürzlich hat mir ein Freund ein Reclam-Büchlein über Landwirtschaft geschenkt. Vor über zweitausend Jahren von Marcus Porcius Cato verfasst, wirkte es auf mich, als sei es gestern geschrieben worden und kam mir weitaus logischer vor, als das, was heute auf Landwirtschaftsschulen gelehrt wird. Genauso wirkt die hundert Jahre alte Mode von Jeanne Lanvin auf mich.

In Stuttgart fahre ich oft an einer Modeschule vorbei und sehe hinter großen Fenstern hübsche Mädchen, die mit Filzschreibern auf ihren Zeichenblöcken herumstochern. Jedes Mal denke ich, es ist wie beim Kochen: Die Jugend würde am liebsten gleich bei Starkoch beginnen, die Gastronomie an einer Hochschule studieren und das mühselige Handwerk als vermeintlich antiquiert und überflüssig in überheblichem Schwung umfahren. Ich bin mir jedoch sicher, dass man bei den großen Pariser Modehäusern wie Dior, Chloé, Chanel, Givenchy oder Valentino nicht landen kann, ohne zuvor eine solide Schneiderausbildung durchgestanden zu haben. Viele Anfänger nähern sich heute künstlerischen Berufen über die Kunst und nicht über das Können. Michelangelo hat bestimmt zuallererst Farben angerührt und für die Vorlagen des Meisters den Lehm weich geknetet, bevor er an einer Skulptur den kleinen Zeh gestalten durfte. Heutzutage herrscht in allen Berufen ein unglaublicher Druck. Auch der Koch, der ein Restaurant eröffnet, sollte eigentlich bereits vorher einen Michelin-Stern haben. Empirischer Erkenntnisgewinn ist total out.

Doch zurück zu der bemerkenswerten Pariserin Jeanne Lanvin. Ihr Modelabel erfreut sich hundertzwanzig Jahre nach der Gründung immer noch großen Erfolgs: 2012 erzielte das Unternehmen 236 Millionen Euro Umsatz. Als ich an der Museumswand den kurzen Lebenslauf der Modeschöpferin lese, staune ich nicht schlecht. Sie war eindeutig ein Geschöpf des 19. Jahrhunderts. 1867 als erstes von elf Kindern geboren, ging sie bei einer Hutmacherin in die Lehre. Dort wurden offenbar sehr kleine Brötchen gebacken, und ich erinnere mich wieder an meinen Küchenchef im Münchner Restaurant «Humplmayr», der mir in der rustikalen Rhetorik des Bajuwaren in den Kopf drückte: «Wenn du oben ganz groß rauskommen willst, Vincent, dann musst du zuerst ganz unten durch die Scheiße durch!» Mit diesen Worten schien er sich für die Misshandlungen entschuldigen zu wollen, mit denen er sein Personal vor sich hertrieb.

Jeanne Lanvin erging es offensichtlich genauso wie mir: «Nothing but the blues!» Sie hatte nichts zu verlieren, aber

Markt an der Place d'Iéna

viel zu gewinnen und konzentrierte sich zuallererst auf ein sparsames Leben. *Le petit omnibus*, diesen Spitznamen handelte sie sich ein, weil sie sich grundsätzlich das Geld fürs Bus-Ticket sparte und heimlich hinten auf den Bus sprang. Nach Lehr- und Berufsjahren als Hutmacherin und Modistin eröffnete sie 1889 ihr eigenes Hutgeschäft in der eleganten Pariser Modestraße Rue du Faubourg Saint-Honoré, wo sich der Élysée-Palast, der Amtssitz des Staatspräsidenten, befindet und bis heute auch der Flagship Store von Lanvin zu finden ist.

Von Hüten kam sie immer mehr ab. 1901 schneiderte Jeanne Lanvin für den Theaterschriftsteller Edmond Rostand anlässlich dessen Aufnahme in die Académie française eine Gala-Uniform. Die prächtige Uniform machte sie bekannt, sodass auch die Dichter Paul Valéry und Georges Duhamel die Firma Lanvin für große Auftritte in Anspruch nahmen. Lanvin weitete ihr Geschäft aus, entwarf Kindermode und hochpreisige handgefertigte Abendkleider.

Coco Chanel begann kurz vor dem Ersten Weltkrieg, puristische und praktisch zu tragende Damenmode zu kreieren, speziell genannt sei das «Kleine Schwarze», das sie 1920 entwarf. Lavin pflegte dagegen einen farbenfrohen etwas verspielten Stil. Heimtextilien und Inneneinrichtung kamen hinzu, dafür wurde extra auf der gegenüberliegenden Seite der Rue du Faubourg Saint-Honoré in Nummer 15 ein separater Laden installiert. Heute dient diese Adresse als Lanvin-Boutique für Herrenmode.

Im Museum Galliera sind einige Vitrinen ganz den Abendroben in einem geheimnisvollen Blau gewidmet. Diese interessieren mich besonders, denn 1923 gründete Jeanne Lanvin in Nanterre eine Färberei, um Kleider mit extravaganter Kolorierung kreieren zu können. Mit ihrem berühmten Blau setzte sie sich erfolgreich von der Konkurrenz ab. Nachdem Coco Chanel, ebenfalls aus kleinen und obendrein ländlichen Verhältnissen stammend, das berühmte Parfum N° 5 entwickelt hatte, folgte Lanvin zwei Jahre später mit dem Duft, der bis heute zu den besten der Welt zählt. Jeanne Lanvin nannte ihn «Arpège» in Anlehnung an die Arpeggien, die ihre Tochter stets fleißig auf dem Klavier übte. Dass Marlene Dietrich bei Lanvin als Stammkundin ein und aus ging, glaubt man gerne.

Mittlerweile habe ich mich im großen Ausstellungssaal auf eine lederbezogene Bank gesetzt. Ganz egal wie mich die Exponate eines Museums interessieren, immer wirken diese Räume nach spätestens zwanzig Minuten auf mich wie ein Tranquilizer, der in meinem Kopf ein Gefühl erzeugt, als fülle sich das Hirn mit feinstem Sand. Es wird Zeit, an die frische Luft zu kommen, ich gebe meiner Frau ein Zeichen. Wenig später kommt sie mit Tochter Eva nach. Gleich ums Eck in der Avenue du Président Wilson bietet ein Wochenmarkt alles, was das Herz begehrt: wunderbares Gemüse, Tand und Ramsch, Fische und Krustentiere, Käse und einen Stand mit vielen Kaschmirschals. Bis meine Frau anrückt, habe ich schon zugeschlagen, und prompt folgt ein Gezeter, weil man so billige Kaschmirschals nicht kaufen dürfe, da diese sich angeblich nach dem ersten Waschen von selbst auflösen. Ich bin still und voller Optimismus, dass dies nicht der Fall sein wird.

Wir halten ein Taxi an, und als wir am Trocadéro vorbeikommen, bittet meine Frau den Fahrer anzuhalten, denn wir wollen unbedingt den Blick auf die monumentale Sichtachse mit dem Eiffelturm am Horizont genießen – ganz so, wie einst der Größte Feldherr aller Zeiten. Er stand hier mit seinem Superminister und Lieblingsgigantomanen Albert Speer und soll sinngemäß gesagt haben: «Das können wir besser machen!»

Ach Stuttgart, du Wunderbare!

Rückfahrt von Paris nach Stuttgart. Ein Taxi wird bestellt. Der Fahrer wirft sich mit seinem Vehikel in den Verkehr, und alles wird unversehens ganz ruhig, nichts geht vorwärts, der ganze Blechhaufen völlig erstarrt, Superstau. Von der Rue de Faubourg Saint Honoré bis zum Gare de l'Est dauert es maximal eine Viertelstunde, und wir haben noch fast eine Dreiviertelstunde Zeit. Als es jedoch nur noch gute fünf Minuten bis zur Abfahrt des TGV sind, werden meine Frau, meine Tochter und ich nervös. Endlich kommt der Bahnhof in Sicht. Schnell zahlen und das Gepäck aus dem Wagen reißen. Der Teufel scheißt ja bekanntlich immer auf den größten Haufen – wir kommen natürlich an der falschen Stelle des Bahnhofs an und müssen uns bis auf Gleis 8 vorarbeiten. Wahnsinnige Hetze. Der Zug ist kilometerlang, wir schaffen es nicht rechtzeitig zu unserem Wagen Nummer 11. Kurz bevor sich der Lindwurm in Bewegung setzen will, werfen wir uns, dem Herzinfarkt nahe, einfach in die nächstgelegene Tür. Was wir übersehen haben: Zwei Züge sind aneinandergekoppelt, und nach der Lok beginnt ein neuer Zug. Es gibt keinen Durchgang zu unserem verdammten Wagen 11!

Unsere Schnappatmung ist gerade tiefem Keuchen gewichen, da ertönt eine Stimme aus dem Lautsprecher: Ein

Arzt werde gesucht. Der Aufruf wiederholt sich im Minutentakt. Der Zug wird immer langsamer, als hätte er Hemmungen, nach Osten vorzustoßen, und nach einiger Zeit kommt er an einem trostlosen Vorortbahnhof vollends zum Stehen. ‹Noisy-le-Sec» steht in weißer Blockschrift auf einem blauen Blechschild. Das Kaff döst in der Nachmittagssonne vor sich hin, kein Mensch ist zu sehen. Nach dem Trubel in Paris wirkt die Szenerie irgendwie kafkaesk. Die Stimme aus dem Off meldet sich wieder auf Deutsch und Französisch. Im Wagen 11 sei ein Fahrgast kollabiert, immer noch wird ein Arzt gesucht. Darüber vergeht eine Dreiviertelstunde. Seltsam – nirgends kann ich einen Rettungswagen ausmachen, der Bahnsteig ist wie ausgestorben. Ich habe mir noch nie einen Science-Fiction-Film angeschaut, aber das Szenario würde passen. Die letzten Überlebenden der Welt, alle in einem Zug, und nun stirbt auch dort einer nach dem anderen.

Endlos lange Zeit vergeht, dann quakt wieder eine Nachricht aus der Wagenvertäfelung: Man müsse nun mit zwei Stunden des Wartens rechnen, bis die Polizei käme und alles regle. Irgendwann trifft eine gefühlte Hundertschaft Polizisten in schusssicheren Kevlar-Schutzwesten und bis an die Zähne bewaffnet am Tatort ein. Wirklich nur wegen eines kollabierten Reisenden? Vielleicht doch Terroristen? Oder Mord im Orient-Express?

Um sieben Uhr abends hätte unser Zug Stuttgart erreichen sollen, es wird halb zwölf. In Deutschland streiken gerade die Lokführer, und wir können uns glücklich schätzen, dass wir nicht zu Fuß unsere Heimreise fortsetzen mussten. ‹Tja, willste was erleben, musste verreisen», sagte mir ein Leidensgenosse am Straßburger Bahnhof. Er war Augenzeuge im Wagen 11. Eine achtundachtzigjährige Oma hatte das Zeitliche gesegnet, vielleicht wollte sie noch einmal Paris sehen und dann sterben. Das war ihr gelungen und darüber hinaus auch noch der Behördeneintrag «Verstorben in Paris, Mittwoch 22. April 2015». Im Grunde hatten wir unglaubliches Glück. Nicht auszudenken, was passiert wäre, wenn wir nicht in das Verkehrschaos geraten wären und doch noch den Wagen 11 erreicht hätten! Als Schreckens-Zaungäste des Sterbeabteils würden wir womöglich noch Jahre vom Tode unseres Gegenübers albträumen.

Ehrlich gesagt, als ich anderntags noch etwas gerädert in meinem eigenen Bett in Stuttgart aufwache, empfinde ich die Heimatluft als Wohltat. Paris ist schön und gut, aber mein Leben ist hier, und ich nehme an, dass es sich eines fernen Tages in Stuttgart auch besser stirbt, wenn es denn sein muss.

Pont Royal, links das Musée d'Orsay

Anhang

Tipps

Schauen und Kaufen

Le Bon Marché, 24 Rue de Sèvres, 75007 Paris

Die Pariser Architektin Andrée Putman, berühmt für klare Linien und wohltuenden Purismus, ist für die jüngste Renovierung dieses Kaufhauses verantwortlich. Seit über 150 Jahren ist es ein Symbol für Luxus und Genuss; es gilt als das erste und zeitweilig größte Warenhaus der Welt, Émile Zola prägte dafür, wahrscheinlich aus purem Neid, die Wendung «Kathedrale des Kommerzes».

Entstanden aus einem kleinen Laden, wurden hier 1852 erstmals Artikel des gehobenen Lebensstandards zu festen Preisen angeboten, die in der Regel unter den handelsüblichen lagen. Treibende Kraft hinter dem Aufstieg des Hauses war das Ehepaar Aristide und Marguerite Boucicaut, deren Familie später in der Nähe des Kaufhauses das «Hôtel Lutetia» errichten ließ, das einzige Luxushotel am linken Seineufer. 1869 wurde das Gebäude erheblich vergrößert, beteiligt daran war der Ingenieur Gustave Eiffel. Auf drei Stockwerken findet der Besucher heute exklusive Damen-, Kinder- und Herrenmode sowie Kosmetikprodukte, Accessoires und Geschenkartikel. Das Allerwichtigste ist jedoch die Feinkostabteilung «La Grande Épicerie» im Nebengebäude mit einer Riesenauswahl allerfeinster Lebensmittel.

1984 wurde das «Le Bon Marché» von der Gruppe Moët Hennessy Louis Vuitton (LVMH) unter Leitung von Bernard Arnault übernommen. Er führte regelmäßige kulturelle Ausstellungen ein. Mittlerweile ist Patrice Wagner an seine Stelle getreten, der zuvor das größte deutsche Warenhaus KaDeWe geleitet hat.

Charvet, 28 Place Vendôme, 75001 Paris

Wer sich für den gehobenen Restaurantbesuch eine Krawatte umlegen möchte, der marschiert von den Tuilerien kommend dreihundert Meter auf die Place Vendôme zu. Auf der dem «Hotel Ritz» gegenüberliegenden Seite findet man einen Laden, in dem ich mir einmal ein handrolliertes Taschentuch geleistet habe. Auch ich leide ab und an unter Kaufzwang. «Charvet» ist eigentlich ein Haute-Couture-Geschäft, das seit 1928 auf Hemden spezialisiert ist. Ein Familienbetrieb der Spitzenklasse, und Familienbetriebe muss man schließlich unterstützen. Mit meinem handrollierten Taschentuch hatte ich einen wirklichen Schatz in der Hosentasche. Krawatte trage ich höchst ungern, dafür habe ich mir eine Kollektion an Seidenschals zugelegt und komme damit immer durch.

Das Haus Charvet ist weltberühmt und wird von der jüdischen Familie Colban betrieben. Der Hausherr und seine Schwester stehen jeden Tag im Laden, sie waren sich auch für mein Taschentuch nicht zu schade. Die Auswahl an Krawatten, Einstecktüchern, Hausschuhen und Morgenmänteln ist unendlich groß. Ein Stockwerk höher gibt es Hemden nach Kragenweite sortiert, und noch eine Treppe höher befindet sich das Stofflager, von dessen Opulenz einem schwindlig werden kann. Irgendwann werde ich mir dort ein Hemd schneidern lassen, das kostet dann ungefähr 350 Euro. Wie ich mir sagen ließ, erkundigt sich Monsieur nach der Lebensweise, zu welchen Anlässen man das Hemd tragen will und ob man zu Überhitzung neigt oder eher ein Frierer ist. Dann kommt die Rede auf den Kragentyp: Kentkragen oder Buttondown oder was weiß ich noch alles. Jedenfalls befindet man sich mit so einem Hemd in einer Gesellschaft mit Georges Pompidou, John F. Kennedy, Prince Charles, Claude Monet, Catherine Deneuve und so weiter.

Ich selbst besitze ungefähr zehn sehr gute Hemden, die ich aber nie anziehe, weil sie zwicken, weil ich darin Schweißausbrüche bekomme und weil ich mir keinen Kammerdiener leisten kann, der mir die Manschettenknöpfe durch den doppelt gefalteten Stoff drückt. Ein Hemd von «Charvet» aber, aus einem Stoff, der wirklich atmet, Rückenfreiheit bietet und unter den Armen genügend Platz lässt, ja das wär's, und irgendwann ist ja wieder Weihnachten.

Gobelinmuseum, 42 Avenue des Gobelins, 75013 Paris

Die Gobelin-Manufaktur (vollständige französische Bezeichnung «Manufacture nationale des Gobelins») ist eine traditionsreiche und renommierte Tapisserie-Manufaktur. Sie wurde 1607 als privates Unternehmen gegründet und ab 1667 als Königliche Tapisserie-Manufaktur weitergeführt. Das Unternehmen rettete sich über die Revolution hinweg und ist seit 1792 im Besitz des französischen Staates. Die Manufaktur wird vom Kultusministerium verwaltet und ist nicht nur Museum, sondern gleichzeitig Werkstatt und Ausbildungsstätte für Bildwirker.

Musée Albert-Kahn, 10–14 Rue du Port, 92100 Boulogne-Billancourt

Die Geschichte des Albert Kahn ist bemerkenswert. Als Sohn eines jüdischen Viehhändlers am 3. März 1860 in Marmoutier (Maursmünster) im Elsass geboren, wurde er 1892 Direktor und Teilhaber des bedeutenden Bankhauses Goudchaux in Paris. An der Wende vom 19. zum 20. Jahrhundert galt er als einer der reichsten Männer Europas. 1893 erwarb er ein Gelände in Boulogne-Billancourt nahe Paris, auf dem er in den Jahren 1894 bis 1910 von dem Landschaftsarchitekten Achille Duchêne einen weitläufigen Garten gestalten ließ, der die Kultur verschiedener Länder zeigen sollte. Der wunderbare japanische Garten, der in meinen Augen wesentlich schöner ist als der Jardin des Plantes, diente damals mit Wintergärten und sonstigen Gebäuden der Begegnung mit illustren Freunden. Der Freundeskreis des Tycoons liest sich geradezu atemberaubend. Albert Einstein zählte ebenso dazu wie der englische Politiker Austen Chamberlain, auch die Schriftsteller Paul Valéry und Anatole France sowie der Bildhauer Auguste Rodin fanden sich häufig ein. Seit dem Studium verband ihn überdies eine enge Freundschaft mit dem Philosophen Henri Bergson.

Welch ein Aufstieg, vom Dorfbub zum grandiosen Mäzen, und welch ein Absturz: In der Weltwirtschaftskrise 1929 verlor Kahn sein gesamtes Vermögen, er starb 1940 nach der deutschen Besetzung Frankreichs vollkommen verarmt in Boulogne-Billancourt. Aber mit diesem Garten ist ihm ein Denkmal gesetzt, das an schönen Tagen unbedingt einen Besuch wert ist.

Passagen

Will man die wichtigsten noch erhaltenen Pariser Passagen nacheinander erwandern, so führt der Spaziergang vom ersten Arrondissement bis zum neunten Arrondissement. Man beginnt bei der Passage Vero-Dodat (erstes Arrondissement) und zieht weiter zu den Galeries du Palais-Royal (ebenfalls erstes Arrondissement). Dann kommen nacheinander die Passage Choiseul (zweites Arrondissement), die Galerie Colbert und Galerie Vivienne (zweites Arrondissement), die Passage des Panoramas (zweites Arrondissement), Passage Jouffroy (neuntes Arrondissement), Passage Verdeau (neuntes Arrondissement).

Schloss Chantilly/Museum Condé

Die Fahrt ab Gare du Nord Richtung Nordosten dauert höchstens eine halbe Stunde und kostet keine zehn Euro. Im Museum Condé, das sich im Schloss Chantilly befindet, trifft man auf eine Sammlung von Werken der italienischen und französischen Schule des Barocks und der Klassik. Drei Gemälde von Fra Angelico sind zu sehen, und allein sie machen eine Reise zu diesem Schloss lohnend.

Ferner sind zu besichtigen Gemälde von Raffael, Nicolas Poussin, Antoine Watteau und Jean-Auguste-Dominique Ingres, der die moderne französische Malerei einleitete. Es sind allesamt Gemälde, die sich in gewissem Maße als stilbildend erwiesen haben.

Ihre künstlerische Aussage reicht vom Barock bis hin zur Vormoderne. Man findet in diesem Museum auch sehr frühe Zeugnisse der Buchkunst: Es besitzt 2500 Zeichnungen und eine Bibliothek mit 1500 Handschriften, darunter 200 Buchmalereien. Weltberühmt ist das Stundenbuch des Herzogs von Berry, in Frankreich als «Très Riches Heures» bekannt. 1410 bis 1416 wurde es für den Herzog gemalt, vollendet wurde es jedoch erst in den Jahren 1485 bis 1489.

Stundenbücher sind Gebetbücher mit Marien- und Totengebeten zur persönlichen Andacht von Laien, von Hand geschrieben und mit Miniaturmalerei versehen. Johann von Berrys Stundenbuch – auf feinstem Pergament, das aus den Föten ungeborener Lämmer hergestellt wurde – ist mit 66 ganzseitigen Buchmalereien ausgestattet. Diese Handschrift gilt als die kostbarste jener Zeit. Aufgrund ihres Wertes und ihrer Einmaligkeit sind im Museum Condé nur Faksimile-Abbildungen zu besichtigen.

Wer sich jedoch für das alles nicht interessiert, aber eine Leidenschaft für Pferde hegt, dem kann weltweit kaum ein besserer Ort genannt werden als Schloss Chantilly. In einem prachtvollen Gebäude, einige hundert Meter vom Schloss entfernt, befindet sich das Zentrum der französischen Rennpferdezucht. Weit über zweitausend Vollblüter sind hier in den Ställen und in Ablegern der umliegenden Gemeinden untergebracht. Fast zweitausend Hektar Pferdeland befindet sich um das Schloss, und eine Rennbahn darf natürlich auch nicht fehlen. Die Rennen des Pariser Jockey Clubs sind in der ganzen Welt berühmt.

Berühmter noch als durch das Schloss, das Museum oder die Pferdezucht ist Chantilly jedoch wegen einer kulinarischen Marginalie. Die Rede ist von der «Crème Chantilly». Sie wurde von François Vatel erfunden. Dieser große Koch diente dem Prinzen von Condé als Haus-, Hof- und Küchenmeister auf Schloss Chantilly. Der berühmteste Küchenmeister seiner Zeit nahm sich 1671 das Leben, indem er sich während der Zubereitung für ein Festmahl in sein Küchenmesser stürzte, angeblich weil die bestellte Fischlieferung zu spät eintraf und dann auch noch von zweifelhafter Qualität war.

«Crème Chantilly» ist gesüßte Schlagsahne. Außer mit Zucker kann sie mit Vanille und Orangenblütenwasser aromatisiert werden.

1/4 L Sahne
1 EL Puderzucker
1 Vanilleschote
1 EL Orangenblütenwasser

Sahne nicht zu steif schlagen, da sie dadurch fettig, wenn nicht sogar buttrig wirkt.
Gleich am Anfang die ausgekratzte Vanille, das Orangenblütenwasser und einen Esslöffel Puderzucker dazugeben, einigermaßen steif schlagen und am Schluss eventuell mit Puderzucker abrunden.

Gastronomie

Hotel du Nord, Canal Saint Martin, 102 Quai de Jemmapes, 75010 Paris

Eine Platte mit sechs Marenne-Austern auf Eis und Blasentang für 15 Euro, wirklich sensationell billig. Danach wurden ein Parmentier, das ist gratiniertes Kartoffelpüree, und ein warmes Confit d'Oie gereicht, also Gänsekeule. Das kostete achtzehn Euro, und man konnte es einigermaßen mit Genuss essen, aber der Brüller war es nicht. Die anschließende Tarte Tatin brachte mich auch nicht zur Raserei, aber bei diesem Preis kann man das auch nicht erwarten. Ich bin aber nicht nach Paris gefahren, um zu sparen. Wollte ich das, könnte ich gleich daheim bleiben und mich zum Heilfasten in ein Aldi-Regal legen. Aber für Leute, die nicht viel in Essen investieren wollen oder können, ist der Laden trotzdem zu empfehlen, er strahlt eine sehr pariserische Atmosphäre aus.

Le Bon Georges, 45, Rue Saint-Georges, 75009 Paris

Ein echtes Bistro, aber ohne Kitsch. Eine junge, begeisterte Equipe kocht und serviert und ist mit Feuereifer bei der Sache. Ob Rind,

Schwein, Lamm oder Geflügel, sehr gute Produkte von Spitzenerzeugern. Es wird alles weggelassen, was nichts mit Essen zu tun hat, deshalb gibt es auch kein Tischtuch. Herzhafte französische Küche, genau wie ich sie mag.

La Maison Plisson, 93 Boulevard Beaumarchais, 75003 Paris

Weinkeller, Metzgerei, Bäckerei, Feinkost und essen kann man dort auch. Ein ganz besonderer Bioladen, in dem es meistens ziemlich turbulent zugeht. Es gibt alles, was man für eine Familiensause braucht: Wickeltische, Kinderstühle usw. Für Vegetarier ist ausgiebig gesorgt, und es versteht sich von selbst, dass hier nicht dicke Gourmets herumhängen, sondern junges, gesundheitsbewusstes Publikum verkehrt.

Bistrot Belhara, 27 Rue Duvivier, 75007 Paris

Klassische Bistroküche auf hohem Niveau, die Räumlichkeit etwas bequemer als bei Bistros sonst üblich, weiß gestärkte Tischwäsche und eine Karte von Lamm bis Schweinsfuß und Kaninchen, alles professionell gut gekocht. Chef Thierry Dufroux ging durch die Schule von Alain Ducasse, Bernard Loiseau und Michel Guérard.

Closerie des Lilas, 171 Boulevard du Montparnasse, 75006 Paris

Am Eingang wird von einem offensichtlich schwerhörigen Pianisten ein verstimmter Flügel traktiert. Einsame Klavierspieler nehmen es mit dem Tempo oft nicht so genau – Metronom, du unbekannte Apparatur. Ich werde an einen Platz in der Ecke geführt, von wo aus ich das Gewusel im Restaurant gut beobachten kann. Der Laden ist brechend voll.

Erst ein «Meteor»-Bier gegen den Brand und dann Chablis Laroche mit Austern von den Gestaden der Ortschaft Marennes, welche gegenüber der Insel Oléron südlich von La Rochelle liegt. Als mein Suprême de Volaille kommt, bin ich schon etwas verwundert: eindeutig ein Convenience-Produkt, aber trotzdem aus einem teuren Huhn bereitet. Na ja, die Brasserien stecken sowie-

Hummer – immer noch Inbegriff der Gourmandise

so fast alle unter einer Decke, die Gerichte kommen aus irgendeiner Zentralküche, die allerdings ihre Sache gar nicht so schlecht macht. Ein Laie würde das vermutlich nicht merken, aber trotzdem sollte in einem solchen Traditionshaus eine echte Küche geboten werden. Auch in Deutschland rationalisiert so mancher Gastronom auf diese Weise seinen Betrieb, schreibt schwarze Zahlen und wird womöglich Mitglied in einem Golfclub. Kaufmännisch ist alles perfektioniert und auf Ertrag justiert, aber der Gastronom verkauft letztlich seine Seele.

Die «Closerie» zehrt eindeutig von ihrer großen Vergangenheit, die Liste der einstigen Stammgäste ist wirklich illuster. Aber was nützt's, die Berühmtheiten sind alle tot. Trotzdem bin ich umgeben von gutsituierten Parisern, anscheinend ist es immer noch ein Treffpunkt der gehobenen Bourgeoisie. Im Internet hatte ich zuvor einige Kritiken über diesen Betrieb gelesen, alle empfanden das Angebot als überteuert.

Au Boeuf Couronné, 188 Avenue Jean Jaurès, 75019 Paris

Zuerst Austern, das ist sozusagen mein Pariser Ostinato. Danach ging es jedoch gleich zur Sache, Ochsenmarkknochen aus dem Ofen wurden vor mich gestellt. Ich bestellte irgendeinen Weißwein, und so perfekt geölt, mit grobem Salz und Baguettebrot, fiel ich über die köstlichen Knochen her. Danach ließ ich Lammkoteletts kommen, Gratin Dauphinoise füllte den Teller, und es schmeckte richtig gut. Dieses Restaurant findet man ganz in der Nähe der neuen Philharmonie und der Musikhochschule. Klar, dass die herzhafte Fraktion der Sänger und Blechbläser hierhin kommt. Eine gute Freundin von mir musste ihre Musikerkollegen, um nicht des Fremdelns verdächtigt zu werden, in diese herrliche Fleischhölle begleiten, die sicher die Ausmaße einer Brasserie hat. Ihr Kommentar: Für die anderen sei zwar alles wunderbar gewesen – Stierhoden, Ochsenknochen, Kutteln, riesige Bratenstücke –, als Vegetarierin sei sie jedoch völlig aufgeschmissen gewesen. Ihre Haltung wurde von ihren französischen Kollegen als Abnormität bzw. Krankheit eingestuft.

Boucherie Roulière, 24 Rue des Canettes, 75006 Paris

Liegt nur einen Steinwurf von der Kirche Saint Sulpice entfernt. Es kommt etwas ganz anderes, als ich bestellt hatte (Pâté en croûte aux morilles). Vielleicht habe ich aber auch nicht richtig aufgepasst, denn meistens ist es mir ziemlich egal, was geliefert wird. Wichtig ist, dass es gut zubereitet ist, und ich liebe sowieso alles, was die Natur so hergibt. Ich glaube übrigens, dass dies die gesündeste Ernährungsweise ist: von allem etwas und vom Etwas nicht zu viel!

Ich hätte allerdings gewarnt sein sollen, als mich die ebenso umtriebige wie charmante Saaltochter fragte: «Bleu ou à point?» Ich bestelle eine Pâté en croûte mit Morcheln, und sie fragt mich nach den Garzeiten? Ich kann zwar keine französische Konversation führen, aber Kneipenfranzösisch parliere ich völlig ausreichend. Offensichtlich werde ich jedoch nicht immer richtig verstanden. Egal, die Bedienung strahlt wache Umtriebigkeit aus, und ich habe das Gefühl, dass sie eine Frau ist, der man mit geschlossenen Augen hinterherlaufen kann.

Gemütlich ist es hier nicht. Die Tische sind aneinandergereiht die Wand entlang gestellt, dicht an dicht sitzen Männlein und Weiblein, allesamt Franzosen und gute Esser. Ich bin hinter einem winzigen Tischchen eingeklemmt, habe aber einen guten Blick auf all den Trubel um mich herum. Eine Madame in exquisiter Garderobe, ganz ironiefrei, eine wirkliche Lady, führt mit den Händen eine Pomme frite nach der anderen in ihr feines Mündchen. Die Dinger sind dick wie kurzgesägte Besenstiele, man könnte sagen, demonstrativ hausgemacht, und das finde ich gut so.

Ein Kellner, der aus der hintersten Ecke «Oui, Chef» brüllt, flitzt hin und her wie ein Tennisspieler. Hier geht es ums Ganze, man könnte sagen, um die Wurst. Der Laden ist für sein gutes Fleisch bekannt, für Kalbsbries, Nieren, Markknochen, auch Schnecken. Ganz versteckt findet man auf der Karte auch einen Salat und irgendeinen vegetarischen Rettungsanker. Ich erinnere mich noch an das verheißungsvolle Wort «Caviar d'Aubergine».

Das Essen wird ruck, zuck geliefert. Pariser Bistros sind keine gemütliche Bleibe für Salatpicker oder steifzüngige Gourmets und erst recht nichts für Premier-Classe-Touristen. Ich liebe diese Direktheit des Kochens und auch der Bedienung. Die Flasche Bordeaux wird auf den Tisch geknallt. «Château Chasse Spleen 1996» gibt's für unglaubliche 56 Euro auf der Karte, im Keller war er jedoch nicht auffindbar. Ich glaube, von Wein haben sie hier keine Ahnung, aber ein formidabler Weinhändler schaut, dass die Flaschen nicht zu viel Staub ansetzen. Mein «Château Poujaux» der ähnlichen Preisklasse schmeckt perfekt.

An die Vorspeise kann ich mich (wahrscheinlich aus gutem Grund) nicht mehr erinnern. Danach folgt ein Entrecote, das ich rosé bestellt hatte. Es grüßt jedoch roh und frech vom Teller. Darüber darf man sich in Frankreich nicht aufregen. Hätte ich das Fleisch *bien cuit*, also durchgebraten bestellt, wäre ich in der Gunst des Kellners tief gesunken und als Banause, wenn nicht gar als *boche* abgestempelt worden. Und es wäre trotzdem noch blutig auf den Tisch gekommen. Freilich, es kann einem auch fast durchgebraten serviert werden, dies passiert aber nur, wenn der Koch die Garzeit verschlafen hat. Kurzum, an halbrohe Steaks muss man sich in Paris gewöhnen. Perfekte Garzeiten sind hier nahezu unbekannt. Andere Länder, andere Sitten – geschmeckt hat es mir trotzdem. Als Dessert wird mir eine Millefeuille mit Himbeeren zugeschoben.

Der Kellner und das aufgeweckte Fräulein schmeißen in sportiver Manier den Laden. Klassische Bistro-Routine. Deshalb werden auch die Gläser auf eine Weise abgeräumt, dass ein gut ausgebildeter Kellner in Ohnmacht fallen würde. Fünf Finger greifen jeweils in ein Glas, dann ein Griff, und ab geht's. Ich bin froh, dass meine Frau nicht dabei ist. Sie nimmt ihren Serviceberuf so ernst, dass sie dem Garçon an die Gurgel gefahren wäre. «Garçon» sagt man in Bistros und Restaurants zwar schon lange nicht mehr, aber in diesem Fall ist der leicht abwertende Titel vertretbar.

Ich sitze auf der Bank in meinem Pferch, und die Blase drückt. Ohne die Hilfe des Garçons kann ich meinen Platz nicht verlassen. Also bleibe ich sitzen, bis eine Familie wartend im Gang steht. Ich verlange die Rechnung und stehe auf. Das dauert ein bisschen, und die Tochter der Neuankömmlinge gähnt, als wolle sie die Mutter auffressen, eine maghrebinische Schönheit mit genau dem Dekolleté, das ich mehr schätze als alle Religionen dieser Welt.

Komisch, im Zug tat mir dauernd der Rücken weh. Zwei Stunden auf einer harten Bistrobank und ich stehe erfrischt auf, bin schmerzfrei und wie runderneuert. Vielleicht hat auch der Bordeaux mit seinen wohltuenden zwölfeinhalb Prozent dazu beigetragen. Eigentlich müsste das Zeugs auf Krankenschein zu bekommen sein. Es war ein wohltuendes Mittagessen, und wer alleine eine ganze Buddel Roten bestellt, wird in der Pariser Gastronomie spitzenmäßig behandelt. Paris ist nicht Deutschland. Man hat hier als Essensgast keinen Anspruch auf Entertainment oder auf Sanierung seiner Komplexe. Zuallererst muss man als Gast freundlich sein, dann kommt meistens Adäquates zurück. Dankenswerterweise erging es mir so. Übrigens, das letzte Drittel der Flasche überließ ich den Kellnern, deren freudige Mimik mir in Erinnerung geblieben ist.

Draußen an der frischen Luft in der schmalen Rue des Canettes spaziere ich quer über die Place Saint-Sulpice, am großen Brunnen vorbei und bin in fünf Minuten in der Rue Cassette in meinem Lieblingshotel «Abbaye». Halt, das war mal mein Lieblingshotel, bis im letzten Jahr die Zimmer mit sogenannter moderner Farbgebung aufgebretzelt wurden. Aber mein Geschmack ist sowieso ein bisschen konservativ. Junge Leute mögen das anders sehen, und ich bin schließlich kein Einrichtungsstalinist. Zehn Minuten später versinke ich in einem opulenten Mittagsschlaf.

Restaurant Le Petit Colbert, 8 Rue Monsigny, 75002 Paris

Das Restaurant wirkt typisch pariserisch: Kugellampen, Thonet-Stühle, saubere Tischwäsche, und die Küche serviert zwar keine Wunder, seinen Preis ist es aber wert. Ein Menü kostet ungefähr vierzig Euro. Ich bestellte Gänseleberterrine mit geröstetem Baguette. Darauf folgte ein Hühnerfrikassee und ein Teller Bleu d'Auvergne. Ich saß mit meinem Neffen, der in Paris als Modefotograf unterwegs ist, im Freien. Innen gingen dann die Kugellampen an, und sie schimmerten bedenklich rosa. Das war mir dann doch ein bisschen zu viel Pariser Flair.

Brasserie Bofinger, 5–7 Rue de la Bastille, 75004 Paris
In früheren Zeiten führte mich der Weg vom Gare de l'Est immer schnurstracks in dieses sehr schöne Jugendstillokal. Irgendwann befand sich dann ein aufgetauter Hummer auf der Meeresfrüchteplatte, und ich wurde vorsichtiger. Neulich schaute ich mir den Laden von hinten an, denn bei irgendwelchen Zweifeln sollte man diese Methode anwenden. Das habe ich von meinem Vater gelernt, der als Veterinär auch die Gastronomie unseres Heimatortes Schwäbisch Gmünd kontrollierte. Hinter dem «Bofinger» sah ich zigarettenrauchende Köche in ziemlich schmutzigen Klamotten; die Helden der Arbeit saßen als Sinnbild des *laissez faire* auf dem Bordstein. Nun ja, wer glaubt, das sei eine Ausnahme, der schaue sich mal die Köche des «Carré des Feuillants» an. Offensichtlich geht es in dem erstklassigen Restaurant so beengt zu, dass der Aufenthaltsraum ins Freie verlegt wird.

Carré des Feuillants, 14 Rue de Castiglione, 75001 Paris
Kaviar, Trüffel, Jakobsmuscheln, Langustinen, Wachteln, Tauben. Das Restaurant hat zwei Michelin-Sterne und diese nicht gnadenhalber, weil der Koch Alain Dutournier ein äußerst charmanter Typ ist. Der Mann versteht sein Handwerk ziemlich gut und muss sich, um die Gäste zu begeistern, nicht in Tricks retten. Zweihundert Euro sollte man als Einzelgänger dabeihaben, sonst muss man beim Studium der Speisekarte zu viel kopfrechnen. Was dann allerdings kommt, ist sein Geld wert.

Café de la Paix, 5 Place de l'Opéra, 75009 Paris
Mit dem Fahrrad durchs Gewühl, das macht durstig. Am Opernplatz wird Pause gemacht, ich setze mich vor das «Café de la Paix». Eine Scheibe vor der Nase dämpft den Lärm des höllenmäßigen Verkehrs. Ich will nur eine Cola, und die wird prompt von einem eleganten Fräulein geliefert. Ich setze das Glas an und blicke der flink entschwindenden Bedienung nach. Bin ich im falschen

Film? Normalerweise lassen in solchen Straßencafés abgerissene Garçons ihren Hass auf die Gäste ab. Beinahe hätte ich vergessen, dass ich eigentlich ja pinkeln muss. Ich erhebe mich und bin wenig später im Inneren. Mamma Mia, richtig vornehm! Auf dem Rückweg schaue ich mir alles genauer an, frage brav, ob ich fotografieren darf, und mir wird mit ausgesuchter Höflichkeit der Speiseraum gezeigt, der erst abends öffnet. Auf einem silbernen Notenständer finde ich die aufgeschlagene Speisekarte und staune nicht schlecht: Bresse-Poularde mit Trüffeln «Demideuil», also in Halbtrauer (wegen der schwarzen Trüffeln und dem weißen Geflügelfleisch). Der Karte merke ich an, dass hier keine Anfänger am Werk sind, das Haus werde ich mir merken. Mein siebter Sinn sagt mir bombensicher, dass man hier eine gute Küche und einen exzellenten Service vorfinden wird. Der Chefkoch ist ein anerkannter Name: Christophe Raoux, «Meilleur Ouvrier de France en 2015», ihn zu besuchen, birgt keinerlei Risiko.

Gelesenes
und Anempfohlenes

Celeste Albaret, Monsieur Proust. Erinnerungen, aufgezeichnet von Georges Belmont, Frankfurt am Main 2004 (Insel).

Louis Aragon, Abhandlung über den Stil. Surrealistisches Traktat. Aus dem Französischen und mit einer «Kleinen Lesehilfe» versehen von Jenny Graf-Bicher. Mit einem Nachwort von Holger Fock, Berlin 1987 (Edition Tiamat).

Karl Baedeker, Paris und Umgebung, Leipzig 1891.

Maria Bashkirtseff, Tagebuch der Maria Bashkirtseff. Neu herausgegeben und mit einem Nachwort versehen von Gottfried M. Daibner, Berlin 1983 (Ullstein).

Walter Benjamin, Der Flaneur. In: Neue Rundschau 1967, 4. Heft, S. 549–574 (S. Fischer).

Stefan Bollmann, Frauen, die schreiben, leben gefährlich, München 2011 (Elisabeth Sandmann Verlag).

Iris Radisch, Camus. Das Ideal der Einfachheit. Eine Biographie, Reinbek bei Hamburg 2013 (Rowohlt).

Paul Celan, Mohn und Gedächtnis, Stuttgart 1952 (DVA).

Paul Celan, Sprachgitter. Frankfurt/Main 1959 (S. Fischer).

Paul Cohen-Portheim, Paris. Mit diesem Führer in der Tasche lernt man Paris lieben und verstehen. Aufnahmen von Sasha Stone, Berlin 1930 (Klinkhardt & Biermann).

Adriaan van Dis, Unter den Dächern aus Zink. Paris, ein ABéCédair, Hamburg 2011 (Corso).

John von Düffel, KL – Gespräch über die Unsterblichkeit, Köln 2014 (Dumont).

Ursula Ehring-Ciquéra, Rendezvous mit Meyersbeers Paris. Eine Reise in die deutsche Musikszene im Paris des 19. Jahrhunderts, Münster 2014 (Neues Literaturkontor).

Ursula Ehring-Ciquéra, Mona Lisas Schwestern. Frauenschicksale im Schatten des Père Lachaise – Die dilettantischen Kunstbetrachtungen einer Spaziergängerin, Egestorf (Buchverlag Andrea Schmitz).

Brigitta Eisenreich, Celans Kreidestern. Ein Bericht. Mit Briefen und anderen unveröffentlichten Dokumenten. Unter Mitwirkung von Bertrand Badiou, Frankfurt am Main 2010 (Suhrkamp).

Léon-Paul Fargue, Der Wanderer durch Paris, Frankfurt am Main 2012 (Insel).

Louis-René des Forêts, Ostinato. Aus dem Französischen und mit einem Nachwort von Friedhelm Kemp, München 2002 (Carl Hanser Verlag).

Janet Flanner, Paris, Germany. Reportagen aus Europa 1931–1950, München 1992 (Antje Kunstmann).

Jean Giraudoux, Doppelmemoiren, Berlin 2008 (Berenberg).

Karlheinz Götze, Immer Paris. Geschichte und Gegenwart, München 2002 (Siedler).

Edmond und Jules de Goncourt, Tagebücher. Aufzeichnungen aus den Jahren 1851–1870. Nach der ersten Gesamtausgabe der Académie Goncourt, ausgewählt, übertragen und herausgegeben von Justus Franz Wittkop, Frankfurt am Main 1983 (Insel).

Edmond und Jules de Goncourt, Journal 1851–1896. 11 Bände plus Beibuch im Schuber, 2013 (Haffmans Verlag).

Alexandre Balthazar Laurent Grimod de la Reynière, Grundzüge des gastronomischen Anstands. Küchenkalender. Aus dem Französischen übertragen von Robert Habs, München 1978 (Verlag Lothar Borowsky).

Marylin Hacker, Squares and Courtyards, New York 2000 (Norton).

Mary Ellen Jordan Haight, Spaziergänge durch Gertrude Steins Paris, Zürich 1993 (Arche).

Ernest Hemingway, Paris, Ein Fest fürs Leben, Reinbek bei Hamburg 2011 (Rowohlt).

Ernest Hemingway, Ausgewählte Briefe 1917–1961. Hg. von Carlos Baker. Reinbek bei Hamburg 1984 (Rowohlt).

Ursula von Kardorff, Adieu Paris. Streifzüge durch die Stadt der Bohème, Reinbek bei Hamburg 1954 (Rowohlt).

Tanja Kuchenbecker, Gluckenmafia gegen Karrierehühner. Grabenkämpfe helfen nicht. So lösen wir das Familiendilemma, Frankfurt am Main 2007 (Campus).

Günter Liehr, Paris. Anders reisen, Reinbek bei Hamburg 1982 (Rowohlt).

Axel Madsen, Jean-Paul Sartre und Simone de Beauvoir. Die Geschichte einer ungewöhnlichen Liebe, Reinbek bei Hamburg 1997 (Rowohlt).

Ursula März, Simone de Beauvoir. Leben in Bildern, München 2013 (Deutscher Kunstverlag).

Janet Malcom, Zwei Leben. Gertrude und Alice, Frankfurt am Main 2008 (Suhrkamp).

Volker Metelmann: Paris von Aragon bis Zola. Acht literarische Spaziergänge, Gießen 1995 (Anabas Verlag).

Adrienne Monnier, Aufzeichnungen aus der Rue de L'Odéon, Frankfurt am Main 1995 (Insel).

Rainer Moritz, Dicht am Paradies. Spaziergänge durch Pariser Parks und Gärten, Berlin 2014 (Knesebeck Verlag).

Henri Murger, Boheme. Szenen aus dem Pariser Leben, Göttingen 2001 (Steidl).

Michel Onfray, Der Bauch der Philosophen. Kritik der diätetischen Vernunft, Frankfurt am Main 1991 (Campus).

George D. Painter, Marcel Proust. Eine Biographie, 2 Bde., Frankfurt am Main 1980 (Suhrkamp).

Rainer Maria Rilke, Auguste Rodin. Leipzig 1917 (Insel).

Marie-Luise Scherer, Die Bestie von Paris und andere Geschichten, Berlin 2012 (Matthes & Seitz).

Gertrude Stein, Autobiographie von Alice B. Toklas, Zürich 2006 (Arche).

Stefana Sabin, Gertrude Stein, Reinbek bei Hamburg 1996 (Rowohlt).

Gertrude Stein, Paris Frankreich, Frankfurt am Main 1996 (Suhrkamp).

Klaus Völker, Boris Vian. Der Prinz von Saint Germain, Berlin 2006 (Verlag Klaus Wagenbach).

Ambroise Vollard, Erinnerungen eines Kunsthändlers, Zürich 1980 (Diogenes).

Karl Voss, Reiseführer für Literaturfreunde, Paris, Berlin 1995 (Ullstein).

Edmund de Waal, Der Hase mit den Bernsteinaugen, München 2013 (Deutscher Taschenbuch Verlag).

Andrea Weiss, Paris war eine Frau. Die Frauen von der Left Bank, Reinbek bei Hamburg 2006 (Rowohlt).

Ulrich Wickert, Frankreich. Die wunderbare Illusion, München 1989 (Heyne).

Heidi Wiese, Rendezvous mit Toten. Spaziergänge über Pariser Friedhöfe, Münster 1993 (Neues Literaturkontor).

Heidi Wiese, Unter den Straßen von Paris. Geschichte und Geschichten von Pariser Métro-Stationen, Münster 1995 (Neues Literaturkontor).

Johannes Willms, Gebrauchsanweisung für Frankreich, München 2006 (Piper).

Über den Autor

Vincent Klink, geboren 1949, kocht und schreibt und musiziert in Stuttgart. Seine Kochausbildung erfuhr er bei badischen Meistern und im Restaurant Humplmayr München. Nach Militärzeit und temporärer Verblödung schaffte er 1973 die Meisterprüfung mit anschließender Selbstfindung durch Ehefrau Elisabeth.

1974 wurde im Schwäbisch Gmünder Elternhaus der «Postillon» eröffnet, und vier Jahre später folgte der Michelin-Stern. Seit 1991 in Stuttgart, werden im Garten drei Bienenvölker gepflegt und mit englischen Langbogen Pfeile verschossen. Mittlerweile versierter Dilettant auf der Basstrompete, ist er an seinem freien Tag mit verschiedenen Jazzstars immer wieder auf den Bühnen Deutschlands unterwegs.

Im Rowohlt Verlag erschien 2010 das Buch «Sitting Küchenbull. Gepfefferte Erinnerungen eines Kochs», 2011 folgte «Immer dem Bauch nach. Kulinarische Reisen» und zuletzt «Voll ins Gemüse mit Vincent Klink. 120 essentielle Rezepte und 40 Storys» (2015).

Bildnachweis